CODE NAPOLÉON

PAR

QUESTIONS

ET PAR

RÉPONSES

PAR

PROSPER RAMBAUD

DOCTEUR EN DROIT — RÉPÉTITEUR DE DROIT

TOME DEUXIÈME

À L'USAGE DES ASPIRANTS AU 2ᵉ EXAMEN

(livre II du Code — articles 711 à 1387).

PRIX : 4 fr. 50

PARIS

PICHON-LAMY et DEWEZ, Libraires-Éditeurs,
15, Rue Cujas.
1869

CODE NAPOLÉON

PAR

PAR QUESTIONS ET PAR RÉPONSES

CODE NAPOLÉON

PAR

QUESTIONS

ET PAR

RÉPONSES

PAR

PROSPER RAMBAUD

DOCTEUR EN DROIT — RÉPÉTITEUR DE DROIT.

TOME DEUXIÈME

A L'USAGE DES ASPIRANTS AU 2ᵉ EXAMEN

(livre II du Code — articles 711 à 1387).

PRIX : 4 fr. 50

PARIS

PICHON-LAMY et DEWEZ, Libraires-Éditeurs,

15, Rue Cujas.

1869

CODE NAPOLÉON

PAR

QUESTIONS

ET PAR

RÉPONSES

PAR

PROSPER RAMBAUD

DOCTEUR EN DROIT — REPETITEUR DE DROIT.

TOME DEUXIÈME

A L'USAGE DES ASPIRANTS AU 2ᵉ EXAMEN
(livre II du Code — articles 711 à 1387).

PRIX : 4 fr. 50

PARIS

PICHON-LAMY et DEWEZ, Libraires-Editeurs,

15, Rue Cujas.

1869

PRÉFACE

I

En publiant ce livre l'auteur s'est proposé un double but. Il a voulu, d'un côté, faciliter la préparation des examens; et fournir, en même temps, un ensemble précis et complet de notre droit, propre à servir de guide pour des études plus étendues.

Afin d'atteindre ce double but, il s'est attaché soigneusement à trois choses : Au programme des facultés,— à l'ordre du Code,—à la sûreté des doctrines.

II

Voué depuis plusieurs années à l'enseignement du Droit, l'auteur apprécie, autant que personne, l'utilité des leçons professées à l'Ecole et le mérite des Traités publiés jusqu'ici sur le Code Napoléon.

Mais il sait par expérience, combien est dangereuse la multiplicité de détails qu'on y retrouve; et il s'est convaincu qu'un résumé concis et méthodique, renfermant la substance de l'Enseignement Officiel, en était le complément indispensable.

C'est en cela que le *Code Napoléon par questions et par réponses* peut être vraiment utile. Il est un résumé de notre droit civil, et, comme tel, il contient, dans une large mesure, tout ce qui est nécessaire à la préparation des examens. Mais ce n'est pas seulement de ces examens que l'auteur s'est préoccupé. Convaincu que la notion claire et bien ordonnée des éléments du Droit est éminemment propre à éveiller dans l'intelligence une noble curiosité, il espère que les esprits laborieux, une fois familiarisés avec les principes essentiels, ressentiront le goût et l'attrait des recherches plus savantes.

III

Ceux qui éprouvent une aussi louable ambition pourront consulter, avec avantage, le Traité de *Marcadé*, terminé par un de nos plus éminents jurisconsultes, M. *Paul Pont*, conseiller à la cour de cassation. Les remarquables traités de Toullier, Durantou, Troplong ont vieilli; celui de M. Demolombe est trop étendu, il convient à l'application beaucoup mieux qu'à l'étude du Droit. Le consciencieux ouvrage de M. Mourlon présente un autre inconvénient. Trop étendu pour un traité élémentaire, il ne l'est pas assez pour un ouvrage de fond ; trop abondant en dissertations sur certains points, il passe trop rapidement sur d'autres. Aussi, indépendamment des rares qualités du jurisconsulte, le Traité de *Marcadé* nous paraît convenir plus que tous les autres, par ses heureuses proportions, à une étude sérieuse et complète de notre droit civil. Clair, précis, concluant, il a, de plus, grâce aux travaux de son savant continuateur, l'avantage d'être au courant de la législation actuelle.

IV

Le Code Napoléon par questions et par réponses comprend trois volumes in-8° de 350 à 450 pages ainsi divisés :

Tome I. — Matières de 1re année. (Livres I et II du Code, Art. 1 à 710.)

Tome II. — Matières de 2e année. (Livre III du Code, Art. 711 à 1387.)

Tome III. — Matières de 3e année. (Fin du livre III, Art. 1388 à 2281.)

Suivant l'exemple de M. Lagrange dans son Manuel de Droit romain, l'auteur a adopté la forme de questions et de réponses. Sous cette forme, il a reproduit, autant que cela était possible, le *texte même* du Code.

Il a suivi l'ordre et les divisions du Code. — En tête de chaque Titre, il a placé une courte exposition. — Sous les Chapitres et Sections, il a indiqué les groupes d'articles qui y sont commentés. — Enfin, à la suite de chaque réponse, il a cité l'article du Code, ou l'ouvrage à consulter.

Les questions controversées sont exposées clairement et résumées brièvement.

LIVRE TROISIÈME

DES DIFFÉRENTES MANIÈRES DONT ON ACQUIERT
LA PROPRIÉTÉ

Ainsi que nous l'avons dit dans notre introduction, le Code civil se divise en un titre préliminaire et en trois livres.

Dans le premier volume de notre ouvrage, nous avons étudié les deux premiers livres relatifs aux personnes et aux biens. — Nous examinerons maintenant les différentes manières d'acquérir la propriété, qui font l'objet du troisième livre. Nous verrons successivement : Comment s'établissent, se transmettent, se prouvent et s'éteignent les droits relatifs aux personnes ou aux choses.

Conformément à l'ordre du Code et au programme de l'enseignement officiel, nous traiterons :

Dispositions générales. Énumération des différentes manières d'acquérir.
(Décrété le 19 avril 1803. — Promulgué le 29 du même mois.)

Titre I. Des successions.
(Décrété le 19 avril 1803. — Promulgué le 29 du même mois.)

Titre II. Des donations.
(Décrété le 3 mai 1803. — Promulgué le 13 du même mois.)

Titre III. Des obligations.
(Décrété le 7 février 1804. — Promulgué le 16 du même mois.)

Les contrats spéciaux, tels que le mariage, la vente, le louage, la société, etc., ainsi que les droits réels de priviléges et d'hypothèques, qui font suite à la théorie générale des obligations, formeront avec la prescription, la matière de notre troisième volume.

DISPOSITIONS GÉNÉRALES.

Énumération des différentes manières d'acquérir

Articles 711 à 717

Les modes d'acquisition de la propriété ne se divisent-ils pas en plusieurs classes ?

Oui. Les modes d'acquisition de la propriété sont — *originaires* ou *dérivés*, — à *titre onéreux* ou à *titre gratuit*, — à *titre universel* ou à *titre particulier*.

On acquiert par un mode *originaire*, lorsqu'on devient propriétaire d'une chose qui n'appartenait à personne. — On acquiert par un mode *dérivé*, lorsqu'on devient propriétaire d'une chose, qui avant nous appartenait à autrui. L'occupation est toujours un mode originaire, l'accession l'est quelquefois. La tradition et la convention font partie, au contraire, des modes dérivés ; elles sont, tout à la fois, des moyens d'acquisition et de transmission.

On acquiert à *titre onéreux*, lorsqu'on donne une chose en échange de celle que l'on reçoit. — On acquiert à *titre gratuit*, lorsqu'on reçoit sans rien donner.

On acquiert enfin à *titre universel*, lorsqu'on reçoit un ensemble de biens ; — et à *titre particulier*, lorsqu'on reçoit un ou plusieurs biens déterminés. Parmi les manières d'acquérir à titre universel, on peut citer les successions *ab intestat.*

Quelles sont les différentes manières d'acquérir la propriété ?

Aux termes des articles 711 et 712, la propriété des biens s'acquiert et se transmet de cinq manières :

Par successions ;

Par donations ;

Par l'effet des obligations ;

Par accession ;

Par prescription.

Mais cette énumération est incomplète. La propriété s'acquiert encore :

Par la loi ;

Par l'occupation ;

Par la tradition.

Est-il bien exact de dire que la propriété s'acquiert par l'effet des obligations ?

Non. Sous notre législation actuelle, la translation de propriété s'opère par le seul consentement, c'est-à-dire par l'effet direct et immédiat de la convention elle-même, toutes les fois qu'il s'agit d'un objet individuellement déterminé, et par la tradition, lorsque c'est une chose *in genere* qui a été promise. Les obligations ne font que donner au créancier des moyens de coercition contre le débiteur récalcitrant. (M. Valette.)

Comment la propriété s'acquiert-elle par la loi ?

Elle s'acquiert par la loi, lorsqu'elle n'a pas d'autre cause que la volonté exprimée du législateur. C'est ainsi que l'article 384 accorde aux père et mère l'usufruit légal des biens personnels de leurs enfants.

Qu'est-ce que l'occupation ?

L'occupation est un mode originaire d'acquérir, qui consiste à prendre possession d'une chose qui n'appartient à personne. — A la vérité, l'article 713 dit bien que les choses qui n'ont pas de maître appartiennent à l'état, mais cela ne doit s'entendre que des choses immobilières, ou des successions vacantes.

Quelles sont les choses qu'on acquiert par l'occupation ?

On acquiert, par l'occupation, les choses mobilières qui n'ont point de maître, telles que les animaux sauvages, les objets abandonnés, les plantes ou herbages qui naissent dans la mer, et enfin le trésor.

Des lois de police règlent la manière d'en jouir. (Art. 714.)

Le droit de chasse est-il un attribut du droit de propriété ?

Depuis la loi du 30 avril 1790, le droit de chasse, qui auparavant était uniquement réservé aux seigneurs, appartient à tous les propriétaires. Cependant on ne peut le considérer comme un attribut du droit de propriété qu'en ce sens que tout propriétaire peut chasser chez lui si son fond est enclos et attenant aux habitations, et qu'il peut empêcher toute autre personne d'y chasser. Dans l'intérêt des récoltes et du gibier, le droit de chasse a été assujetti à des règles particulières, ainsi que le droit de pêche. (Art. 715.)

Le droit de pêche est-il un attribut du droit de propriété ?

Oui. Il est un attribut du droit de propriété de la même manière que le droit de chasse. Ainsi toute personne peut pêcher dans la mer, parce qu'elle est chose commune; mais l'Etat seul peut pêcher dans les rivières navigables ou flottables qui sont sa propriété exclusive ; et seuls aussi les riverains peuvent pêcher dans les rivières non navigables ou flottables. Toutefois, le poisson pris par un tiers lui appartient par occupation, de même que le gibier pris sur le fond d'autrui, sauf le recours en indemnité du propriétaire.

Qu'est-ce qu'un trésor ?

L'article 716 appelle trésor : « Une chose enfouie ou cachée, sur laquelle personne ne peut prouver sa propriété et qui est découverte par le pur effet du hasard. »

La dernière partie de cette définition *découverte par l'effet du hasard* est de trop. Il suffit qu'une chose ait été trouvée cachée ou enfouie et que personne ne puisse justifier sa propriété pour qu'elle soit un trésor. Ce n'est que par rapport à l'attribution du trésor, qu'il importe de distinguer s'il a été ou non découvert par le pur effet du hasard.

A qui appartient le trésor ?

Il faut distinguer :

Si la découverte en a été faite par le propriétaire du fond où il était caché, ou par les recherches qu'il a ordonné, il lui appartient en totalité.

Si la découverte en a été faite par un tiers, *à la suite de recherches qui n'avaient pas été ordonnées par le propriétaire*, il appartient également en totalité à ce dernier. Les recherches constituent, en effet, dans ce cas, une violation de la propriété d'autrui, et cette violation ne peut pas être une juste cause d'acquisition pour celui qui s'en est rendu coupable.

Si enfin la découverte en a été faite par un tiers, *et par un pur effet du hasard*, il appartient pour moitié à l'inventeur et pour moitié au propriétaire. (Art. 716.).

Qu'appelle-t-on épaves ?

On appelle *épaves*, les choses perdues, égarée, oubliées, par leur propriétaire; et en particulier *épaves maritimes*, les objets qui tombent ou qui sont jetés à la mer.

A qui appartiennent les épaves ?

L'acquisition des épaves maritimes est régie par les lois particulières, notamment par l'ordonnance de la marine de 1681.

Quant à l'acquisition des choses perdues ailleurs qu'en mer et qui sont trouvées par un tiers, elle a été réglementée par une ordonnance du ministre des finances du 5 août 1825. Aux termes de cette ordonnance, les objets perdus et retrouvés doivent être déposés entre les mains de l'autorité, ou de la justice. Lorsqu'ils n'ont pas été réclamés dans le délai de trois ans, l'inventeur peut se les faire remettre et en acquérir la propriété.

LIVRE III, TITRE I.

DES SUCCESSIONS.

On appelle *succession,* tantôt l'ensemble des droits actifs et passifs laissés par un défunt, — tantôt la transmission de ces droits à une personne.

Dans ce dernier sens, les successions sont légitimes ou testamentaires, selon que leur transmission s'effectue en vertu d'une disposition législative ou par le seul effet de la volonté exprimée du *de cujus.*

On entend par *de cuius,* celui de la succession duquel il s'agit, le défunt dont la succession est dévolue.

Il y a trois classes de personnes susceptibles de recueillir une succession : les héritiers légitimes, les successeurs irréguliers, et les légataires et donataires.

On appelle *héritiers légitimes,* les personnes qui viennent à la succession en vertu d'une disposition législative, à cause de leur parenté légitime avec le défunt. On appelle *successeurs irréguliers,* les personnes qui viennent également à la succession en vertu d'une disposition législative, mais seulement à cause de leur parenté naturelle, ou parce qu'il n'existe pas de parents légitimes. On appelle enfin *légataires,* les personnes qui n'ont des droits sur une succession que par suite de la volonté exprimée du défunt ; et *donataires,* ceux qui ont reçu tout ou partie de ses biens, de son vivant et par sa volonté.

Les héritiers légitimes continuent la personne juridique du défunt ; en conséquence, ils sont tenus de payer ses dettes, même au delà de ce qu'ils reçoivent. — Les autres successibles ne font, au contraire, que succéder aux biens ; ils ne sont tenus que jusqu'à concurrence de ce qu'ils reçoivent. Au reste, ces différentes classes de successibles sont quelquefois confondus par le Code sous le nom générique d'héritiers.

Suivant l'ordre du Code nous diviserons notre titre de la manière suivante :

Chapitre I. — De l'ouverture des successions et de la saisine des héritiers.

Chapitre II. — Des qualités requises pour succéder.

Chapitre III. — Des divers ordres de succession.

Chapitre IV. — Des successions irrégulières.

Chapitre V.— De l'acceptation et de la répudiation des successions.

Chapitre VI. — Du partage et des rapports.

CHAPITRE PREMIER.

De l'ouverture des successions et de la saisine des héritiers.

(Articles 718 à 724).

A quel moment s'ouvrent les successions ?

Aux termes des articles 718 et 719, les successions s'ouvrent par la mort naturelle et par la mort civile. —

Mais on sait que la mort civile a été abolie par la loi de 1854. Par conséquent, le moment de la mort naturelle est seul à considérer aujourd'hui pour l'ouverture des successions.

Est-il important de connaître le moment précis de la mort du de cujus ?

Cela dépend :

Quand l'héritier présomptif du *de cujus* a vécu assez longtemps après lui, peu importe le moment de la mort de celui-ci. Mais lorsque, au contraire, l'héritier est décédé à peu près au même moment que le *de cujus,* il devient très important de préciser l'instant de la mort de chacun d'eux. En effet, l'héritier était-il encore vivant lors du décès du *de cujus,* il a pu recueillir sa succession et la transmettre avec la sienne à ses propres héritiers. Etait-il décédé, il n'a pu la recueillir : elle est dévolue à ceux qui devaient la recevoir à son défaut.

Comment peut-on savoir si l'héritier a survécu au de cujus ?

C'est aux intéressés à l'établir; ils l'établiront, d'ailleurs, par toutes espèces de preuves, par témoignages ou par des circonstances de fait. — Supposons, par exemple, que Secundus appelé à recueillir la succession de Primus soit mort dans la même journée que lui, c'est à Tertius, son héritier, à établir que son décès a eu lieu postérieurement à celui de Primus ; qu'il a pu, par conséquent, recueillir la succession de ce dernier et la transmettre.

N'y a-t-il pas un cas particulier, dans lequel la loi détermine elle-même l'ordre des décès, au moyen de présomptions tirées de l'âge et du sexe des co-mourants ?

Oui. Lorsque plusieurs personnes, respectivement appelées à la succession l'une de l'autre, périssent dans le même événement, sans qu'on puisse reconnaître laquelle est décédée la première, la présomption de survie est déterminée par les circonstances du fait, et à leur défaut, par la force de l'âge et du sexe. (Art. 720).

Au reste, l'emploi exceptionnel de ces présomptions n'est autorisé par la loi qu'à défaut de toute autre preuve. Ainsi, on ne les appliquera pas lorsque deux personnes ayant péri dans le même naufrage, les dépositions des témoins établissent que l'une d'elle avait pu lutter plus longtemps que l'autre contre la mort, ou que l'une d'elles savait nager et que l'autre ne le savait pas; ou enfin lorsqu'on reconnaît par l'examen des corps que le décès de l'une est antérieur au décès de l'autre.

Comment sont établies les présomptions de survie tirées de l'âge des co-mourants ?

A cet égard, la vie humaine a été partagée en trois périodes qui sont :

1° La période au-dessous de 16 ans.

2° La période de 15 à 60 ans.

3° La période au-dessus de 60 ans.

Les personnes qui ont péri dans le même événement avaient-elles toutes les deux moins de seize ans, la plus âgée est présumée avoir survécu. — Avaient-elles plus de seize et moins de soixante ans, c'est, au contraire, la plus jeune. — Avaient-elles, enfin, plus de soixante ans, c'est également la plus jeune qui est présumée avoir survécu. (Art. 721.).

Ces présomptions, comme toutes les présomptions légales, présentent au fond quelque probabilité. Elles sont fondées sur l'ordre naturel des choses. Dans la première hypothèse, le plus âgé des co-mourants est présumé avoir survécu, parce que les forces croissent avec l'âge ; dans les deux autres où cette circonstance ne se trouve pas, on devait, suivant les lois naturelles, faire survivre le plus jeune.

Dans quel cas la présomption de survie tirée du sexe des co-mourants est-elle admise ?

Elle n'est admise que dans une seule hypothèse. C'est lorsque l'homme et la femme qui ont péri dans le même accident avaient de seize à soixante ans. L'homme est alors présumé avoir survécu, s'il y avait entre eux égalité d'âge ou si la différence n'était pas de plus d'une année. (Art. 722.)

Les présomptions de survie tirées de l'âge des co-mourants sont-elles applicables lorsque ceux-ci ne sont pas dans la même période ?

Oui. Ainsi un des co-mourants avait-il moins de seize ans, et l'autre de seize à soixante ans, ce dernier est présumé avoir survécu, parce qu'il avait plus de forces.

Un des co-mourants avait-il moins de seize ans et l'autre plus de soixante, le premier a, au contraire, la présomption en sa faveur, parce qu'il n'y a aucune raison de changer l'ordre de la nature. (Art. 721.)

Enfin, l'un des co-mourants avait-il de seize à soixante ans et l'autre plus de soixante, le premier est, comme précédemment et pour la même raison, présumé avoir survécu.

Les présomptions de survie, dont nous venons de parler, peuvent-elles être appliquées en dehors des cas prévus par la loi ?

Non. Ainsi elles ne peuvent être appliquées : 1º Lorsque les deux personnes ne sont pas mortes dans le même événement ; — 2º ou bien, lorsque l'une d'elles seulement était appelée à la succession de l'autre, sans qu'il y eût réciprocité ; — ou bien, enfin, lorsqu'elles étaient appelées à la succession l'une de l'autre en qualité de légataires, et non comme héritiers *ab intestat*.

Dans tous ces cas, on rentre sous l'application des principes du droit commun et les intéressés doivent établir la survie de celui des co-mourants qu'ils prétendent être héritier de l'autre. S'ils ne peuvent l'établir, les co-mourants seront présumés morts au même instant et leur succession sera dévolue, comme s'ils n'avaient jamais dû hériter l'un de l'autre.

Les héritiers ab intestat *ne se divisent-ils pas en deux classes ?*

Oui. Ils se divisent, comme nous l'avons dit précédemment, en héritiers légitimes et en successeurs irréguliers.

Les heritiers légitimes sont les parents légitimes du défunt, jusqu'au douzième degré inclusivemeni. — Les successeurs irréguliers sont, suivant l'énumération de l'article 723, les enfants naturels, le conjoint survivant et l'état. Mais cette énumération est incomplète : il faut y joindre les père et mère naturels, et les frères et sœurs naturels, qui viennent avant le conjoint survivant et l'état.

Quelles différences y a-t-il entre ces deux classes d'héritiers ?

Il y a entre ces deux classes d'héritiers trois différences :

1° Les héritiers légitimes représentent le défunt, et comme tels, ils sont tenus *ultra vires* des dettes et charges de la succession. — Les successeurs irréguliers succèdent aux biens sans continuer la personne, et ne sont tenus que jusqu'à concurrence des biens qu'ils recueillent

2° Les héritiers légitimes ne peuvent pas se soustraire aux poursuites des créanciers en faisant l'abandon des biens, car ils sont comme le défunt personnellement obligés. — Les successeurs irréguliers le peuvent, car ils ne sont actionnés que comme détenteurs de la succession.

3°. Enfin, les héritiers légitimes ont la saisine. — Les successeurs irréguliers ne l'ont pas.

Qu'est-ce que la saisine ?

On appelle *saisine* l'investiture légale et instantanée des droits actifs et passifs du défunt.

Quel est l'effet de cette investiture ?

Elle a pour effet non seulement de rendre l'héritier propriétaire et possesseur de tout ce qui appartenait au défunt, non seulement de le rendre créancier pour toutes ses créances et débiteur pour toutes ses dettes, mais elle lui permet encore d'exercer toutes ses actions; elle le saisit, en un mot, non-seulement des droits actifs et passifs du défunt mais encore de l'exercice de ces droits. (Art. 724)

En conséquence, les héritiers légitimes peuvent, dès l'ouverture de la succession et sans l'accomplissement d'aucune formalité préalable, poursuivre les débiteurs du défunt, révendiquer ses biens contre les tiers-détenteurs, agir, en un mot, comme si le défunt agissait lui-même. — Il n'en est pas ainsi pour les successeurs irréguliers. Ils sont bien, il est vrai, propriétaires et possesseurs des biens de la succession par le seul fait de son ouverture, ils sont bien également saisis *ipso jure* des droits et des dettes du défunt, mais ils ne sont pas saisis de même de ses actions, c'est-à-dire de l'exercice de ses droits actifs et passifs. Cette saisine, ils doivent la demander à la justice, et tant qu'ils ne l'ont pas obtenu, tant qu'ils n'ont pas été envoyés par elle en possession, ils ne peuvent, ni poursuivre les débiteurs de la succession, ni être poursuivi par ses créanciers. (MM. Valette, Demolombe.)

CHAPITRE DEUXIÈME

Des qualités requises pour succéder.

Articles 725 à 730.

Quelles sont les qualités requises pour succéder ?

En principe toute personne est capable d'acquérir une succession et de la conserver après l'avoir acquise. Il y a cependant quelques exceptions. Les unes constituent l'incapacité, les autres l'indignité.

Quelles sont les personnes incapables de succéder ?

Pour succéder, dit l'article 725, il faut nécessairement exister à l'instant de l'ouverture de la succession. — Ainsi sont incapables de succéder :

1º Celui qui n'est pas encore conçu.

2º L'enfant qui n'est pas né viable.

3º Celui qui est mort civilement.

De plus, aux termes de l'article 726, aujourd'hui abrogé, l'étranger, appartenant à une nation qui n'accordait pas aux Français des droits de succession, était également incapable de succéder.

Quelle est la conséquence de la règle contenue dans l'article 725 ?

C'est que tout demandeur devant prouver son droit, c'est à celui qui prétend être héritier ou à ses ayant cause à établir qu'il était conçu au décès du *de cujus*, et qu'il est né vivant. Quant à la viabilité, elle se présume en faveur de l'enfant né vivant, et c'est aux tiers à faire la preuve contraire.

Comment l'enfant qui se prétend héritier prouvera-t-il qu'il était conçu au moment du décès du de cujus ?

Il faut distinguer :

1º Lorsque la question de successibilité dépend de celle de la légitimité, par exemple lorsque l'enfant est né moins de trois cent jours après la dissolution du mariage, la preuve de la conception résulte de la période légale de conception établie par les articles 312 et 313. — En effet, si l'enfant est reconnu légitime parce qu'on présume qu'il était conçu au moment de la mort du mari, comment pourrait-on l'éloigner de sa succession sous prétexte qu'il n'était pas encore conçu à ce moment même. (MM. Bugnet, Valette).

2º Mais quand la question de successibilité ne se rattache pas à la question de légitimité, ces présomptions ne le protégent plus, parce qu'elles ne s'étendent pas d'un cas à un autre.

L'enfant est alors obligé d'établir par des preuves directes qu'il était conçu au moment de l'ouverture de la succession à laquelle il prétend.

Comment prouvera-t-on que l'enfant qu'on prétend être héritier était né vivant ?

On le prouvera par l'acte de naissance, s'il porte que l'enfant a été présenté vivant à l'officier de l'état civil; à défaut de cet acte, par le témoignage des personnes qui ont assisté à l'accouchement.

Comment les tiers qui contestent la viabilité de l'enfant pourront-ils faire la preuve de sa non viabilité ?

Ils pourront la faire par toutes espèces de moyens, notamment par l'inspection du corps de l'enfant.

Celui qui a encouru la mort civile est-il encore aujourd'hui incapable de succéder ?

Oui, car si la loi de 1854 a aboli la mort civile elle a,

néanmoins, laissé subsister l'incapacité de recevoir par succession ou par donation.

Les étrangers sont-ils toujours incapables de succéder lorsqu'ils appartiennent à une nation qui n'accorde pas aux français le même avantage?

Non. L'article 726 a été abrogé par la loi de 1819. Toutefois, l'article 2 de cette loi décide, que dans le cas de partage d'une même succession entre cohéritiers étrangers et français, ce dernier aura le droit de prendre, sur les biens situés en France, une portion égale à celle que la loi étrangère lui refuserait sur les biens que le défunt a laissé en pays étranger.

Qu'est-ce que l'indignité?

L'indignité est un fait qui empêche de conserver la succession qu'on a recueilli. — Par conséquent elle n'atteint que les personnes qui sont capables de recueillir les successions.

Quelles sont les personnes indignes?

L'article 727 déclare indignes de succéder, et comme tels, exclus des successions :

1º Celui qui a été condamné pour avoir donné, ou tenté de donner la mort au défunt.

2º Celui qui a porté contre lui une accusation jugée calomnieuse.

3º Celui qui, étant majeur, n'a pas dénoncé à la justice le meurtre du défunt dont il était instruit.

L'indignité serait-elle encourue si l'héritier qui a donné la mort au défunt n'avait pas été condamné?

Non. Ainsi elle ne serait pas encourue si cet héritier venait à décéder avant que la condamnation eût été prononcée contre lui. Il en serait de même, si, au moment du meurtre, il se trouvait, soit en état de folie, soit dans le cas de légitime défense, ou s'il était reconnu avoir agi sans discernement; car dans ces différents cas il n'est pas prononcé de condamnation.

Au contraire, on décide généralement que l'indignité n'en est pas moins encourue, lorsque l'héritier qui a donné la mort au défunt a été condamné à des peines correctionnelles seulement, parce que le meurtre a été jugé excusable. En effet, l'excusabilité ne fait que diminuer la peine, elle ne détruit pas la criminalité; elle n'empêche pas que l'héritier ne soit réellement condamné pour avoir donné ou tenté de donner la mort au défunt. (MM. Valette, Demolombe).

Ces expressions de l'article 127, une accusation capitale jugée calomnieuse, ne renferment-elles pas une inexactitude ?

Oui. Le ministère public peut seul, dans notre législation, porter des accusations. Cette expression d'accusation doit donc se traduire par celle de *plainte* ou de *dénonciation* calomnieuse contre le *de cujus*.

Au surplus, il faut qu'à cette plainte ou à cette dénonciation se joignent deux circonstances :

1° Qu'elles puissent entraîner une peine capitale; c'est-à-dire une peine perpétuelle, comme les travaux forcés à perpétuité, la déportation ou la mort.

2° Qu'elle soit jugée calomnieuse, c'est-à-dire que l'héritier ait été condamné comme calomniateur.

Le défaut de dénonciation du meurtre du de cujus est-il toujours une cause d'indignité ?

Non. L'article 728 décide qu'on ne peut l'opposer à l'héritier qui se trouve être ascendant ou descendant du meurtrier, ou son allié au même degré; — non plus qu'à celui qui se trouve être, ou son conjoint, ou son frère, ou sa sœur, ou son oncle, ou sa tante, ou son neveu, ou sa nièce.

La même exception est-elle opposable aux alliés à titre de collatéraux ?

Si l'on ne considérait que le texte de l'article 728, la négative ne serait pas douteuse. Mais on admet généralement qu'il y a une erreur de rédaction et que ces mots *alliés au même degré* doivent se placer à la fin de l'article, et s'appliquer aux alliés dans la ligne collatérale aussi bien qu'aux alliés dans la ligne ascendante ou descendante. (M. Valette).

Quelles sont les personnes qui peuvent intenter l'action en indignité ?

Ce sont toutes les personnes qui y ont un intérêt né et actuel, c'est-à-dire les cohéritiers de l'indigne ; ou à défaut de cohéritiers, les successibles d'un ordre subséquent ?

L'action en indignité peut-elle être exercée par les créanciers de celui à qui elle appartient ?

Elle ne le peut pas, suivant les uns, parce qu'elle a un caractère personnel, et que les créanciers ne peuvent exercer les droits de leur débiteur qui sont exclusivement attachés à sa personne.

Elle le peut, au contraire, suivant les autres, parce que le droit de proposer l'indignité a été organisé dans l'intérêt de la morale et de l'ordre public, et non pas dans l'intérêt exclusif des héritiers.

A quel moment l'action en indignité peut-elle être intentée ?

Elle ne peut être intentée qu'après l'ouverture de la succession à laquelle l'indigne est appelé. De plus, comme elle est une action pénale, elle ne peut être prononcée que lorsque l'héritier qui l'a encouru est encore vivant.

Quels sont les effets de l'indignité par rapport à l'indigne ?

Aux termes de l'article 729, l'héritier exclu de la succession pour cause d'indignité, est tenu de rendre tous les fruits et les revenus dont il a eu la jouissance depuis l'ouverture de la succession. — Tous les droits actifs et passifs, qui s'étaient éteints par confusion, revivent comme s'ils n'avaient jamais cessé d'exister. En un mot, l'effet de l'indignité par rapport à l'indigne, c'est de remettre les choses dans l'état où elles étaient avant qu'il eût été saisi de la succession.

Quels sont les effets de l'indignité par rapport aux tiers ?

A l'égard des tiers de bonne foi, les aliénations, concessions d'hypothèques, servitudes ou autres droits réels consentis par l'indigne restent valables. Il en est de même des actes conservatoires qu'il aurait fait au profit de l'hérédité. Ce serait, en effet, nuire aux héritiers qui recueillent cette hérédité que de les anéantir.

Quels sont les effets de l'indignité par rapport aux enfants de l'indigne ?

Les enfants de l'indigne ne doivent pas, en principe, souffrir de la faute de leur père. A défaut de celui-ci, ils peuvent recueillir la succession de leur propre chef. Toutefois, ils ne jouissent pas du bénéfice de représentation, et ils sont exclus par les cohéritiers qui venaient en concours avec leur père. (Art. 730).

Pourquoi les enfants de l'indigne ne peuvent-ils pas venir à sa place par représentation ?

C'est parce que d'un côté, l'indignité ne peut être prononcée que contre un héritier qui est encore vivant lors de l'ouverture de la succession, et que d'un autre côté les enfants ne peuvent venir par représentation qu'autant que celui qu'ils sont appelés à représenter est décédé.

Les enfants de l'héritier qui est décédé au moment de l'ouverture de la succession, mais qui s'il n'était pas décédé aurait encouru l'indignité, peuvent-ils le représenter ?

On admet généralement l'affirmative. En effet, la prohibition de l'article 730 s'applique au cas où l'indignité a été prononcée et non pas au cas où elle a été seulement encourue. Or l'indignité n'est jamais prononcée contre un héritier décédé. En vain objecterait-on que le représentant a seulement les droits du représenté, et que ces droits se trouvent ici anéantis par le fait de l'indignité. — Il est facile de répondre que le coupable s'il eût survécu, aurait pu recueillir la succession, sinon la conserver ; que ses enfants peuvent donc comme lui la recueillir, et qu'une fois qu'ils l'ont appréhendée elle doit leur rester, parce que la faute de leur père ne nuit qu'à lui seul.

CHAPITRE TROISIÈME.

Des divers ordres de succession.

Ce chapitre est divisé par le code en cinq sections qui traitent :

Section I. — Dispositions générales.

Section II. — De la représentation.

Section III. — Des successions déférées aux descendants.

Section IV. — Des successions déférées aux ascendants.

Section V. — Des successions collatérales.

SECTION I.

DISPOSITIONS GÉNÉRALES.
Articles 731 à 738.

Comment la loi détermine-t-elle la vocation à la succession ?

Elle la détermine d'après la qualité des parents que laisse le *de cujus*, sans tenir compte de la nature ou de l'origine des biens. (Art. 732).

Dans notre ancienne jurisprudence, la dévolution des biens n'était-elle pas réglée, au contraire, d'après leur nature et leur origine ?

Oui. Elle était réglée d'après leur *nature*, c'est-à-dire que les biens étaient attribués à tels ou tels héritiers, suivant qu'ils étaient nobles ou roturiers; et d'après leur *origine*, c'est-à-dire qu'ils allaient à tels ou tels parents, selon qu'ils étaient propres ou acquêts.

On appelait biens *propres* tous les immeubles que le *de cujus* avait reçu, soit par succession légitime soit par donation ou legs, d'un de ses parents en ligne directe. — On appelait *acquêts* tous les autres biens.

Les propres immobiliers étaient dévolus aux parents de qui le *de cujus* les tenait. Ainsi, ceux qu'il avait recueilli du côté de son père retournaient aux parents paternels; ceux qu'il avait recueilli du côté de sa mère retournaient aux parents maternels; de là la règle : *Paterna paternis, materna maternis.* C'est ce qu'on appelait la *fente.*

Après la *fente* ou division des biens propres en paternels et maternels venait la *refente*, c'est-à-dire la subdivision des mêmes biens dans chaque ligne.

En combien d'ordres le Code divise-t-il les parents légitimes?

Il les divise en trois ordres, savoir : les descendants, les ascendants et les collatéraux.

Mais cette division est incomplète. On trouve en réalité cinq ordres de parents appelés à succéder, savoir : 1º Les descendants du défunt ; — 2º Ses frères et sœurs ou collatéraux privilégiés ; — 3º Ses père et mère ou ascendants privilégiés ; — 4º Ses aïeuls et aïeules ou ascendants ordinaires ; — 5º Enfin les autres parents ou collatéraux ordinaires. (Art. 731).

La succession ne se divise-t-elle pas ordinairement en deux parts, attribuées l'une à la ligne paternelle et l'autre à la ligne maternelle?

Oui. Toutefois cette division n'a pas lieu dans trois cas, savoir :

1º Lorsque la succession est dévolue aux enfants.

2º Lorsqu'elle est dévolue aux frères et sœurs.

3º Lorsqu'il n'y a de parents que dans une seule ligne. (Art. 733).

Lorsque la succession est divisé en deux parts, comment se fait la dévolution dans chacune des deux lignes?

La succession étant ainsi divisée en deux parts, l'ordre le plus proche dans chaque ligne les recueille, à l'exclusion des ordres les plus éloignés. — Comme les parents d'une ligne ne sont pas exclus par ceux de l'autre ligne qui se trouvent à un degré plus rapproché, il arrivera quelquefois que les deux moitiés de la succession seront recueillies par des héritiers d'un ordre différent. — Ainsi un collatéral au douzième degré recevra la moitié afférente à la ligne maternelle ; tandis que le père ou le grand père du *de cujus* recevra celle afférente à la ligne paternelle. (Art. 731).

A qui appartient la moitié dévolue à chaque ligne ?

Elle appartient, sauf le cas de représentation, aux parents les plus rapprochés dans chaque ligne. Ainsi, lorsqu'il se trouve dans la même ligne un aïeul et un bisaïeul du *de cujus;* le premier exclut le second et prend seul la moitié de la succession afférente à la ligne. (Art. 734).

Comment s'établit la proximité de parenté ?

Elle s'établit par le nombre de générations ; chaque génération s'appelle un *degré.*

La suite des degrés forme la ligne. On appelle *ligne directe* la suite des degrés entre personnes qui descendent l'une de l'autre ; *ligne collatérale* la suite des degrés entre personnes qui ne descendent pas les unes des autres, mais qui descendent d'un auteur commun.

La ligne directe est descendante ou ascendante. Elle est descendante lorsqu'on compte les degrés en allant de l'auteur à ceux qui descendent de lui ; elle est ascendante lorsqu'on les compte, au contraire, en allant des descendants à l'auteur commun. (Art. 735, 736).

Comment se comptent les degrés de parenté ?

En ligne directe, on compte autant de degrés qu'il y a de générations entre les personnes : Ainsi le fils est à l'égard du père au premier degré ; le petit-fils au second.

En ligne collatérale, les degrés se comptent également par les générations, depuis l'un des collatéraux jusque et non compris l'auteur commun, et depuis celui-ci jusqu'à l'autre collatéral. Ainsi deux frères sont au deuxième degré ; l'oncle et le neveu sont au troisième degré ; les cousins germains au quatrième. (Art. 737, 738).

Quels sont les parents paternels d'une personne et quels sont ses parents maternels ?

On appelle parents paternels d'une personne, son père, et tous ceux qui tiennent à elle par ce père ; et parents maternels, sa mère, et ceux qui tiennent à elle par cette mère.

Ceux qui se rattachent en même temps à une personne par son père et par sa mère sont dits parents germains.

Quant il s'agit de frères ou sœurs, les paternels se disent plus spécialement consanguins, et les maternels utérins. (Art. 733).

SECTION II

DE LA REPRÉSENTATION.

Articles 739 à 744.

Qu'est-ce que la représentation ?

Aux termes de l'article 739, la représentation est une fiction de la loi dont l'effet est de faire entrer les représentants dans la place, dans le degré et dans les droits du représenté.

Cette définition n'a-t-elle pas été critiquée ?

Oui. On lui reproche :

1° De présenter comme deux choses différentes la *place* et le *degré* qui, en matière de succession, expriment une seule et même chose.

2º De dire que le représentant entre dans les droits du représenté alors que ce dernier, étant mort avant le *de cujus*, n'a pu avoir aucun droit à sa succession. — Pour être exact, il faudrait dire que le représentant entre dans les droits qu'aurait eu le représenté s'il avait survécu.

3º De considérer la représentation comme une fiction, alors qu'elle procure d'une manière très-directe aux représentants les droits qui auraient appartenu au représenté s'il avait survécu. — Toutefois on peut fort bien la considérer comme une fiction en ce sens qu'elle fait revivre le représenté en la personne du représentant.

Comment peut-on la définir ?

On peut la définir. Une disposition de la loi qui fait revivre un défunt en la personne de son enfant, en sorte que celui-ci se trouve reporté dans le degré de son père, et vient exercer dans la succession les droits que ce père exercerait s'il vivait encore.

Le représentant devant occuper ainsi la place du représenté, il faut nécessairement que celui-ci soit mort lors de l'ouverture de la succession, pour que la représentation puisse avoir lieu. (Art. 744,).

Sur quels motifs la représentation est-elle fondée ?

Elle est fondée sur ce motif, qu'il serait rigoureux et contraire aux principes généraux qui règlent l'ordre des successions de priver les petits enfants de la succession de leur aïeul, ou les neveux de la succession de leur oncle, parce qu'ils ont perdu leur père.

Quelles sont les personnes qui peuvent invoquer la représentation ?

Ce sont :

1º Tous les descendants, à l'infini. — Ainsi l'enfant peut représenter son père, et par lui son aïeul, et arriver ainsi à la succession de son bisaïeul.

2º Les collatéraux descendant des frères ou sœurs du défunt, à l'infini. Ainsi, un arrière petit-neveu peut venir par représentation à la succession de son arrière grand oncle et concourir avec le frère ou la sœur du défunt. (Art. 740. 742.).

Les ascendants peuvent-ils invoquer la représentation ?

Non. Ainsi l'aïeul ne peut pas venir à la succession de

son petit-fils en concours avec les frères et sœurs de celui-ci, comme représentant son fils décédé. Pareillement, les collatéraux ordinaires ne peuvent pas venir, par représentation, au lieu et place des collatéraux privilégiés. — La représentation n'existe, en un mot, qu'en faveur des enfants et des neveux et nièces du *de cujus*. Pour tous les autres héritiers il faut suivre la règle que le parent le plus proche exclut les parents plus éloignés de la même ligne. (Art. 741).

Quelles sont les personnes qui peuvent être représentées ?

On ne peut représenter que les ascendants qui étaient décédés lors de l'ouverture de la succession. — S'ils avaient survécu au *de cujus*, ils seraient en faute de n'avoir pas recueilli eux-mêmes la succession.

Au reste, les enfants qui viennent par représentation doivent être capables par eux-mêmes de recueillir et de conserver la succession à laquelle ils sont appelés. (M. Valette).

Les enfants légitimes d'un fils adoptif peuvent-ils le représenter ?

Non, parce que l'adoption étant essentiellement personnelle à l'adopté, les enfants de celui-ci n'ont aucun lien de parenté avec l'adoptant, ni aucune vocation propre à sa succession.— Il en est de même pour les enfants naturels reconnus. Des motifs semblables empêchent qu'on leur permette de venir par représentation de leur père à la succession de leur aïeul.

L'enfant qui a renoncé à la succession de son père peut-il le représenter ?

Oui, car le droit de représentation est un droit qui lui appartient personnellement, et non comme héritier de son père. (Art. 744).

Quels sont les effets de la représentation ?
Ils consistent :

1° A faire acquérir la succession à des parents qui autrement en auraient été privés.

2° A entraîner un partage par souche, au lieu d'un partage par tête, de manière à ce que les représentants d'une personne quelque soit leur nombre ne comptent jamais que pour cette personne. (Art. 743.).

SECTION III.
DES SUCCESSIONS DÉFÉRÉES AUX DESCENDANTS.
Article 745.

Dans quel ordre les héritiers légitimes sont-ils appelés à succéder ?

Ils y sont appelés de la manière suivante :

En 1er ordre, les descendants du défunt.

En 2e ordre, ses frères et sœurs ; soit seuls soit en concours avec les pères et mères.

En 3e ordre, les pères et mères.

En 4e ordre, les ascendants autres que les pères et mères.

En 5e ordre, les collatéraux ordinaires.

Les descendants concourrent-ils avec d'autres parents du défunt ?

Non. A quelque degré qu'ils se trouvent, ils succèdent seuls au défunt, soit de leur chef soit par représentation, sans distinction de sexe ni de primogéniture.

Ils succèdent par égales portions et par têtes quand ils sont appelés de leur chef. — Ils succèdent par souche lorsqu'ils viennent tous, ou en partie, par représentation. (Art. 745).

A cet égard l'article 745 ne renferme-t-il pas une inexactitude de rédaction ?

Oui. Cette inexactitude consiste dans l'emploi des

mots, *quand ils sont tous au premier degré*, qui doivent être retranchés. Il suffit, en effet, que les descendants viennent de leur chef pour que le partage ait lieu par égales portions et par têtes. C'est ce qui arrive lorsque la succession d'un aïeul n'est appréhendée que par des petits enfants.

Les enfants légitimés ou adoptifs ont-ils les mêmes droits de succession que les enfants légitimes ?

Oui. Mais il faut remarquer que les descendants de l'enfant adoptif ne succèdent qu'à leur père. Ils n'ont aucun droit à la succession de l'adoptant ; car les effets de l'adoption sont limités à l'adoptant et à l'adopté. L'adoption fait bien, il est vrai, naître des empêchements au mariage entre l'adoptant et les enfants de l'adopté ; mais ces empêchements sont uniquement fondés sur l'honnêteté publique, et non sur un lien de parenté.

SECTIONS IV ET V.

DES SUCCESSIONS DÉFÉRÉES AUX ASCENDANTS ET DES SUCCESSIONS COLLATÉRALES.

Articles 746 à 755.

C'est par inadvertance que le Code a placé l'ordre des ascendants dans la quatrième section et celui des frères et sœurs dans la cinquième. Les frères et sœurs doivent passer avant les ascendants, puisqu'aux termes de l'article 746 ces derniers ne sont appelés qu'autant que le défunt n'a laissé ni postérité, *ni frères, ni sœurs.*

Ce n'est pas tout : les articles de ces deux sections ont été mal distribués. Ainsi l'ordre des frères et sœurs est régi par les deux derniers articles de la quatrième section et par les trois premiers de la cinquième. De plus, nous trouvons dans la quatrième section un article qui ne rentre pas dans le système des successions ordinaires.

C'est l'article 747, relatif à la succession toute spéciale des ascendants donateurs.

Pour remédier à cet ordre défectueux, nous avons confondu les deux sections et fait un seul groupe des articles qui y sont contenus. Dans un premier paragraphe nous traiterons des successions des collatéraux et ascendants; et dans un second de la succession de l'ascendant donateur.

§ 1. -- Successions des collatéraux et des ascendants.

Quels sont les héritiers appelés en second ordre ?

Ce sont les frères et sœurs du défunt ou leurs ascendants. Ces derniers viennent soit de leur chef soit par représentation.

Les frères et sœurs sont appelés après les descendants du défunt. — Ils excluent tous les autres héritiers à l'exception des père et mère avec lesquels ils concourent. (Art 750.)

Dans quelle proportion les frères et sœurs du défunt concourent-ils avec ses père et mère ?

Si les père et mère du défunt existent l'un et l'autre, ils prennent chacun un quart de la succession ; les frères et sœurs n'en recueillent qu'une moitié. — Si le père ou la mère sont décédés, le survivant retient un quart ; les frères et sœurs recueillent et partagent entre eux les trois autres quarts. (Art. 748, 749, 751).

Comment se partage la succession entre les frères et sœurs, lorsqu'ils ne sont pas tous issus du même mariage?

Les frères et sœurs peuvent être germains, consanguins ou utérins. Ils sont germains. s'ils ont les mêmes père et mère. Ils sont consanguins, s'ils ont le même père et des mères différentes. Ils sont utérins, s'ils ont la même mère et des pères différents. La succession se partage entre eux par égales portions s'ils sont tous du même lit, c'est-à-dire s'ils sont tous germains, consanguins ou utérins. — Mais lorsqu'ils sont de lits différents, la succession se divise en deux parts. L'une est attribuée à la ligne paternelle ; l'autre à la ligne maternelle. Les frères consanguins prennent dans la première part, les frères utérins prennent dans la seconde. Quant aux frères germains, ils prennent une portion virile des deux côtés ; ce qui fait qu'ils reçoivent deux fois plus que les frères utérins ou consanguins.

Au reste, la distinction que nous venons d'établir, n'a d'effets qu'entre les frères et sœurs. Qu'ils soient germains ou qu'ils soient simplement utérins ou consanguins, les frères et sœurs excluent tous les autres parents du *de cujus*, même ceux qui font partie d'une ligne différente. (Art. 752).

Quels sont les héritiers appelés en troisième ordre ?

Ce sont les père et mère du défunt. Ils viennent tantôt en concours avec les frères et sœurs ; tantôt seuls ; tantôt en concours avec des parents d'une autre ligne.

Ils viennent en concours avec les frères et sœurs, quand il y en a, et ils recueillent chacun un quart, ainsi que nous l'avons vu précédemment.

Ils viennent seuls, lorsqu'il ne se trouve ni frères et sœurs, ni descendants d'eux. Alors le père prend une moitié, à l'exclusion de tous les autres ascendants et de tous les collatéraux paternels ; et la mère prend l'autre moitié, en écartant également tous les ascendants et tous les collatéraux maternels.

Ils viennent enfin en concours avec d'autres parents, lorsque l'un d'eux est décédé. Alors la succession se partage également en deux parts : l'une est attribué à la ligne paternelle et l'autre à la ligne maternelle. Le père ou la mère survivante prend la moitié afférente à sa ligne; l'autre moitié est dévolue aux aïeuls ou à leur défaut aux collatéraux de l'autre ligne. (Art. 746-753).

La loi n'attribue-t-elle pas certains avantages au père ou à la mère survivante lorsqu'ils viennent en concours avec des collatéraux de la ligne opposée ?

Oui, aux termes de l'article 751, le père ou la mère survivante, qui recueille une moitié de la succession tandis que l'autre moitié est dévolue aux collatéraux de la ligne opposée, a l'usufruit du tiers des biens que prennent ces derniers.

Quels sont les héritiers appelés en quatrième ordre ?

Ce sont les ascendants du défunt, autres que ses père et mère.

Ces ascendants sont exclus, comme nous l'avons vu : 1º Par les descendants; 2º par les frères et sœurs; 3º par les père et mère du défunt appartenant la ligne dont ils font partie.

En conséquence, ils viennent à la succession de leur descendant, tantôt en concours avec le père ou la mère survivante de la ligne opposée; tantôt seuls; tantôt en concours avec des collatéraux de la ligne opposée.

Ils viennent en concours avec le père ou la mère survivante de la ligne opposée, lorsqu'il se trouve un survivant des père et mère.

Ils viennent seuls, lorsqu'il ne se trouve ni père ni mère et qu'il existe au contraire des ascendants dans les deux lignes. Alors la succession se divise en deux parts : moitié appartient à l'ascendant le plus proche de la ligne paternelle, et l'autre moitié à l'ascendant le plus proche de la ligne maternelle.

Ils viennent enfin en concours avec des collatéraux de

la ligne opposée, lorsqu'il n'y a d'ascendants que dans une seule ligne. Une moitié de la succession revient à cet ascendant ; l'autre moitié est dévolue aux collatéraux de l'autre ligne.

Quels sont les héritiers appelés en cinquième ordre ?

Ce sont les collatéraux ordinaires.

Ces collatéraux sont exclus : 1º Par les descendants ; 2º Par les frères et sœurs ; 3º Par les père et mère et par les autres ascendants du défunt qui sont de la même ligne que celle dont ils font partie.

En conséquence ils viennent, tantôt en concours avec des ascendants de la ligne opposée, et tantôt seuls.

Ils viennent en concours avec des ascendants de la ligne opposée, lorsqu'il en existe.

Ils viennent seuls, lorsqu'il n'existe d'ascendants dans aucune des deux lignes ; alors les collatéraux de la ligne paternelle prennent une moitié et les collatéraux de la ligne maternelle une autre moitié.

Les collatéraux *ordinaires* n'ont pas le bénéfice de la représentation. Les plus proches excluent les plus éloignés.

Ils ne succèdent pas au-delà du douzième degré. A défaut de parents au degré successible dans une ligne, les parents de l'autre ligne succèdent pour le tout. (Art. 753. 755.)

§ I. — De la succession particulière de l'ascendant donateur.

En quoi consiste le droit de succession de l'ascendant donateur ?

Il consiste dans la faculté accordée par l'article 747 à tout ascendant qui a fait à son descendant une donation entre vifs, de reprendre les biens donnés qui se retrouvent dans la succession.

Pourquoi le droit de l'ascendant donateur est-il appelé un droit de succession ?

C'est parce que l'ascendant donateur recueille les biens donnés de la même manière qu'un héritier recueille une succession. Ainsi il les recueille dans l'état où ils se trouvent au moment de la mort du donataire, avec toutes les charges qui les grèvent, et il contribue pour sa part au paiement des dettes héréditaires.

Le droit de l'ascendant donateur se distingue en cela du droit de retour conventionnel énoncé dans l'article 952, et que tout donateur peut se réserver. Par l'effet de ce droit de retour toutes les charges dont le donataire a pu grever les biens donnés se trouvent anéantis, et, le donateur reprend les biens sans être tenu des dettes de la succession.

A quelles conditions le droit de succession de l'ascendant donateur est-il subordonné ?

Le droit de succession de l'ascendant donateur est subordonné à deux conditions. Il faut :

1º Que le donataire soit mort sans laisser de postérité ;

2º Que les biens donnés se retrouvent en nature ou en équivalents dans sa succession.

L'ascendant est-il écarté par les enfants légitimés, adoptifs ou naturels du donataire ?

Oui. Il est écarté par les enfants légitimés ou adoptifs puisque leurs droits sont les mêmes que ceux des enfants légitimes.

Mais il n'est exclu que pour moitié par les enfants naturels puisque, ainsi que nous le verrons plus loin, ces derniers n'écartent les ascendants que pour la moitié de la succession.

Est-il écarté par un descendant renonçant ou indigne ?

Non, car ce descendant doit être regardé comme n'existant pas quant à la succession. — Mais si le donataire lui-même, et non ses descendants, était renonçant ou indigne, ces derniers excluraient l'ascendant donateur, puisqu'il ne peut reprendre les biens donnés qu'autant que le donataire n'a pas laissé de postérité.

L'ascendant donateur peut-il reprendre dans la succession de ses petits enfants morts sans postérité les biens qu'il avait donné à leur père ?

Non, car il ne se trouve plus être un ascendant donateur à l'égard de ses petits-fils. Ce n'est pas comme choses données mais comme choses acquises par succession que ces derniers possédent les biens donnés à leur père.

Quels sont les biens auxquels succède l'ascendant donateur ?

Il succéde :

1º Aux choses par lui données qui se retrouvent en nature dans la succession du donataire.

2º A la créance du prix, quand les biens ont été aliénés moyennant un prix qui n'a pas été payé.

3º Aux actions en reprise que pouvait avoir le donataire. (Art. 747.).

L'ascendant donateur peut-il réclamer une indemnité lorsque les biens donnés ont péri, en tout ou en partie, par la faute du donataire ?

Non. Mais par contre il n'a rien à payer si les biens ont augmenté de valeur.— Le législateur a voulu mettre le donateur et les autres héritiers du donataire à l'abri de tout compte respectif et écarter ainsi autant que possible les causes de procès. (M. Valette.).

L'ascendant donateur conserve-t-il son droit de succession sur les biens donnés lorsqu'ils ont été aliénés par le donataire ?

Non. Les droits de l'ascendant donateur sur les biens donnés s'éteignent lorsqu'ils ont été aliénés, même lorsque l'aliénation en a été faite par testament.

Bien plus, pour que l'ascendant donateur conserve ses droits, il ne suffit pas que les biens donnés se retrouvent dans la succession du donataire; il faut encore qu'ils y soient par l'effet de la donation. En conséquence, lorsque ces biens ont été aliénés, puis acquis de nouveau par le donataire, le donateur n'y a plus aucun droit, car ils ne figurent plus comme biens donnés.

Quand est-ce que l'ascendant donateur succède à la créance du prix ?

C'est lorsque les biens donnés ont été aliénés à titre onéreux, mais que le prix en est encore dû. Ce prix est, en effet, la représentation certaine des biens vendus.

Quand est-ce qu'il succède à l'action en reprise du donataire ?

C'est lorsque les biens donnés ont été aliénés, mais que le donataire avait au moment de sa mort une action pour les faire rentrer dans son patrimoine. Ainsi l'ascendant donateur succède à l'action en nullité pour cause d'erreur, de violence ou de dol que pouvait exercer le donataire.

L'ascendant donateur conserve-t-il son droit de succession lorsque les biens donnés ont été échangés, où lorsqu'ils ont été vendus, mais que le prix en a été payé ?

Il faut distinguer :

Il conserve son droit lorsque les biens ont été échangés, et il peut en conséquence reprendre les objets reçus en échange, parce qu'ils sont la représentation certaine de ceux qu'il avait donnés. Mais il ne peut, au contraire, faire valoir aucun droit sur le prix des biens vendus lorsque le donataire l'avait reçu, parce qu'il s'est alors confondu avec le reste de son patrimoine. (M. Valette.)

L'ascendant donateur n'est-il pas quelquefois appelé à succéder au donataire à deux qualités différentes ?

Oui. En effet, il peut en même temps être appelé à recueillir : 1º Comme ascendant donataire, les biens qu'il avait donné; 2º comme ascendant ordinaire, la part de succession du *de cujus* dévolue aux ascendants. — Il est alors libre d'accepter l'une et de répudier l'autre.

CHAPITRE CINQUIÈME

Des successions irrégulières.

Ce chapitre est divisé par le Code en deux sections qui traitent :

Section I. — Des droits des enfants naturels, des père et mère, et des frères et sœurs naturels.

Section II. — Des droits du conjoint survivant et de l'État.

SECTION I.

DES DROITS DE SUCCESSION DES ENFANTS NATURELS, DES PÈRE ET MÈRE, ET DES FRÈRES ET SŒURS NATURELS.

Articles 756 à 766.

Nous examinerons en premier lieu les droits de succession des enfants naturels, et dans un deuxième paragraphe ceux des pères et mères et des frères et sœurs naturels.

§ I. -- Des droits de succession des enfants naturels.

Combien y a-t-il d'ordre de successeurs irréguliers ?

Il y en a cinq, savoir :

1° Les enfants naturels.

2° Les pères et mères naturels.

3° Les frères et sœurs naturels.

4° Le conjoint survivant.

5° L'État.

Parmi ces successeurs irréguliers, les enfants naturels seuls sont admis à concourir avec des héritiers légitimes. Les autres sont exclus par eux et ne viennent qu'à leur défaut.

Quels étaient, avant le Code, les droits des enfants naturels reconnus ?

Dans notre ancienne jurisprudence, ils n'avaient droit qu'à des aliments. Sous le droit intermédiaire, au contraire, ils avaient les mêmes droits que les enfants légitimes. Aujourd'hui, enfin, les enfants naturels ont des droits de succession, mais des droits moins étendus que les enfants légitimes.

Quels sont les enfants naturels auxquels le Code accorde des droits de succession ?

Ce sont ceux qui ont été volontairement ou judiciairement reconnus.

Au reste, les uns et les autres ne succèdent qu'à leurs père et mère, ils n'ont aucun droit à la succession des parents de ceux-ci. — Néanmoins, il existe entre les enfants naturels reconnus par le même père ou la même mère une certaine relation de parenté, qui leur permet de succéder les uns aux autres. (Art. 756).

De quelle manière les enfants naturels reconnus viennent-ils à la succession de leurs père et mère ?

Il y viennent, soit en concours avec les parents légiti-

mes ; soit seuls, lorsqu'il n'existe aucun parents légitimes, ou que ces derniers sont renonçants ou indignes.
Dans le premier cas, ils n'ont qu'une portion de la succession; dans le second cas ils en ont la totalité. (Art. 757, 758).

*Quelle est la part de succession qui revient aux en-
fants naturels, lorsqu'ils concourent avec des parents
légitimes ?*

Il faut distinguer :

1° Lorsqu'ils concourent avec des descendants légitimes du défunt, ils ont le tiers de ce qu'ils auraient eu s'ils
avaient été légitimes.

2° Lorsqu'ils concourent avec des frères et sœurs ou
avec des ascendants du défunt ils ont la moitié de ce
qu'ils auraient eu s'ils avaient été légitimes, c'est-à-dire
la moitié de la succession.

3° Lorsqu'ils concourent avec des collatéraux ordinaires du défunt, ils ont les trois quarts de ce qu'ils auraient
eu s'ils avaient été légitimes, c'est-à-dire les trois quarts
de la succession. (Art 757).

*Comment se calcule la part des enfants naturels en
concours avec des enfants légitimes ?*

A cet égard, nous avons à considérer deux hypothèses :
1° Celle où un seul enfant naturel concourt avec des
enfants légitimes ; — 2° celle où plusieurs enfants naturels concourent avec des enfants légitimes.

Dans le premier cas le calcul est fort simple. Soient un
enfant légitime et un enfant naturel. Ce dernier aurait
droit à la moitié de la succession s'il avait été légitime ;
mais comme en sa qualité d'enfant naturel il n'a droit qu'à
un tiers de cette moitié, il recueille seulement un sixième
de la succession. Les cinq sixièmes restant vont à son
frère légitime. — Soient maintenant deux enfants légitimes et un enfant naturel. Comme ce dernier n'a droit

qu'à un tiers de ce qu'il aurait eu s'il avait été légitime,
il recueille seulement un neuvième de la succession·
Chacun de ses frères légitimes touche quatre neuviè-
mes. — Soient, enfin, un enfant légitime renonçant ou
indigne, mais ayant lui-même des enfants légitimes, et un
enfant naturel. Ce dernier aurait droit à la totalité de la
succession s'il avait été légitime. En sa qualité d'enfant
naturel, il n'exclut que pour un tiers les enfants de son
frère renonçaut ou indigne. (MM. Valette, Marcadé).

*Comment se fera le calcul lorsqu'il y a plusieurs
enfants naturels ?*

Ici le calcul est plus difficile, et nous trouvons deux
systèmes.

Suivant le premier, lorsqu'il y a plusieurs enfants
naturels en concours avec un ou plusieurs enfants légitimes, il faut diviser la succession en autant de portions
viriles qu'il se trouve d'enfants, donner à chaque enfant
naturel le tiers de sa portion, et partager le reste entre
les enfants légitimes. — Ainsi soient deux enfants naturels et trois enfants légitimes. On partagera la succession
en quinze parts égales. Chaque enfant naturel retiendra
un , chaque enfant légitime retiendra quatre, plus une
fraction. (Marcadé.)

Ce système est suivi par la jurisprudence et par le plus
grand nombre des auteurs. Au premier abord, il paraît
être, en effet, l'application littérale du principe que les
enfants naturels, en concours avec les enfants légitimes,
ont le tiers de ce qu'ils auraient eu s'ils avaient été légitimes. Mais il présente un vice essentiel : il accroît pro-
gressivement la part des enfants légitimes en proportion
du nombre des enfants naturels, sans accroître celle de
ces derniers. Il serait cependant juste que chaque enfant
naturel profitât des retranchements qu'on fait subir à

ses frères naturels ; il serait logique que lorsque la portion des enfants légitimes devient plus forte le tiers de cette portion devînt plus fort aussi.

Le second système, proposé par un avocat de Lyon, M. Gros, et adopté par un de nos plus éminents jurisconsultes, M. Valette, fait disparaître cette inégalité. Il consiste à prendre pour base la portion qui revient à un enfant naturel, lorsqu'il concourt avec un ou plusieurs enfants légitimes, et à maintenir constamment la même proportion, quelque soit le nombre des enfants naturels.

Ainsi lorsqu'un enfant naturel concourt avec un seul enfant légitime, la succession se divise en six parts ; l'enfant naturel, comme nous le savons, reçoit un, et l'enfant légitime cinq. Pour que ce rapport de cinq à un se retrouve, s'il y a plusieurs enfants naturels, il suffit d'ajouter à la division en six, un par chaque enfant naturel de plus. — Ainsi, y a-t-il deux enfants naturels avec un enfant légitime, on divise la succession en sept : chaque enfant naturel a un, contre cinq que prend l'enfant légitime. — Y a-t-il trois enfants naturels on divise la succession en huit : chaque enfant naturel reçoit également un, contre cinq qu'obtient l'enfant légitime.

La même fixité relative des parts se retrouve lorsqu'au lieu de concourir avec un seul enfant légitime l'enfant naturel concourt avec plusieurs. Seulement la proportion change, elle est alors de quatre à un. En effet, soient deux enfants légitimes et un enfant naturel : On divise la succession en neuf, et comme l'enfant naturel n'a droit qu'au tiers d'une portion, on lui donne un, et l'on partage les huit restant entre ses deux frères légitimes.

Pour que ce rapport de quatre à un se retrouve, s'il y a plusieurs enfants naturels, il suffit d'ajouter à la division en neuf, un par chaque enfant naturel de plus. S'il y a, par exemple, trois enfants naturels et deux enfants légitimes, on divise la succession en onze et l'on donne un à chaque enfant naturel et quatre à chaque enfant légitime. On suit la même règle et l'on conserve le même rapport, lorsqu'au lieu de deux enfants légitimes, il y en a trois, ou un plus grand nombre. On divise la succession de telle manière que chaque enfant légitime ait quatre et chaque enfant naturel un.

Comment se calcule la part des enfants naturels, en concours avec les frères et sœurs ou les ascendants du défunt ?

Dans cette hypothèse, les enfants naturels ont droit, ainsi que nous le savons, à la moitié de ce qu'ils auraient eu s'ils avaient été légitimes. Par conséquent, s'il n'y a qu'un enfant naturel, on divise la succession en deux portions égales ; s'il y en a plusieurs, on la divise en autant de portions égales qu'il y a d'enfants, plus une ; de manière à ce que chaque enfant naturel ait à lui seul une part égale à celle des héritiers légitimes pris collectivement.

Comment se calcule la part des enfants naturels, en concours avec des collatéraux ordinaires ?

Dans cette hypothèse, les enfants naturels ayant droit aux trois quarts de ce qu'ils auraient eu s'ils avaient été légitimes, on leur donne les trois quarts de la succession. S'il n'y en a qu'un, la succession se divise en quatre portions égales ; trois sont retenues par l'enfant naturel, la quatrième va aux collatéraux qui se la partagent. — S'il y a plusieurs enfants naturels, on la divise de telle sorte que chaque enfant naturel ait à lui seul une part trois fois plus forte que celle des héritiers légitimés pris collectivement.

Quelle est la part des enfants naturels, lorsque le dé

cujus *a laissé des ascendants dans une ligne, et des collatéraux ordinaires dans l'autre ligne ?*

La succession se divise en deux portions égales : l'une est attribuée aux ascendants d'une ligne, l'autre aux collatéraux de la seconde ligne. Cela fait, les enfants naturels prennent la moitié de la part afférente aux ascendants et les trois quarts de celle afférente aux collatéraux ordinaires (MM. Valette, Marcadé).

Quelle est la part des enfants naturels, lorsque le défunt ne laisse aucun héritier légitime ?

Lorsque le défunt ne laisse aucun héritier légitime, les enfants naturels recueillent la totalité de la succession. — Il en est de même, si les héritiers légitimes ont renoncé ou s'ils ont été déclarés indignes. (Art. 758).

Les enfants naturels peuvent-ils être représentés par leurs enfants légitimes ?

Oui. Ces derniers peuvent succéder à leur aïeul, soit par représentation soit de leur chef, car ils se rattachent à lui par un lien de parenté. — Mais il en est différemment des enfants naturels de l'enfant naturel. Ils n'entrent point, en effet, dans la famille de leur père ou de leur mère.

Les enfants naturels ne sont-ils pas tenus d'imputer sur leur part héréditaire les libéralités qu'ils ont reçu du défunt et qui sont sujettes à rapport ?

Oui. Tout enfant naturel est tenu d'imputer sur sa part de succession les choses qu'il a reçu du défunt, et il ne peut pas être dispensé de faire cette imputation ; tandis que les héritiers légitimes peuvent être dispensés de faire le rapport. (Art. 760).

Le calcul de la part héréditaire de l'enfant naturel se fait-il en ayant égard aux biens donnés par le défunt mais sujets au rapport ?

Oui. En effet, c'est ainsi que se fait le calcul de la part des enfants légitimes. Or, l'enfant naturel doit être traité comme un enfant légitime, sauf la réduction au tiers de sa part héréditaire.

En comprenant dans la masse partageable les biens donnés par le défunt, on rend cette masse plus considérable, et par là on augmente en proportion la part de l'enfant naturel.

L'imputation diffère-t-elle du rapport ?

Oui. Elle en diffère de deux manières :

1º Les héritiers légitimes qui ont reçu des libéralités peuvent être dispensés de les rapporter, tandis que l'enfant naturel ne peut être dispensé de l'imputation.

2º Les héritiers légitimes ne sont pas tenus de rapporter les libéralités qui ont été faites à leur conjoint ou à leur enfant, tandis que les enfants naturels y sont tenus.

Sauf ces différences, l'imputation se confond avec le rapport. Ainsi elle a lieu à l'égard des mêmes choses que celles qui sont sujettes à rapport, et elle se fait de la même manière, en nature ou en moins prenant.

La loi ne fournit-elle pas au père ou à la mère un moyen d'écarter leur enfant naturel de leur succession ?

Oui. Aux termes de l'article 761, l'enfant naturel ne peut rien prétendre dans la succession de ses père et mère, lorsque de leur vivant il a reçu la moitié de la part qui devait lui revenir à leur mort, avec déclaration expresse que leur volonté est de le réduire à la part qui lui est remise.

Mais ce moyen est souvent inefficace. En effet, l'enfant naturel peut réclamer un supplément, lorsque la libéralité qu'il a reçue est inférieure à la moitié de sa part héréditaire. Or, pour qu'il puisse connaître la valeur proportionnelle de ce qu'il a reçu, afin de réclamer un supplément s'il y a lieu, il est nécessaire qu'il assiste aux opérations du partage.

Ajoutons que le supplément n'est pas dû à l'enfant naturel jusqu'à concurrence de sa part héréditaire toute entière, mais seulement jusqu'à concurrence de la moitié de cette part. L'anticipation de jouissance que lui donne la donation est censée compenser le préjudice que lui cause la réduction de sa part héréditaire.

L'enfant naturel a-t-il le droit de refuser la donation qui lui est faite sous la condition qu'il sera exclu de la succession ?

Oui, car une donation suppose le concours de deux volontés. Elle ne peut se conclure sans qu'il y ait offre d'un côté et acceptation de l'autre. Au surplus, l'enfant naturel pourra recueillir l'hérédité malgré la renonciation qu'il en aurait consenti, lorsque le donateur n'a pas laissé de parents légitimes, car sa renonciation n'a d'effet qu'à leur égard.

Quels sont les droits des enfants adultérins ou incestueux ?

Les enfants adultérins ou incestueux ne succèdent pas. Ils n'ont droit qu'à des aliments.

Ces aliments sont réglés en prenant en considération, d'un côté la fortune du père ou de la mère, et d'un autre côté les besoins de l'enfant adultérin ou incestueux. Ce dernier ne peut élever aucune réclamation lorsqu'on lui a assuré des aliments, ou lorsqu'on lui a fait apprendre un art mécanique. (Art. 762, 763, 764)

Nous avons établi dans notre premier volume, page

213, quels étaient les enfants qu'on pouvait légalement qualifier d'adultérins ou d'incestueux.

§ II. — Des droits de succession des père et mère et des frères naturels.

A qui est dévolue la succession des enfants naturels ?

Elle est dévolue :

En 1er ordre, à leurs enfants légitimes et naturels,

En 2e ordre, à défaut d'enfants, à leurs père et mère.

En 3e ordre, à défaut des père et mère, à leurs frères et sœurs naturels.

En 4e ordre, au conjoint survivant.

En 5e ordre, à l'État.

Quant aux frères et sœurs légitimes, ils ne succèdent pas d'une façon proprement dite à leurs frères naturels. Ils peuvent seulement reprendre dans leur succession les biens donnés par leur père ou leur mère, qui s'y retrouvent en nature.

Comment se partage la succession de l'enfant naturel, lorsqu'elle est dévolue à ses enfants légitimes ou naturels ?

Elle se partage, comme toute autre succession, suivant les règles que nous avons établies relativement aux droits de succession des enfants légitimes et des enfants naturels. (Art. 759).

Comment se partage la succession de l'enfant naturel lorsqu'elle est dévolue à ses père et mère naturels ?

S'ils l'ont reconnu l'un et l'autre, elle se partage entre eux par moitié. La part du renonçant ou de l'indigne accroit celle de son conjoint, qui recueille alors la totalité.

Si l'un d'eux seulement l'a reconnu, il succéde également pour le tout. (Art. 765.)

Lorsque le père et la mère succèdent ensemble à leur enfant naturel, celui des deux qui lui avait donné des biens, peut-il les reprendre en qualité d'ascendant donateur ?

Non. L'article 747 n'accorde ce privilége qu'aux ascendants légitimes. Or, on ne peut pas étendre les priviléges par analogie, et il faut s'en tenir au principe qu'on ne doit pas rechercher l'origine des biens pour en régler la dévolution.

Comment se partage la succession de l'enfant naturel, lorsqu'elle est dévolue à ses frères et sœurs ?

Il faut distinguer :

1° Si les frères et sœurs de l'enfant naturel sont tous légitimes, c'est-à-dire s'ils sont nés du mariage de son père ou de sa mère, ils ne peuvent que reprendre les biens donnés par leur père ou par leur mère.

2° S'ils sont tous naturels, ils viennent, au contraire, à la succession ordinaire de leur frère, à l'exclusion du conjoint survivant et de l'État. — Leurs enfants légitimes y viennent de la même manière, soit de leur chef soit par représentation.

3° Si enfin ils sont les uns légitimes et les autres naturels, les premiers reprennent, ainsi que nous l'avons dit, les biens donnés par leur père ou par leur mère ; et les derniers recueillent tous les autres biens. (Art. 766.).

Il nous reste à voir quels sont les droits du conjoint survivant et de l'Etat, qui viennent au dernier rang des successibles ; et quelles sont les obligations des successeurs irréguliers. Ces deux questions feront l'objet de la section suivante.

SECTION II.

DES DROITS DU CONJOINT SURVIVANT ET DE L'ÉTAT.
Articles 767 à 773.

Quels sont les successeurs irréguliers appelés en quatrième ordre ?

Le successeur irrégulier appelé en quatrième ordre est le conjoint survivant. — Ainsi le conjoint survivant n'est appelé à succéder qu'à défaut : 1° Des héritiers légitimes ; 2° Des enfants naturels ; 3° Des père et mère, et frères et sœurs naturels. (Art 765, 766, 767.)

Le rang qu'occupe le conjoint survivant a été l'objet de nombreuses critiques. On l'explique par une erreur du législateur. A notre avis, il s'expliquerait plus rationnellement par la faculté qu'ont les époux de se faire mutuellement des avantages en se mariant.

Quels sont les successeurs irréguliers appelés en cinquième ordre ?

Aux termes de l'article 768, à défaut de conjoint survivant, la succession est acquise à l'État.

Quelles sont les obligations imposées aux successeurs irréguliers ?

Afin d'assurer la restitution des biens héréditaires aux parents légitimes qui pourraient se présenter plus tard, la loi oblige les successeurs irréguliers qui se sont fait envoyer en possession :

1° A faire apposer les scellés et dresser inventaire.

2° A rendre publique leur demande d'envoi en possession ;

3° A faire emploi du mobilier, soit en acquisitions de rentes sur l'État, soit en placements par priviléges où hypothèques.

4° Enfin, à donner caution de restituer les biens au cas où il se présenterait des héritiers du défunt. (Articles 769, 770, 771, 772.)

Ces obligations sont-elles également imposées à tous les successeurs irréguliers ?

Non. Ainsi en sont dispensés :

1° Les enfants naturels venant en concours avec des parents légitimes. — En effet, il n'y a pas alors à craindre une survenance d'héritiers inconnus puisqu'ils se sont déjà présentés.

2° Les père et mère naturels succédant à leur enfant mort sans postérité. En effet, il n'y a pas davantage à craindre une survenance de parents légitimes puisqu'il n'en existe pas d'autre que les père et mère eux mêmes

3° Enfin, l'État est dispensé de fournir caution parce qu'il est évidemment solvable.

Le conjoint survivant ou l'État sont-ils tenus, lorsqu'ils viennent à la succession du de cujus, de prouver qu'il n'a pas laissé d'héritiers légitimes, ni d'enfants naturels reconnus ?

Non. Ce serait leur imposer une preuve indéfinie. Or ces sortes de preuves sont très-difficiles à fournir. D'ailleurs, l'article 771 en parlant d'une restitution à faire au cas où il se présenterait des héritiers, indique, par cela même, que le conjoint survivant ou l'état n'ont pas prouvé la non existence de ces héritiers.

Les actes consentis par les successeurs irréguliers sont-ils maintenus, dans le cas où les héritiers dont ils avaient pris la place se sont présentés ?

Il faut distinguer :

Ainsi on ne doit pas maintenir :

Les actes de disposition consentis par les successeurs irréguliers, tels que les aliénations d'immeubles ou de

meubles incorporels et les inscriptions d'hypothèques,
qui ne pouvaient être valablement consentis que par une
personne ayant les droits de propriétaire.

On peut, au contraire, maintenir :

1° Les actes d'administration qu'ils ont fait.

2° Les transmissions de meubles corporels qu'ils ont
consenti, à cause de la maxime : En fait de meubles la
possession vaut titre.

3° Les payements qu'ils ont reçu de la part des débiteurs héréditaires.

4° Enfin les aliénations d'immeubles ou les hypothèques
qu'ils n'ont consenti qu'après une autorisation de justice.

CHAPITRE CINQUIÈME

De l'acceptation et de la répudiation des successions.

Suivant l'ordre du Code, nous avons divisé ce chapitre
en quatre sections qui traitent :

Section I. — De l'acceptation pure et simple.

Section II. — De la renonciation aux successions.

Section III. — De l'acceptation sous bénéfice d'inventaire.

Section IV. — Des successions vacantes.

SECTION I.

DE L'ACCEPTATION PURE ET SIMPLE

Articles 774 à 783.

*Quels sont les différents partis que peut prendre un
héritier ?*

Un héritier peut prendre trois partis :

1° Accepter purement et simplement.

2º. Renoncer.

3º. Accepter sans bénéfice d'inventaire. (Art. 774, 775.)

Dans le premier cas, il est tenu des dettes, même au-delà de la valeur de la succession. — Dans le second cas, il est étranger à la succession. — Dans le troisième cas, il reste tenu des dettes, mais seulement jusqu'à concurrence des biens qu'il recueille.

L'acceptation a-t-elle pour effet dans notre droit, comme l'adition chez les Romains, de donner au successible la qualité d'héritier ?

Non. L'héritier acquiert la succession dès qu'elle est ouverte, en vertu de la loi. Mais il peut s'en dessaisir par une renonciation L'acceptation a précisément pour effet de lui enlever la faculté de renoncer. Elle fixe ainsi sur sa tête, d'une manière irrévocable, la qualité d'héritier.

Cette manière d'entendre l'acceptation ne soulève-t-elle pas quelques objections ?

Oui. Elle parait opposée :

1º A l'article 775, aux termes duquel « *Nul n'est tenu d'accepter une succession qui lui est échue,* » Ce qui semble indiquer qu'on n'est héritier qu'autant qu'on a manifesté la volonté d'accepter. — Mais on répond, que ces expressions de notre article doivent être entendues en ce sens que tout héritier a la faculté de renoncer, et qu'elles ne sont ainsi que la reproduction de l'ancienne règle : *Nul n'est héritier qui ne veut,* c'est-à-dire nul n'est héritier malgré lui.

2º A l'article 777, aux termes duquel « *l'effet de l'acceptation remonte au jour de l'ouverture de la succession...* » ce qui semble bien dire, qu'au moment de l'acceptation l'héritier n'était pas encore investi de la succession. Mais on répond, que cet article est mal rédigé ; qu'il est en contradiction avec les articles 724 et 785. — Avec l'article 724, qui déclare que les héritiers légitimes sont saisis de plein droit ; avec l'article 785, qui dit que l'héritier renonçant est réputé n'avoir jamais été héritier, ce qui n'aurait pas besoin d'être exprimé si cette qualité dépendait de l'annulation.

Ainsi, en principe, l'acceptation confirme; elle ne confère pas, la qualité d'héritier.

N'y a-t-il pas cependant certains cas exceptionnels dans lesquels elle confère la qualité d'héritier ?

Oui. Elle la confère dans deux cas :

1º Lorsque la succession est acceptée par un héritier qui avait d'abord renoncé.

2º Lorsqu'elle est acceptée par un parent, qui n'a pu venir qu'à la suite de la renonciation d'un successible placé à un rang supérieur.

Quel est le plus avantageux des trois partis que peut prendre un héritier ?

Cela dépend des circonstances. La solvabilité du défunt est-elle certaine, il est préférable d'accepter purement et simplement plutôt que de s'engager dans la voie d'une acceptation bénéficiaire, qui entraine avec elle des frais et des lenteurs. — Au contraire, l'insolvabilité du défunt n'est-elle pas douteuse, la renonciation est le meilleur parti à prendre.

Quelles sont les conditions requises par la validité de l'acceptation ?

Pour accepter valablement il faut : 1º Que la succession soit ouverte ; 2º que l'héritier connaisse l'ouverture ; 3º qu'il soit capable de s'obliger. (Art. 776.)

Les deux premières conditions sont la conséquence de cette règle qu'on ne peut faire aucune convention sur une succession non encore ouverte. La troisième vient de l'obligation où se trouve l'héritier acceptant de payer les dettes de la succession.

Comment se fait l'acceptation ?

L'acceptation est expresse ou tacite.

Elle est expresse, quand on prend le titre ou la qualité d'héritier dans un acte authentique ou privé.

Elle est tacite, quand l'héritier fait un acte qui suppose nécessairement son intention d'accepter. Les actes d'administration ne supposent pas cette intention. (Art. 778, 779.)

N'y a-t-il pas certains actes qui sont indiqués par la loi elle-même comme emportant acceptation tacite ?

Oui. Ainsi l'héritier est réputé acceptant :

1º Lorsqu'il aliène ses droits successifs, par vente, échange, ou donation. En effet, donner une chose c'est en disposer en maitre.

2º Lorsqu'il renonce au profit de quelques-uns seulement de ses cohéritiers. En effet, renoncer au profit de quelques-uns seulement, c'est disposer de sa part héréditaire.

3º Lorsqu'il renonce au profit de tous ses cohéritiers, mais moyennant un prix, ou sous toute autre condition onéreuse. En effet, renoncer moyennant un prix ou sous une condition, c'est encore disposer de sa part héréditaire. (Art. 780.)

Y a-t-il quelque différence entre la donation de tous ses droits successifs faite par un héritier au profit de tous ses cohéritiers, et une renonciation pure et simple ?

Oui. En effet, l'héritier qui fait une donation de ses droits successifs à tous ses cohéritiers manifeste l'intention d'acquérir, pour enrichir autrui. Il est dès lors considéré comme un héritier acceptant à l'égard des créanciers de la succession, et comme un donateur à l'égard de ses cohéritiers. —Au contraire, l'héritier qui renonce à la succession n'a rien à débattre avec les créanciers héréditaires, ni rien à réclamer à ses cohéritiers; il reste complétement étranger à la succession.

Lorsqu'un successible meurt avant d'avoir accepté ou renoncé, ses héritiers ont-ils, comme lui, le droit de choisir entre trois partis à prendre?

Oui. Seulement comme le défunt n'avait pas la faculté de prendre plusieurs partis à la fois, et qu'ils ne peuvent avoir des droits plus étendus que lui, ils devront s'arrêter tous ensemble à un parti unique. S'ils ne peuvent se mettre d'accord, ils seront considérés comme acceptants sous bénéfice d'inventaire. (Art. 781, 782.).

Les héritiers du successible, qui est mort avant d'avoir pris un parti, succèdent-ils à celui dont la succession leur est ainsi transmise par leur auteur?

Non. Quoique les deux successions aillent dans les mêmes mains, elles conservent leur individualité juridique, et ceux qui les recueillent ne sont pas les héritiers du premier décédé. D'où il suit qu'ils ne sont pas tenus de rapporter les libéralités qu'ils en auraient reçu.

Dans quels cas l'acceptation peut-elle être révoquée?

L'acceptation peut être révoquée :

1° Lorsqu'elle a été faite par un incapable, sans l'accomplissement des formalités prescrites par la loi.

2° Lorsqu'elle a été faite par un héritier en fraude de ses créanciers.

3° Lorsqu'elle est le résultat d'un dol.

4° Lorsqu'elle a été faite dans l'ignorance d'un testament, contenant des legs pour plus de moitié de la succession. (Art. 783.)

Lorsque l'acceptation est le résultat d'un dol faut-il considérer par qui le dol a été pratiqué ?

Non. Le dol de quelque personne qu'il émane rend l'acceptation rescindable. Il est vrai que dans les contrats le dol n'est une cause de nullité que lorsqu'il a été pratiqué par la partie avec laquelle on a contracté. Cela s'explique, parce que chacune des parties ayant le droit de compter sur l'engagement de l'autre, il serait injuste de faire supporter à l'une le dol dans lequel des tiers ont fait tomber l'autre. Mais il n'en est pas de même dans l'acceptation d'une succession. En permettant de la rescinder toutes les fois qu'elle est le résultat d'un dol, la loi n'enlève aux cohéritiers dé l'acceptant ou aux créanciers de la succession aucun avantage sur lequel ils avaient droit de compter. (MM. Valette, Marcadé.)

Ajoutons que l'acceptation peut être également révoquée pour cause de violence, car la violence n'est au fond qu'un dol d'une nature particulière.

Pourquoi la découverte d'un testament survenue après l'acceptation autorise-t-elle à la faire révoquer, lorsque ce testament contient des legs pour plus de moitié de la succession ?

C'est parce que l'acceptation peut alors causer un préjudice à l'héritier, l'obliger à prendre sur son propre patrimoine pour acquitter les charges de la succession.

L'héritier n'est pas, il est vrai, obligé d'acquitter les legs, lorsqu'après avoir désintéressé les créanciers du défunt il ne reste plus rien dans la succession. En droit, la découverte de legs à payer ne peut donc rendre la position de l'héritier acceptant plus intolérable que s'il avait purement et simplement renoncé. Mais, en fait, il n'en est pas de même. Soit une succession de 100 d'actif avec 40 de dettes connues et 20 de dettes inconnues au moment de l'acceptation. On découvre un testament portant 60 de legs. En payant les 40 de dettes qu'il connaît et les 60 de legs qui viennent de lui être révélés, l'héritier a épuisé la succession. Si alors les créanciers inconnus viennent à se présenter il devra prendre sur son propre patrimoine pour les désintéresser. Il lui restera bien un recours contre les légataires qui ont reçu indûment une libéralité qu'ils ne devaient recevoir qu'après toutes dettes payées, mais ils peuvent se trouver insolvables, et ce recours deviendrait alors illusoire. Au contraire, si l'héritier avait renoncé purement et simplement son patrimoine serait intact. L'acceptation lui est donc préjudiciable ; et comme il n'y a consenti que dans l'ignorance des legs qui la rendent onéreuse c'est avec raison que la loi lui permet de la faire rescinder.

Quel est le délai de l'action en nullité de l'acceptation ?

Il est de trente ans. A la vérité, le Code ne fixe pas de limites, mais c'est là, en principe, le délai de toutes les actions auxquelles la loi n'en impose pas expressément d'autres. (M. Marcadé.)

La nullité de l'acceptation a pour effet de remettre l'héritier dans la position où il se trouvait avant d'avoir accepté ; il peut par conséquent accepter de nouveau.

SECTION II
DE LA RENONCIATION AUX SUCCESSIONS.
Articles 784 à 792.

Qu'est-ce que la renonciation ?

La renonciation est l'acte par lequel on refuse une succession afin de ne pas être tenu des charges qui la grèvent.

Comment l'héritier renonce-t-il à la succession qui lui est échue ?

L'héritier renonce à la succession, en déclarant expressément au greffe du tribunal du domicile du défunt sa volonté de répudier. Cette déclaration est faite avec l'assistance d'un avoué, qui certifie l'identité du déclarant. Elle est consignée sur un registre tenu à cet effet. (Art. 781.)

A quelles conditions la renonciation est-elle valable?

Pour que la renonciation soit valable, il faut qu'elle ait pour objet une succession ouverte, et que l'héritier qui la fait connaisse cette ouverture et soit capable de s'obliger.

Elle doit toujours être expresse.

Que devient la succession répudiée ?

Aux termes de l'article 786, la part de l'héritier renonçant accroît à ses cohéritiers ; et s'il est seul, elle est dévolue au degré subséquent.

Mais cette disposition ne doit pas être entendue dans un sens trop absolu.

D'abord, lorsque l'héritier qui renonce à des cohéritiers, sa part n'accroît pas à *tous* indistinctement, mais seulement à ceux qui se trouvent de la même ligne que lui; et, ce n'est qu'à défaut de parents dans cette ligne qu'elle profite aux héritiers de l'autre ligne.

En second lieu, lorsque l'héritier qui renonce n'a pas de cohéritiers dans sa ligne, sa part n'est pas toujours dévolue aux héritiers du degré subséquent. Ainsi, le défunt laisse son père, son fils et son petit-fils. Le fils qui est héritier renonce-t-il, la succession est dévolue au petit-fils qui est au deuxième degré, et non au père qui est au premier. En résumé la règle de l'article 786 doit être ainsi entendue : La renonciation d'un héritier profite à ceux que sa présence excluait de la succession. (MM. Bugnet, Valette.)

A quel moment faut-il se reporter pour savoir quels sont ceux qui doivent profiter de la part du renonçant ?

Il faut se reporter au moment de l'ouverture de la succession, car l'héritier qui renonce est censé n'avoir jamais été héritier. (Art. 785.)

Si les parents, qui à ce moment là étaient appelés à succéder à défaut du renonçant, sont décédés lors de la renonciation, ce sont leurs héritiers légitimes ou testamentaires qui en profitent.

Les cohéritiers du renonçant sont-ils obligés de recevoir la part qu'il a abandonnée ?

Oui. Lors même qu'une succession est dévolue à plusieurs héritiers, chacun d'eux a une vocation pour la totalité. Si, en fait, ils n'en reçoivent chacun qu'une partie, c'est uniquement parce que leurs droits égaux se limitent les uns les autres. La renonciation de l'un des héritiers fait disparaître cet obstacle. Il en résulte que les cohéritiers du défaillant ne peuvent refuser l'accroissement. Autrement ils n'auraient accepté que pour partie, ce qui est inadmissible.

La renonciation est-elle irrévocable ?

Non. L'héritier renonçant peut reprendre la succession qu'il avait répudiée, tant qu'elle n'a pas été acceptée par un autre héritier, et que les délais de la prescription ne sont pas expirés.

Mais il doit respecter tous les actes faits dans le temps intermédiaire par le curateur qui a pu être nommé à la succession vacante, ainsi que tous les droits acquis à des tiers par prescription. (Art. 790.)

Quels sont les droits des créanciers de l'héritier renonçant ?

Il faut distinguer :

Lorsque l'héritier a renoncé, mais que la succession n'a pas encore été acceptée par un autre héritier, ses créanciers ont la faculté de la reprendre en son nom; car aux termes de l'article 1166 ils peuvent exercer tous les droits que leur débiteur néglige d'exercer, à l'exception de ceux qui sont exclusivement attachés à sa personne.

Lorsque, au contraire, l'héritier a renoncé et que la succession a été acceptée par d'autres, ils peuvent attaquer en leur nom la renonciation comme faite en fraude de leurs droits et la faire considérer comme non avenue. — Mais alors la renonciation n'est annulée qu'en leur faveur, et seulement jusqu'à concurrence de ce qui leur est dû. — Après leur entier payement, le surplus de la succession retourne aux héritiers qui devaient la recueillir à défaut du renonçant. A l'égard de celui-ci, la renonciation continue de subsister. (Art. 788.)

Quels sont les délais fixés par la loi pour accepter ou répudier une succession ?

Aux termes de l'article 789, la faculté d'accepter ou de répudier une succession se produit par le laps de temps requis pour la prescription la plus longue des droits immobiliers, c'est-à-dire par trente ans.

L'héritier qui a gardé le silence pendant trente ans doit-il être considéré comme acceptant ou comme renonçant ?

La question est très débattue :

Suivant un premier système, il doit être regardé comme renonçant. En effet, nul n'est héritier qui ne veut. Or, si le successible devenait définitivement héritier par cela seul qu'il a gardé le silence pendant trente ans, il le deviendrait peut-être à son insu et, par conséquent, sans sa volonté. (M. Duranton.)

Suivant un second système, qui nous paraît bien préférable, il doit être considéré comme acceptant.

En effet, dès l'ouverture de la succession, l'héritier est saisi et considéré comme acceptant. Son silence ne change pas cet état de choses, puisque la renonciation doit être expresse ; il le consolide, au contraire, en lui faisant perdre la faculté de renoncer. Seulement, afin que le successible ne devienne pas définivement héritier à son insu, les trente ans ne commenceront à courir qu'à dater du jour où il a eu connaissance de l'ouverture de la succession.

En résumé, après trente ans, l'héritier perd la faculté de modifier son état. Il ne peut plus renoncer s'il a gardé le silence; et d'un autre côté, il ne peut plus reprendre la succession, s'il y a expressément renoncé.

L'héritier qui a gardé le silence pendant trente ans peut-il être considéré comme héritier bénéficiaire ?

Non, parce que l'acceptation sous bénéfice d'inventaire est une espèce de renonciation partielle. Elle soustrait l'héritier à l'obligation de payer *ultra vires* les dettes de la succession. Or, nous venons d'établir qu'on ne renonce pas tacitement à une succession. (M. Valette.)

Dans quels cas la renonciation peut-elle être rescindée ?

Elle peut être rescindée :

1º Lorsque la succession répudiée n'a encore été acceptée par personne.

2º Lorsqu'elle a été faite au préjudice des créanciers.

3º Lorsqu'elle est entachée de dol ou de violence.

4º Lorsque l'héritier a soustrait ou recélé des objets

héréditaires, pour se les approprier ou pour en faciliter la distraction.

Toutefois, si le recel ou le détournement avait été commis par un mineur, la renonciation ne serait pas révoquée. (Art. 792. M. Marcadé.)

SECTION II.

DU BÉNÉFICE D'INVENTAIRE, DE SES EFFETS ET DES OBLIGATIONS DE L'HÉRITIER BÉNÉFICIAIRE.

Articles 793 à 810.

Qu'est-ce que l'acceptation sous bénéfice d'inventaire ?

L'acceptation sous bénéfice d'inventaire est un acte par lequel l'héritier sépare le patrimoine du défunt de son propre patrimoine, afin de n'être pas exposé à payer des dettes surpassant la valeur des biens de la succession.

Quelle est son origine ?

L'acceptation sous bénéfice d'inventaire fut introduite par Justinien, en faveur des héritiers externes, qui avant lui n'avaient pas d'autre alternative que d'accepter sans réserve ou de refuser la succession. Notre ancien droit l'avait admise et le Code lui-même l'a reproduite.

Comment se fait l'acceptation bénéficiaire ?

De même que la renonciation, l'acceptation bénéficiaire se fait expressément, par l'héritier, au greffe du tribunal de première instance du domicile du défunt. Elle est inscrite sur un registre spécial. Cette déclaration est ordinairement précédée ou suivie d'un inventaire. Dans le cas où cet inventaire se trouverait infidèle, l'héritier coupable serait déchu du bénéfice de l'acceptation bénéficiaire et privé de sa part dans les objets qu'il aurait ainsi recelé. (Art. 793, 794, 801.)

Cette déclaration confère-t-elle irrévocablement à l'héritier la qualité d'héritier bénéficiaire ?

Non, puisque l'article 795 lui accorde un délai de quarante jours pour délibérer sur son acceptation ou sur sa renonciation, en plus du délai de trois mois qui lui est donné pour faire inventaire. Toutefois, cette déclaration a un effet immédiat, c'est de mettre l'héritier à l'abri de toutes poursuites pendant les délais de trois mois et quarante jours.

Quelle est la situation de l'héritier pendant ces délais ?

Pendant ces délais, l'héritier est administrateur de la succession. En cette qualité, il peut faire tous actes d'administration et de conservation, et aliéner même, avec autorisation de justice et sous forme de vente aux enchères, les meubles qui seraient sujets à dépérissement. (Art. 793)

Peut-il, pendant ces délais, être poursuivi par les créanciers de la succession ?

Oui, car ces derniers peuvent avoir intérêt à faire des actes de poursuites; par exemple, pour empêcher la prescription de s'accomplir. Mais il n'est pas tenu d'engager un débat avec eux ; il lui suffit d'opposer les délais dont il jouit pour arrêter les poursuites.

Tous les frais légitimement faits par lui pendant ces délais demeurent à la charge de la succession. (Art. 797, 799.)

Quelle est la situation de l'héritier après l'expiration des délais qui lui sont accordés ?

L'héritier qui n'a pas pris un parti pendant ces délais n'est pas pour cela constitué héritier pur et simple, il a encore la faculté de choisir entre l'acceptation et la renonciation; ce n'est que lorsqu'il a gardé le silence, pendant trente ans, que cette faculté lui est enlevée. Mais les créanciers de la succession, s'il y en a, peuvent le contraindre à prendre immédiatement un parti.

Dans quel cas l'héritier perd-il la faculté d'accepter sous bénéfice d'inventaire ?

Il perd cette faculté :

1° Lorsque, ainsi que nous venons de le dire, il a laissé passer trente ans sans prendre un parti. Il se trouve par ce fait constitué irrévocablement héritier pur et simple.

2° Lorsqu'il a accepté purement et simplement, soit expressément soit tacitement.

3° Lorsqu'il existe contre lui un jugement passé en force de chose jugée qui le condamne en qualité d'héritier pur et simple. (Art. 800).

L'héritier condamné en qualité d'héritier pur et simple, a-t-il désormais cette qualité vis-à-vis de tous les intéressés, ou l'a-t-il seulement à l'égard de ceux qui ont poursuivi et obtenu le jugement ?

Cette question a donné lieu à plusieurs systèmes. Mais avant de les passer en revue, quelques explications sont nécessaires.

On appelle *jugement passé en force de chose jugée* celui qui n'est susceptible ni d'opposition ni d'appel; en d'autres termes, celui qui ne peut être ni rétracté ni réformé. Un jugement ne produit, d'ailleurs, ses effets qu'entre les parties présentes au procès. Il ne peut ni nuire ni profiter aux tiers.

Ceci posé, examinons nos systèmes.

Suivant le premier, l'héritier condamné en qualité d'héritier pur et simple par un jugement passé en force de chose jugée a cette qualité à l'égard de tous les intéressés. En effet, ces expressions de jugement passé en force de chose jugée se rapportent à l'hypothèse où l'héritier ayant été condamné par défaut, il n'a pas formé opposition. Par là, cet héritier a en quelque sorte acquiescé au jugement, il a accepté tacitement la qualité qui lui était donné. (M. Marcadé.)

Cette théorie nous paraît inadmissible. — D'abord, le fait de ne pas former opposition à un jugement n'équivaut pas à un acquiescement ; ensuite, en supposant même qu'il pût être considéré comme tel, et que de cet acquiescement l'on pût déduire l'acceptation tacite de la qualité d'héritier, ce ne serait que relativement aux parties qui ont poursuivi et obtenu le jugement.

Suivant un second système, l'héritier condamné en qualité d'héritier pur et simple perd la faculté d'accepter sous bénéfice d'inventaire. Il la perd non par l'effet du jugement, qui reste toujours limité entre les parties, mais par l'effet de la disposition législative qui a décidé que l'héritier ne devait pas retarder l'acceptation bénéficiaire au-delà d'une décision judiciaire. Toutefois, si par suite de cette disposition l'héritier est déchu à l'égard de tous, de la faculté d'accepter bénéficiairement, il conserve la faculté de renoncer à l'égard de tous ceux qui sont restés étrangers au procès, parce que la disposition législative dont il s'agit ne s'applique qu'à la première de ces déchéances. (M. Valette.)

Cette décision soulève également une grave objection. Attribuer au jugement un effet à l'égard des tiers, en ce qui concerne la faculté d'accepter bénéficiairement, c'est introduire une dérogation aux principes généraux. Or, cette dérogation n'a pas été formulée par le législateur.

Enfin, suivant un troisième système, l'héritier condamné en qualité d'héritier pur et simple n'a cette qualité qu'à l'égard de ceux qui ont été parties au jugement. Cette solution est la plus généralement acceptée. Elle est en même temps conforme au droit commun et au texte de l'article 800, d'après lequel il ne semble pas qu'on ait voulu introduire une exception aux effets ordinaires des jugements. Elle est, enfin, conforme à l'équité qui serait blessée si une décision judiciaire pouvait entraîner la déchéance d'un droit qui n'était pas en question au procès. (MM. Demolombe, Duranton.)

Quels sont les effets du bénéfice d'inventaire ?

Ils consistent :

1º A décharger l'héritier de l'obligation de payer les dettes du défunt au-delà de la valeur des biens qu'il a recueilli.

2º A lui permettre de se décharger même du paiement des dettes en abandonnant tous les biens de la succession aux créanciers et aux légataires. — Cet abandon ne doit pas, d'ailleurs, être confondu avec la renonciation. L'héritier qui le fait concourt en qualité d'héritier à l'égard de toutes personnes autres que les créanciers et légataires. Seulement comme il n'est tenu envers ces derniers qu'à cause des biens qu'il détient, il peut en cessant de les détenir se soustraire à toutes leurs poursuites.

3º A empêcher la confusion des biens du défunt avec ceux de l'héritier.

Cette confusion venant à cesser les droits de créances, d'hypothèques, de servitudes, etc., que l'héritier avait sur la succession revivent; et réciproquement la succession conserve les droits qu'elle avait sur ses biens personnels. — Cette séparation des patrimoines empêche également l'héritier de représenter le défunt. Mais bien qu'il ne la représente plus il administre la succession pour le compte des créanciers et légataires. (Art. 802.)

Que doit faire l'héritier bénéficiaire en sa qualité d'administrateur ?

En cette qualité, il fait relativement aux biens de la succession tous les actes d'administration et de conservation; mais il doit rendre compte aux créanciers et légataires. Il peut à raison de sa gestion être poursuivi par eux sur ses biens personnels. Il ne répond, d'ailleurs, que de ses fautes graves parce qu'il n'est pas salarié. (Art. 803, 804.)

L'héritier bénéficiaire peut-il vendre les biens de la succession ?

Oui. Il peut, à son choix, vendre les biens ou les conserver. Mais il ne peut les vendre qu'en observant certaines formalités, qui varient suivant qu'il s'agit de biens mobiliers ou de biens immobiliers. Lorsqu'il a vendu des immeubles, il est tenu, ajoute l'article 806 d'en déléguer le prix aux créanciers hypothécaires qui se sont fait connaître. (Art. 805.)

Que veulent dire ces mots : qu'il est tenu de déléguer le prix des immeubles vendus aux créanciers hypothécaires ?

Dans notre ancien Droit, l'héritier bénéficiaire qui vendait un immeuble n'en recevait pas le prix; il autorisait l'acheteur à le payer entre les mains des créanciers hypothécaires. C'est à cela que se réfèrent ces mots « qu'il doit *en déléguer le prix.* » Comme les hypothèques étaient alors occultes, l'acheteur rendait public son acte d'acquisition et un délai de deux mois était accordé aux créanciers hypothécaires pour se faire connaître.

Lorsque fut arrêté l'article 806 on n'avait pas encore traité la matière des hypothèques, le régime de publicité qui les gouverne actuellement n'avait pas encore été admis. Mais aujourd'hui que ce régime a été adopté la disposition de cet article s'est trouvée tacitement abrogée. Les créanciers hypothécaires étant aujourd'hui connus au moment de la vente, l'héritier bénéficiaire qui vend un immeuble de la succession peut en recevoir le prix et le distribuer lui-même entre les créanciers, suivant l'ordre des priviléges et hypothèques.

Quel serait l'effet d'une vente des biens de la succession, faite par l'héritier bénéficiaire sans l'accomplissement des formalités prescrites.

Si l'on s'en tenait rigoureusement au texte des articles 805 et 806 une telle vente devrait être considérée comme nulle, puisque ces articles portent que l'héritier ne peut vendre qu'en accomplissant les formalités qu'ils prescrivent. Mais on s'accorde généralement à interpréter ce texte en ce sens que l'héritier bénéficiaire en omettant les formalités prescrites a fait acte d'héritier pur et simple, et qu'il peut comme tel être poursuivi *ultra vires* par les créanciers héréditaires. C'est, en effet, ce que décident expressément les articles 988 et 989 du Code de procédure.

Les créanciers et légataires de la succession n'ont-ils pas le droit d'exiger une garantie de l'héritier bénéficiaire ?

Oui. Comme l'héritier bénéficiaire n'est pas tenu de payer toutes les dettes sur ses biens personnels, et qu'ainsi les créanciers et légataires de la succession ont besoin d'être garantis qu'elle ne sera pas dissipée, la loi leur accorde le droit d'exiger de lui une caution : 1° De la valeur du mobilier ; 2° De la portion du prix des immeubles non *délégués*, c'est-à-dire non *payés* aux créanciers privilégiés ou hypothécaires ; 3° Des sommes à recouvrer sur les débiteurs de la succession.

Faute de fournir cette caution l'héritier est tenu de déposer les valeurs qu'il reçoit, à Paris, à la Caisse des consignations ; dans les départements, aux bureaux de l'enregistrement. (Art. 807.)

De quelle manière l'héritier bénéficiaire doit-il payer les créanciers et légataires ?

On distingue trois espèces de créanciers :

1° Les créanciers privilégiés.

2° Les créanciers hypothécaires.

3° Les créanciers chirographaires.

Après ces trois espèces de créanciers viennent les légataires, qui sont payés en dernier lieu.

Entre ces créanciers il y a un ordre.

Ainsi les créanciers privilégiés doivent être intégralement payés, avant que les créanciers hypothécaires le soient ; ceux-ci à leur tour passent avant les créanciers chirographaires. Ces derniers se partagent le surplus, et comme ils ont des droits égaux les uns aux autres, ils ne reçoivent chacun qu'une partie proportionnelle de ce qui leur est dû, lorsque le débiteur est insolvable.

Malgré cet ordre, l'héritier bénéficiaire paye les créanciers et légataires quelque soit leur rang, au fur et à mesure qu'ils se présentent, à moins que les créanciers qui ont un droit de préférence ne se soient fait connaître en formant une opposition par laquelle ils ont fait défense de payer en dehors de leur présence. Il en résulte que l'ordre légal des paiements, n'est pas toujours suivi ; qu'un créancier chirographaire est quelquefois payé avant un créancier privilégié ou hypothécaire ; que d'autres fois un légataire est payé avant un créancier. Cette interversion n'a aucun inconvénient si la succession est solvable ; mais il en est autrement lorsqu'elle est insolvable. Les créanciers non payés et qui auraient dû l'être avant d'autres qui l'ont été, peuvent alors exercer un recours. (Art. 808.)

Quelle est l'étendue de ce recours ?

Il faut distinguer :

1º Si le créancier investi d'un droit de préférence pour être payé avant les autres avait formé opposition, il peut exercer un recours, et contre l'héritier qui n'en a point tenu compte, et contre les autres créanciers qui ont touché plus qu'ils ne devaient recevoir, et contre les légataires qui ne doivent pas être désintéressés au préjudice des créanciers. — Les articles 808 et 809 ne laissent aucun doute à cet égard. — L'article 808 consacre le recours contre l'héritier. Quant au recours contre les créanciers et contre les légataires il ressort non moins énergiquement de l'article 809 qui en disant que les *non-opposants* n'ont de recours que contre les légataires, déclare virtuellement par là que les *opposants* ont un recours tant contre les créanciers que contre les légataires ;

2º Si le créancier privilégié ou hypothécaire n'avait pas fait opposition, mais s'il avait cependant produit ses titres avant l'apurement du compte et le paiement du reliquat, il peut exercer un recours contre les créanciers payés avant lui et contre les légataires. — Le premier de ces recours n'est pas, à la vérité, textuellement exprimé comme le second dans l'article 809, mais il en est la conséquence directe. En effet, en disant que le créancier qui n'a produit ses titres qu'après l'apurement du compte n'a de recours que contre les légataires, il reconnaît par là que le créancier qui a produit ses titres avant l'apurement peut exercer un recours plus étendu.

3º Enfin si le créancier privilégié ou hypothécaire non payé n'avait pas fait opposition et ne s'était pas présenté avant l'apurement du compte et le payement du reliquat, il ne pourrait exercer de recours que contre les légataires. Art. 809.)

La théorie que nous venons de présenter n'a-t-elle pas soulevé quelques objections ?

Oui. On objecte d'abord qu'il n'est pas équitable d'accorder un recours au créancier non payé contre les autres créanciers, parce que ces derniers n'ont reçu en définitive que ce qui leur était dû.— Mais on répond, que par le seul fait de l'insolvabilité du débiteur, la créance des créanciers chirographaires a été réduite à un simple dividende ; ce qui fait qu'en le recevant en totalité, ils ont reçu plus qu'ils ne devaient recevoir.

En second lieu, on fait remarquer qu'en matière de faillite les créanciers retardataires n'ont aucun recours contre les créanciers diligents qui ont touché plus que leur dividende. — Mais on répond qu'il n'y a pas d'analogie entre les créanciers d'une succession bénéficiaire et les créanciers d'une faillite. Les créanciers d'une faillite ont un délai pour se présenter, ils sont en faute de ne pas le faire parce qu'ils ont été avertis. Les créanciers d'une succession bénéficiaire n'ont pas de délai pour se présenter ; ils ne sont pas averti d'avoir à le faire.

Quelle est la durée du recours que le créancier non payé peut exercer ?

Le recours du créancier non payé contre l'héritier ou contre les autres créanciers dure trente ans, comme toutes les actions qui n'ont pas été limitées à un plus bref délai. Celui qu'il peut exercer contre les légataires ne dure que trois ans. (Art. 809.)

Quels sont les successeurs qui n'ont pas intérêt à invoquer le bénéfice d'inventaire ?

Ce sont les successeurs irréguliers et les légataires

universels. En effet, ils ne sont pas tous *ultra vires* des dettes de la succession. Néanmoins, les premiers doivent. faire dresser inventaire des biens, dans l'intérêt des parents légitimes qui pourraient plus tard réclamer la succession.

SECTION IV.

DES SUCCESSIONS VACANTES.

(Articles 811 à 814).

Quand la succession est-elle vacante ?

La succession est vacante lorsqu'il ne se présente personne pour la réclamer. On nomme alors un curateur pour l'administrer. (Art. 811, 812.)

Les agents du fisc ne doivent-ils pas réclamer toute succession qui n'est pas appréhendée ?

Oui. Mais il est possible qu'ils ignorent l'ouverture de la succession, ou que leur demande d'envoi en possession soit rejetée par le tribunal dans la supposition qu'il existe des héritiers inconnus. Il peut donc y avoir, en fait, des successions vacantes.

Quand est-ce qu'une succession est en déshérence ?

Une succession est en déshérence lorsqu'il est constant, ou au moins très-probable, qu'il n'existe aucun héritier ou successeur qui puisse l'appréhender.

Il y a lieu alors de faire droit à la réclamation de l'État qui demande son envoi en possession.

La succession est-elle vacante lorsque l'héritier saisi a renoncé et que les parents appelés à son défaut n'ont pas encore accepté ?

Oui. L'article 811 le déclare formellement. Les créanciers du défunt pourront dans ce cas, sans attendre plus longtemps, faire nommer un curateur qui procédera à la liquidation.

Les créanciers du défunt peuvent-ils également faire nommer un curateur lorsque la succession est réclamée par des successeurs irréguliers demandant leur envoi en possession ?

Le Code ne s'explique pas à cet égard, mais on admet généralement l'affirmative. En effet, comme il peut s'écouler un temps assez long entre la demande d'envoi en possession et le jugement qui l'ordonne, il est juste que les créanciers qui auraient un intérêt légitime à poursuivre immédiatement puissent faire nommer un curateur à l'effet d'agir contre lui. (MM. Bugnet, Valette.)

Quelles sont les personnes qui peuvent demander la nomination d'un curateur ?

Ce sont toutes les personnes qui y ont intérêt ; telles que les créanciers, les légataires, les associés. Elles doivent former leur demande devant le tribunal de l'ouverture de la succession. — Le procureur impérial peut également requérir la nomination d'un curateur.

Quelles sont les obligations du curateur ?

Les obligations du curateur consistent à administrer la succession, et conséquemment à la représenter dans toutes les actions actives et passives; à gérer les biens; à les faire vendre pour payer les créanciers, et à rendre compte de sa gestion. (Art. 813, 814)

Quelles différences y a-t-il entre les obligations du curateur et celles de l'héritier bénéficiaire ?

1° Le curateur ne peut pas comme l'héritier bénéficiaire toucher les fonds provenant de la vente des biens ou des créances recouvrées; il doit les déposer à la caisse des dépôts et consignations.

2° Le curateur n'a aucun droit à l'excédant de l'actif sur le passif; tandis que l'héritier bénéficiaire profite de cet excédant.

3º Le curateur est un mandataire salarié; l'héritier bénéficiaire administre gratuitement parce qu'il administre sa propre chose. En conséquence, le premier est responsable de toutes ses fautes; le second n'est responsable que de ses fautes lourdes.

———

CHAPITRE SIXIÈME.

Du Partage et des Rapports.

Suivant l'ordre du Code, nous avons divisé ce chapitre en cinq sections qui traitent :

Section I. — De l'action en partage et de sa forme.

Section II. — Des rapports.

Section III. — Du paiement des dettes.

Section IV. — Des effets du partage et de la garantie des lots.

Section V. — De la rescision en matière de partage.

SECTION I.

DE L'ACTION EN PARTAGE ET DE SA FORME.

Articles 815 à 842.

Qu'est-ce que l'indivision ?

L'indivision est l'état de plusieurs personnes qui ont en même temps un droit de propriété sur une chose.

Qu'est-ce que le partage ?

On appelle partage l'opération qui fait cesser l'indivision, en déterminant les biens qui sont la propriété exclusive de chacun des héritiers.

Un héritier peut-il être contraint de rester dans l'indivision ?

Non. L'état d'indivision est contraire à l'intérêt général et à l'ordre public. Aussi l'article 815 décide-t-il que le partage peut toujours être provoqué nonobstant toutes prohibitions et conventions contraires.

Néanmoins, cette règle souffre une exception et le même article permet aux héritiers de convenir que le partage ne pourra pas avoir lieu pendant cinq ans.

Si les parties fixaient un délai plus long la convention serait-elle nulle ?

Non; seulement elle serait réductible à cette période de cinq ans. — La convention peut, d'ailleurs, se renouveler. Mais le nouveau délai court, non pas du jour de l'expiration des cinq ans, mais du jour du renouvellement.

Un testateur peut-il imposer à ses héritiers l'obligation de rester dans l'indivision pendant cinq ans ?

Il le pouvait dans l'ancien droit. C'était pour lui un moyen d'éviter à ses héritiers les frais d'un partage judiciaire, lorsque parmi eux il se trouvait des mineurs. Mais cette faculté lui a été retirée par l'article 815, aux termes duquel aucune prohibition ne peut obliger les héritiers à retarder le partage.

Les règles que nous venons de voir s'appliquent-elles à toute espèce d'indivision ?

Oui. Ainsi une société est-elle dissoute, les associés ne peuvent pas convenir de posséder en commun le fonds social pendant plus de cinq ans. Notons, d'ailleurs, que l'indivision ne commence qu'après la dissolution de la société. Tant qu'elle subsiste, les biens qui constituent son actif n'appartiennent pas aux associés, mais à la société personne morale.

L'action en partage serait-elle éteinte si les héritiers avaient possédé les biens par indivis pendant trente ans ?

Non. L'action en partage est imprescriptible. Elle ne

peut cesser que lorsque l'indivision elle-même cesse. Or, l'indivision ne cesse et avec elle l'action en partage que dans deux cas, savoir:

1° Lorsqu'il y a eu partage.

2° Lorsqu'un héritier a possédé exclusivement pendant trente ans la totalité de la succession comme en étant seul propriétaire; ou lorsque chacun des héritiers a possédé de la même façon une part des biens indivis correspondante à sa part héréditaire. Dans ces deux cas, les héritiers possesseurs de biens les ont acquis par prescription ; et par conséquent l'indivision a cessé et avec elle l'action en partage. — Il en serait différemment si au lieu de posséder en maître exclusif, ils avaient possédé les biens pour le compte de tous. (Art. 816.)

Quelle est la capacité exigée par la loi en matière de partage ?

Il faut d'abord distinguer si le partage est définitif, c'est-à-dire s'il porte sur la propriété même des choses indivises; ou s'il est provisionnel, c'est-à-dire s'il ne porte que sur leur jouissance.

Pour le partage définitif, la capacité qu'exige la loi est d'une nature mixte. D'un côté, il ne suffit pas de pouvoir administrer, parce que le partage étant une espèce d'échange constitue un acte de disposition; d'un autre côté, il n'est pas nécessaire de pouvoir aliéner, parce que si le partage est une espèce d'échange, c'est un échange de choses qui sont de même nature, et par conséquent il ne présente pas les mêmes périls que la vente, où la chose aliénée est convertie en argent qui peut être facilement dissipé.

Pour le partage provisionnel, il suffit du pouvoir d'administrer.

Comment les incapables sont-ils représentés au partage ?

A cet égard nous avons plusieurs hypothèses, car il y a divers degrés d'incapacité.

1º Lorsqu'un héritier est mineur non émancipé, ou interdit, il est représenté par son tuteur, autorisé ou non par le conseil de famille, selon qu'il forme lui-même la demande ou qu'il ne fait qu'y répondre. (Art. 465.)

2º Lorsqu'un héritier est mineur émancipé, il peut, soit en demandant soit en défendant, procéder au partage par lui-même, mais avec l'assistance de son curateur. (Art. 840.)

3º Lorsqu'un héritier est pourvu d'un conseil judiciaire, il peut, comme dans le cas précédent, procéder au partage par lui-même, mais avec l'assistance de son conseil.

4º Lorsqu'un héritier est absent, il doit être représenté par un notaire s'il est simplement présumé absent, et par les envoyés en possession provisoire, s'il est déclaré absent. (Art. 113, 12¹, 817.)

Comment les femmes mariées figurent-elles au partage ?

Elles peuvent y figurer de trois manières :

1º Lorsqu'une femme est mariée sous le régime de séparation de biens, c'est-à-dire lorsqu'elle a la propriété et la jouissance de ses biens, elle peut, soit en demandant soit en défendant, procéder seule au partage. Seulement l'autorisation du mari sera nécessaire si la succession comprend des immeubles, ou si le partage est fait en justice.

Lorsqu'une femme est mariée sous le régime exclusif de communauté ou sous le régime dotal, c'est-à-dire lorsqu'elle a la propriété de ses biens sans en avoir la jouissance, il faut le concours du mari et de la femme pour procéder à un partage définitif. — Pour un partage provisionnel, la présence du mari seul serait suffisante.

3° Lorsqu'une femme est mariée sous le régime de communauté, et qu'il s'agit de biens dont la propriété, au lieu de rester à la femme, tombe dans la communauté, c'est le mari seul qui peut procéder au partage, soit en demandant soit en défendant (Art. 818.)

Dans quelle forme le partage est-il fait ?

Le partage peut être fait amiablement ou judiciairement.

Le partage amiable a lieu dans la forme qu'il plaît aux héritiers d'adopter, lorsqu'ils sont tous présents, majeurs, non interdits, et qu'ils se tiennent d'accord entre eux.

Le partage judiciaire a lieu devant le Tribunal de première instance.

Quand y a-t-il lieu au partage judiciaire ?

Il y a lieu au partage judiciaire lorsque l'un des héritiers refuse de consentir au mariage amiable ; ou lorsqu'il existe parmi eux un mineur, un interdit ou un absent. (Art. 819.)

Où est portée la demande en partage judiciaire ?

Elle est portée devant le tribunal du domicile du défunt. Ce tribunal est compétent pour connaître non seulement de la demande en partage, mais de toutes les contestations qui peuvent s'y rattacher. — En ordonnant le partage, il nomme des experts pour estimer les immeubles, un notaire pour faire les comptes entre les héritiers et dresser l'acte de partage, et un juge commissaire pour surveiller et activer les opérations. (Art. 822, 823.)

Quelles sont les formalités qui précédent le partage judiciaire ?

Les formalités qui précédent le partage judiciaire sont l'apposition des scellés et l'inventaire.

Le juge de paix met les scellés en plaçant au domicile du défunt, sur les portes, les fenêtres, les armoires et les caisses, des bandes de papier fixées aux deux extrémités par un sceau particulier.

L'apposition des scellés empêche la soustraction des valeurs héréditaires.

Les créanciers de la succession ont-ils le droit de requérir l'apposition des scellés ?

Ils ne peuvent requérir l'apposition des scellés qu'autant qu'ils sont munis d'un titre exécutoire ou qu'ils ont obtenu la permission du juge.— Mais une fois ces scellés apposés, ils peuvent, même sans titre exécutoire et sans permission du juge, s'opposer à ce qu'ils soient levés hors de leur présence. (Art. 820, 821.)

Après la levée des scellés, il est procédé à l'inventaire. Cet inventaire est fait par un notaire en présence du juge de paix qui lève les scellés, et des parties intéressées.

Quelles sont les opérations du partage judiciaire ?

Les opérations du partage judiciaire sont :

1° L'estimation des immeubles par des experts.

2° La licitation des immeubles, si elle est nécessaire.

3° L'estimation et la vente des meubles.

4° Le renvoi des parties devant un notaire et la formation de la masse à partager.

5° La composition des lots.

6° L'homologation du partage et l'attribution des lots entre les héritiers par la voie du tirage au sort.

Par qui les immeubles sont-ils estimés ?

Ils sont estimés par trois experts choisis par les parties où à leur défaut nommés d'office par le tribunal. Leur procès-verbal doit présenter les bases de l'estimation ; indiquer si les biens peuvent être commodément partagés et de quelle manière ils le peuvent ; il doit, enfin, en cas de division, déterminer les parts qu'on peut former ainsi que leur valeur. (Art. 824)

Dans quels cas les immeubles doivent-ils être licités ?

Ils doivent être licités toutes les fois qu'ils ne sont pas commodément partageables.

La licitation a lieu devant le Tribunal ou devant un notaire par lui commis. Les étrangers y sont admis lorsque l'un des héritiers est mineur ou interdit, ou lorsque l'un des héritiers majeurs le demande. (Art. 827.)

Par qui les meubles sont-ils estimés ?

Ils sont estimés par un commissaire-priseur choisi par les parties ou à leur refus nommé par le Tribunal. L'estimation du commissaire-priseur doit être faite à juste prix et sans crue. (Art. 825.)

Dans quel cas les meubles doivent-ils être vendus ?

En principe, ils doivent ainsi, que les immeubles, être partagés en nature. Toutefois, la loi exige qu'ils soient vendus :

1° Lorsqu'il y a des créanciers saisissants ou opposants.

2° Lorsque la majorit s héritiers le juge nécessaire. (Art. 826.)

Quelle est l'opération qui suit l'estimation des immeubles et des meubles ?

Après l'estimation des immeubles et des meubles le juge-commissaire renvoie les parties devant un notaire choisi par elles ou nommé par le Tribunal.

Devant ce notaire on procède :

1° Aux comptes que les cohéritiers peuvent se devoir.

2° Aux rapports et aux prélèvements à faire.

3º A la formation de la masse générale à partager.

4º A la composition des lots. (Art. 828.)

Comment s'établissent les comptes respectifs des cohéritiers ?

Pour les établir, on leur rembourse les dépenses utiles ou nécessaires qu'ils ont pu faire en administrant les biens communs ; et on les oblige à rembourser eux-mêmes à la succession le montant des dommages qu'ils ont pu lui causer par leur faute.

Comment se font les rapports et les prélèvements ?

Pour faire les rapports, on oblige ceux d'entre les héritiers qui ont reçu quelque libéralité du défunt ou. qui étaient ses débiteurs, à remettre dans la succession les libéralités qui leur ont été faites ou les sommes dont ils étaient débiteurs.

Pour faire les prélèvements, on remet à ceux d'entre les héritiers qui ont reçu un legs par préciput, ou qui étaient créanciers du défunt, les objets qui leur ont été légués ou qui leur étaient dûs. (Art. 8 0)

Quelquefois l'héritier débiteur ou donateur. conserve les sommes qu'il devrait remettre dans la succession ; mais alors ses cohéritiers prélèvent des sommes égales par compensation. (Art. 830.)

Ces rapports et ces prélèvements déterminent la masse commune à partager.

Quels sont les biens dont se compose la masse à partager ?

Elle se compose :

1º De tous les biens existant dans la succession.

2º Du prix de ceux qui ont été vendus.

3º Des rapports faits en nature par les héritiers. (Art. 829.)

Une fois la masse déterminée on procède à la composition des lots.

Par qui les lots sont-ils composés ?

Lorsque les héritiers sont tous présents et capables, ils peuvent former et se distribuer les lots à leur convenance. S'ils ne sont pas d'accord, le notaire les renvoie devant le juge-commissaire qui nomme un expert pour composer les lots. (Art. 831.)

Comment les lots sont-ils composés ?

Lorsque les héritiers ont tous des droits égaux, on fait autant de lots qu'il y a de souches s'ils succèdent par souches, ou autant de lots qu'il y a de têtes s'ils succèdent par têtes. — Sont-ils de lignes différentes, on fait d'abord deux lots, qu'on subdivise ensuite dans chaque ligne en autant de lots qu'elle comprend de têtes. (Art. 831, 836.)

Lorsque les héritiers ont des droits inégaux, par exemple, lorsque le père du défunt concourt pour un quart avec ses frères et sœurs, on divise la succession en quatre lots égaux. L'un est dévolu au père par la voie du sort; les trois autres restent aux frères et sœurs.

Que doivent contenir les lots ?

Ils doivent contenir non seulement une égalité en valeur mais encore une égalité en nature : chaque lot doit avoir autant de meubles, d'immeubles et de droits de même nature; mais il faut cependant éviter la division des exploitations et le morcellement des héritages.

L'inégalité des lots en nature se compense par un retour en rente ou en argent.

Avant de procéder au tirage des lots chaque copartageant est admis à présenter des réclamations contre leur formation. — Ces réclamations sont constatées par le notaire et renvoyées par lui au juge-commissaire, qui en réfère au Tribunal. (Art. 832, 833, 835, 837.)

Quelle est la dernière opération du partage ?

Elle consiste dans son homologation par le Tribunal. Le jugement qui prononce cette homologation ordonne en même temps que les lots soient tirés au sort devant le juge-commissaire ou devant le notaire.(Art. 981 et 982 C. Proc.)

Quelle est la valeur des partages faits par des in-capables non dûment autorisés ou assistés ?

Les partages faits par des incapables non dûment au-torisés ou assistés et ceux faits par leurs représentants sans l'accomplissement des règles prescrites sont annu-lables. Mais la nullité qui les frappe est purement rela-tive ; elle ne peut être invoquée que pendant un certain délai et seulement par les incapables.

Ajoutons que si les partages ainsi faits sont toujours annulables comme partages définitifs, ils peuvent être maintenus comme partages provisionnels, lorsqu'ils ont eu lieu en présence d'un mineur émancipé ou d'un tuteur, puisque l'un et l'autre ont une capacité suffisante pour tout ce qui concerne la jouissance. (Art 838, 839, 840.)

Qu'entend-on par retrait successoral ?

On entend par retrait successoral la faculté qu'a cha-que héritier d'écarter du partage, moyennant indemnité, les tiers qui voudraient y concourir comme cessionnai-res d'un autre héritier.

Cette disposition a pour but d'empêcher l'immixtion de spéculateurs étrangers dans les opérations délicates et compliquées du partage.

Quels sont les cessionnaires qui peuvent être ainsi écartés ?

Ce sont tous ceux qui ne viendraient pas au partage s'ils n'avaient pas cette qualité de cessionnaires. Ainsi le retrait successoral peut être exercé non-seulement contre les étrangers mais encore contre les légataires à titre particulier, contre les héritiers renonçants, et ceux du degré subséquent, qui voudraient venir au partage et y figurer en qualité de cessionnaires des droits d'un des successibles.

(Quels sont, au contraire, les cessionnaires qui ne peuvent pas être écartés par le retrait successoral ?

Ce sont tous les cessionnaires qui pourraient venir de leur propre chef au partage, quand même ils ne se seraient pas rendus cessionnaires des droits d'un des héritiers. Ainsi ne peuvent être écartés par le retrait successoral : les enfants naturels du défunt, les légataires ou donataires universels ou à titre universel.

Le retrait successoral peut-il être exercé contre un héritier qui voudrait intervenir dans la subdivision qui s'opère entre les successibles de la ligne à laquelle il n'appartient pas ?

Oui ; car cet héritier n'a pas de son chef le droit de venir au partage à faire entre les cohéritiers de la ligne à laquelle il n'appartient pas. Les cohéritiers de cette ligne pourraient donc l'écarter s'il se présentait comme cessionnaire de l'un d'eux.

Le retrait successoral peut-il être exercé contre l'acheteur d'un objet particulier de la succession ?

Non, parce que cet acheteur a le droit de venir au partage pour empêcher que l'on ne fasse tomber frauduleusement l'objet vendu entre les mains d'un héritier autre que celui qui le lui a cédé.

Qui peut exercer le retrait successoral ?

Le retrait successoral peut être exercé par chacun des successibles du défunt, ou par tous les copartageants simultanément.

Il n'a pas besoin d'être exercé dans un délai déterminé. Mais comme il n'est permis que dans le but d'écarter un étranger du partage, il est clair qu'il ne peut pas être exercé une fois le partage accompli.

A quelles conditions les héritiers peuvent-ils exercer le retrait successoral ?

Ils ne peuvent l'exercer qu'à la condition de rembourser au cessionnaire non-seulement le prix de la cession, mais encore les frais et loyaux coûts du contrat, ainsi que les intérêts de ses déboursés. L'article 841 ne mentionne, il est vrai, que le remboursement du prix ; mais c'est par oubli, car nous voyons dans l'article 1699 que celui qui exerce le retrait litigieux doit rembourser toutes ces différentes choses.

Quel est l'effet du retrait successoral ?

Le retrait successoral n'a pas seulement pour effet d'écarter un étranger du partage ; il subroge, de plus, celui qui l'exerce au lieu et place du cessionnaire. Les choses se passent comme si le premier avait lui-même traité avec le successible qui a vendu sa part.

Le retrait successoral peut-il être exercé contre les cessionnaires à titre gratuit ?

Non. Le retrait successoral ne concerne que les cessionnaires à titre onéreux, puisque nous voyons qu'il ne peut être exercé qu'en remboursant au cessionnaire le prix de la cession.

Après le partage que deviennent les titres relatifs aux biens partagés ?

S'ils se rapportent à des objets particuliers, ils sont remis à ceux des copartageants qui les ont dans leur lot. S'ils se rapportent à une propriété qui a été divisée entre plusieurs, ils restent à celui qui a la plus grande part, à la charge quand il en sera requis d'aider ses copartageants. — Si, enfin, ils sont communs à toute l'hérédité, ils sont confiés à l'un des héritiers choisi par les parties ;

ou si elles ne sont pas d'accord, nommé par le Tribunal, à la charge par celui-ci de les communiquer à ses co-partageants à toute réquisition. (Art. 842.)

SECTION II.

DES RAPPORTS.

Articles 843 à 869.

Nous examinerons successivement :

1° La théorie générale du rapport. — 2° Par qui il est dû. — 2° Pour quelles choses il est dû. — 4° A qui il est dû. — 5° Comment il s'opère.

§ 1. Théorie générale du Rapport.

Qu'est-ce que le rapport ?

Le rapport est la remise faite par chaque héritier dans la masse commune des libéralités qu'il a reçu du défunt. — Cette remise a pour but de maintenir l'égalité entre les différents successeurs. (Art 843.)

Quel est le fondement du rapport ?

Notre législation, en matière de succession, repose sur le principe d'égalité entre les héritiers appelés à concourir. On peut, il est vrai, y déroger dans une certaine mesure en attribuant à un de ses parents des avantages particuliers, mais il faut alors faire connaître expressément son intention de déroger au principe. Aussi lorsqu'un défunt a fait une donation à l'un de ses successibles sans déclarer expressément qu'il entend lui donner plus qu'aux autres, on présume qu'il a voulu simplement lui faire un avancement d'hoirie, c'est-à-dire lui procurer par avance la jouissance d'une partie de sa part héréditaire. En conséquence, on oblige l'héritier qui a été ainsi gratifié d'une libéralité à la remettre dans la masse commune, ou à renoncer à la succession. — Pareillement, lorsque le défunt a laissé un legs par testament à

l'un de ses héritiers sans déclarer expressément qu'il
entend lui donner plus qu'aux autres, on présume qu'il a
voulu lui laisser la faculté de prendre l'objet légué au
lieu et place de sa part héréditaire. En conséquence, on
oblige l'héritier à laisser son legs dans les biens communs, ou à renoncer à la succession. Rigoureusement parlant l'expression de rapport employée par le
Code ne convient donc pas à l'héritier légataire.. Il ne
remet pas comme le donataire des biens qu'il a reçu, il
laisse dans la masse commune des biens qu'il avait à recueillir.

Le rapport des legs est-il bien rationnel ?

Il est moins rationnel que celui des donations. En effet, l'obligation de rapporter les choses données l'sse à
l'héritier donataire un avantage appréciable puisqu'il a
pu jouir pendant la vie du défunt de sa part héréditaire.
— Mais l'obligation de rapporter les choses léguées, ou
pour parler plus exactement l'obligation de *laisser* les
choses léguées dans la succession enlève à l'héritier légataire presque tout le bénéfice de la libéralité. Le seul
avantage qu'il ait de plus que ses cohéritiers consiste à
pouvoir recueillir les biens légués de préférence à sa part
héréditaire.

Le rapport des legs ne se justifie donc pas en lui-même
et l'on ne peut l'expliquer que par la tradition historique.
Sous l'empire des coutumes de Paris et d'Orléans, un
héritier ne pouvait en même temps être légataire; on ne
lui permettait de réclamer son legs que s'il renonçait à
la succession, et cela lors même que le legs lui avait été
fait avec dispense de rapport. En autorisant cette dispense, les rédacteurs du Code ont maintenu, pour le cas
où elle n'aurait pas été exprimée, l'incompatibilité entre
les qualités d'héritier et de légataire.

*L'héritier qui renonce n'a-t-il pas le droit de con-
server la libéralité qui lui a été faite ?*

Oui. On considère alors les libéralités qu'il a reçues,
comme si elles avaient été faites à un étranger, et on lui
permet de les conserver pourvu qu'elles n'excèdent pas
la limite de la quotité disponible (841, 845.)

*Cette faculté qu'a l'héritier renonçant de conserver
les libéralités qui lui ont été faites est-elle bien équitable ?*

Dans la pensée du défunt, les libéralités faites à l'héritier n'étaient qu'une avance sur sa part héréditaire,
avance qui devait être remise dans la succession. Elles
laissaient intacte la quotité disponible, la portion déterminée de ses biens dont la loi l'autorisait à disposer à
titre gratuit ; elles lui laissaient par conséquent la
faculté de faire des libéralités à des étrangers.

Or, en conservant les biens donnés par le moyen de sa
renonciation, l'héritier donataire absorbe la quotité disponible et fait ainsi tomber les libéralités faites postérieurement par le défunt.

Le donataire n'a qu'un moyen d'échapper à ce résultat,
c'est de déclarer expressément que la libéralité qu'il fait
à son successible sera caduque si celui-ci renonce à sa
succession (MM. Valette, Demolombe.)

*L'héritier acceptant peut-il être dispensé du rap-
port ?*

Oui. Mais aux termes de l'article 843, la dispense du
rapport doit être expresse, car elle introduit une dérogation au principe d'égalité entre cohéritiers.

On l'exprime ordinairement par l'emploi de ces mots :
je donne ou lègue *par préciput* ou *hors part*, mais on
peut se servir de toute autre formule, pourvu que la volonté du donateur y soit clairement manifestée.

La clause de préciput ou hors part doit-elle se trouver dans l'acte de donation ?

Elle s'y trouve habituellement. Mais on peut l'insérer après coup dans un acte postérieur. (Art. 843.)

§ II. Par qui est dû le rapport ?

Par qui est dû le rapport ?

Le rapport est dû par tout héritier qui se trouve être en même temps donataire ou légataire du défunt. Ainsi il est dû par l'héritier bénéficiaire aussi bien que par l'héritier pur et simple. (Art. 845.)

Le rapport est-il dû par l'héritier qui, sans avoir été gratifié personnellement d'aucun avantage, a cependant profité des libéralités que le défunt avait faites à d'autres personnes ?

Non. Ainsi le père venant à la succession du donateur n'est pas obligé de rapporter les libéralités qui ont été faites à son fils. — Pareillement, le fils venant de son chef à la succession du donateur n'est pas tenu de rapporter les libéralités qui ont été faites à son père et qu'il a lui-même recueillies dans la succession de ce dernier. Enfin l'époux est aussi dispensé de rapporter les dons faits à son conjoint.

Dans toutes ces hypothèses, l'héritier n'est pas, en effet, donataire personnel du *de cujus*. (Art. 847, 848, 849.)

Pourquoi dans ces trois hypothèses le Code a-t-il cru devoir déclarer expressément l'héritier dispensé du rapport, puisqu'il n'est pas donataire ou légataire du défunt ?

C'est afin de prévenir les doutes qu'aurait pu faire naître à cet égard l'autorité des anciennes coutumes. En effet, les coutumes de Paris et d'Orléans n'admettaient pas de dispense de rapport, et afin d'empêcher le disposant d'éluder la loi, elles avaient décidé que les libéralités faites au père, au fils, ou au conjoint de l'héritier seraient considérées comme faites à lui-même et comme telles soumises au rapport. Le Code ayant admis la dispense du rapport a dû par là même rejeter toute présomption d'interposition de personnes et il a voulu s'en expliquer formellement. Seulement, au lieu de dire simplement que les libéralités faites au père, au fils, ou au conjoint du successible ne sont plus, comme dans notre ancien Droit, réputées faites à ce dernier, il a employé une formule inexacte en déclarant que ces libéralités sont dispensées du rapport. (MM. Valette, Demolombe.)

Le rapport est-il dû par le donataire qui n'était pas héritier présomptif lors de la donation, mais qui se trouve successible au moment de l'ouverture de la succession ?

Oui, car le défunt n'aurait peut-être pas fait cette libéralité s'il avait su que celui à qui elle s'adressait obtiendrait un jour par droit de succession une partie de ses biens. (Art. 846.)

L'enfant qui vient à la succession comme représentant de son père décédé doit-il le rapport des libéralités qui ont été faites à ce dernier ?

Oui. En effet, les représentants doivent supporter toutes les obligations qui étaient à la charge de la personne qu'ils représentent; et comme ici c'est au lieu et place de son père que l'enfant vient à la succession, il est tenu de rapporter toutes les libéralités qui lui ont été faites, quand bien même il n'en aurait retiré aucun profit. (Art. 848.)

Doit-il le rapport des libéralités qui lui ont été faites à lui-même ?

Non. L'enfant qui vient à la succession comme représentant de son père reste de son chef étranger à c succession; il y vient au lieu et place d'un autre, et par conséquent il n'est pas tenu de rapporter les donations qu'il a personnellement reçues. (M. Marcadé.)

A quelle succession se fait le rapport?

Le rapport ne se fait qu'à la succession du donateur. Ainsi le fils n'est pas tenu de rapporter à la succession de son aïeul les libéralités qu'il a reçu de son père.(Art.850.)

§ III. Pour quelles choses est dû le rapport ?

Quelles sont les choses qui doivent être rapportées?

L'héritier doit rapporter :

1o Les sommes dont il était débiteur envers le défunt.

2o Les choses qui lui ont été données.

3o Les choses qui lui ont été léguées.

Ne faut-il pas distinguer le rapport des sommes dont l'héritier était débiteur envers le défunt, du rapport des libéralités?

Oui. En effet, l'héritier doit le rapport des sommes dont il était débiteur envers le défunt, lors même qu'il renoncerait à la succession; et, de plus, il peut être contraint à les rembourser, non seulement par ses cohéritiers, mais encore par les créanciers et légataires du défunt.

L'enfant mineur doit-il le rapport des sommes qui ont été employées à payer ses dettes annulables ou rescindables?

On admet généralement que non. En effet, il n'a retiré aucun avantage de la dépense qui a été faite puisqu'il pouvait ne pas le payer.

L'héritier doit-il le rapport de toutes les choses qui lui ont été données ou léguées sans dispense?

Non. Il y a évidemment des libéralités, qui à cause de leur peu d'importance ou de leur caractère, ne sont pas sujettes à rapport. En général, pour savoir si un don ou un legs doit être rapporté il faut examiner, si d'un côté il rentrait dans les dépenses ordinaires du défunt et si d'un autre côté il a procuré à l'héritier un avantage appréciable. (M. Valette.)

Le Code a d'ailleurs tracé à cet égard quelques règles particulières qui serviront à guider l'appréciation du juge pour les autres cas.

Quelles sont les libéralités que la loi range parmi les choses sujettes à rapport?

Aux termes de l'article 851, le rapport est dû de ce qui a été employé pour l'établissement d'un des cohéritiers ou pour le paiement de ses dettes.

Quelles sont les libéralités que la loi range, au contraire, parmi les choses non sujettes à rapport?

Aux termes de l'article 852, les frais de nourriture, d'entretien, d'éducation, d'apprentissage, les frais ordinaires d'équipement, ceux de noces et présents d'usage, ne doivent pas être rapportés.

Pareillement, il n'est pas dû de rapport pour les avantages que le successible a retiré des contrats à titre onéreux passés entre lui et le *de cujus*, si ces contrats ne présentaient aucun avantage indirect au moment où ils ont été faits. Ainsi un père a vendu à son fils, au prix de 60,000, une maison dont la valeur au moment de la vente, était de 60,000. Si plus tard, et par suite d'une circonstance qu'on ne pouvait pas prévoir, la maison vient à acquérir une plus-value considérable, le fils n'a rien à rapporter; car le contrat qui lui a procuré ce profit ne présentait au moment où il a été fait, aucun avantage indirect. (Art 853.)

L'héritier doit-il le rapport des avantages qu'il a retiré des associations formées entre lui et le de cujus?

Non. De même que dans l'hypothèse précédente, l'héritier ne doit pas de rapport pour les avantages qu'il a retiré de l'association contractée entre lui et le *de cujus*, lorsque cette association ne présentait aucun avantage indirect au moment où elle a été faite. — Seulement, toutes les fois que la société formée entre le successible et le *de cujus*, n'aura pas été constatée par un acte authentique, elle sera présumée contenir au profit du premier des avantages indirects. (Art. 851.)

Les juges n'ont-ils pas un certain pouvoir discrétionnaire pour apprécier si les libéralités qui ont été faites doivent être rapportées ?

Oui. Ainsi, même à l'égard des choses qui, d'après la loi, ne sont pas sujettes à rapport, telles que les frais de nourriture, d'éducation, les présents de noces, ils peuvent rechercher si ces libéralités ont réellement le caractère qu'on leur assigne. Dans le cas où elles ont, au contraire, procuré au donataire un avantage appréciable en argent, ils peuvent en ordonner le rapport.

Quelques auteurs ont formulé à cet égard une règle générale en décidant que les libéralités qui ont été prises sur le capital du défunt seraient seules sujettes à rapport. Mais cette distinction se trouve contredite par le texte même de la loi. Ainsi le paiement des dettes de l'héritier donne lieu dans tous les cas au rapport, et cependant il peut être fait sur les revenus. — En résumé, pour savoir si un don est sujet ou non à rapport, il faut, ainsi que nous l'avons dit, examiner s'il rentrait dans les dépenses ordinaires du défunt et s'il a procuré à l'héritier un avantage appréciable en argent ?

Doit-on rapporter les libéralités indirectes ?

Oui. L'article 843 le dit expressément. L'héritier venant à une succession doit rapporter à ses cohéritiers tout ce qu'il a reçu du défunt, par donation entre vifs, directement ou indirectement.

Comment distingue-t-on les libéralités directes des libéralités indirectes ?

Les libéralités directes sont celles qui proviennent, soit d'une donation faite en la forme requise, soit d'une tradition manuelle effectuée par le donateur à son successible, soit de la remise d'une dette par un créancier à son héritier.

Les libéralités indirectes sont celles qui ont été opérées de toute autre manière. Ainsi le *de cujus* fait une donation indirecte à son successible, en se portant caution pour lui, en payant ses dettes, ou encore en renonçant à une succession dans le but de l'en faire profiter.

Les donations déguisées sous l'apparence d'un contrat à titre onéreux constituent-elles des libéralités indirectes et sont-elles ainsi sujettes à rapport ?

Il y a donation déguisée sous l'apparence d'un contrat à titre onéreux, par exemple, lorsque le défunt a vendu un immeuble à son héritier et lui a donné quittance du prix sans l'avoir réellement reçu.

Suivant quelques auteurs, ces donations ne rentrent pas dans la classe des libéralités indirectes. Ce sont des libéralités *cachées* mais non indirectes. Par conséquent l'article 843 ne les soumet pas au rapport, et l'on peut d'autant moins les y soumettre qu'en prenant la voie détournée d'un contrat à titre onéreux le donateur a clairement et énergiquement manifesté l'intention de dispenser son successible du rapport. (M. Marcadé.)

Mais on répond avec raison : Que ce détour même auquel on a eu recours fait de ces donations des libéralités indirectes ; — Qu'il ne prouve pas que le donateur ait eu l'intention de dispenser du rapport, car bien d'autres motifs, tels par exemple que la crainte de mécontenter ses autres parents, ont pu lui en suggérer la pensée;— Et enfin, ce qui est un argument décisif, que la dispense du rapport doit être expresse.

Les donations faites par interposition de personnes constituent-elles également des donations indirectes et sont-elles ainsi sujettes à rapport ?

Il y a donation faite par interposition de personnes lorsque le *de cujus* a disposé au profit d'un tiers chargé secrètement de restituer les biens au successible.

Ces libéralités donnent lieu à la même controverse que celles déguisées sous l'apparence d'un contrat à titre onéreux, et il faut, à notre avis, les déclarer également rapportables pour les mêmes motifs. (MM. Valette, Demolombe.)

Doit-on rapporter les fruits et intérêts des choses sujettes à rapport ?

Aux termes de l'article 856 les fruits et intérêts des choses sujettes à rapport ne sont dûs qu'à compter du jour de l'ouverture de la succession.

La loi conserve donc à l'héritier donataire la jouissance de la libéralité qui lui a été faite jusqu'à la mort du donateur, et c'est avec raison. Autrement, la libéralité ne lui aurait profité en rien, elle n'aurait été qu'un dépôt entre ses mains. Au surplus, cette jouissance ne nuit pas à ses cohéritiers, car il est probable que le défunt n'aurait pas capitalisé les fruits et revenus et qu'il les aurait employé à vivre plus largement.

§ IV. A quelles personnes est dû le rapport.

A qui est dû le rapport ?

Le rapport n'est dû qu'aux cohéritiers puisqu'il a pour objet de maintenir l'égalité entre eux. Les légataires ne peuvent ni le demander ni en profiter. (Art. 857.)

Pourquoi les légataires ne peuvent-ils ni demander le rapport ni en profiter lorsqu'il a été effectué?

C'est parce que le rapport n'a été établi que dans l'intérêt des héritiers *ab intestat.* — Quant aux légataires ils sont des acquéreurs à titre gratuit et ils n'ont par conséquent aucun droit de préférence sur d'autres acquéreurs à titre gratuit. Leur droit est inférieur à celui des héritiers donataires, qui ont été gratifiés d'une libéralité avant eux ; et il n'est pas supérieur à celui des héritiers qui ont reçu un legs en même temps qu'eux.

Les créanciers de la succession peuvent-ils demander le rapport et en profiter lorsqu'il a été effectué ?

Il faut distinguer :

S'agit-il de legs, ils peuvent le demander parce qu'aux termes de l'article 809 les créanciers sont toujours préférés aux légataires.

S'agit-il de donations entre-vifs, ils ne peuvent, au contraire, ni en demander le rapport, ni en profiter, s'il a été effectué. (Art. 857.)

Pourquoi les créanciers du défunt n'ont-ils pas droit au rapport des donations ?

Pour l'expliquer il suffit de se reporter au moment où la donation a été faite. — En effet, de deux choses l'une : Ou bien leur créance était postérieure à la donation, et alors au moment où ils ont traité avec le *de cujus* ils n'avaient pas à compter sur les biens donnés qui ne se trouvaient déjà plus dans son patrimoine ; — Ou bien, leur créance était antérieure à la donation et alors si cette dernière a été faite en fraude de leurs droits ils ont dû l'attaquer conformément à l'article 1167.

Les créanciers héréditaires ne peuvent-ils pas au

moins demander le rapport au nom et du chef des héri-
tiers, devenus leurs propres débiteurs?

Il faut distinguer :

Les héritiers ont-ils accepté purement et simplement, ils sont par là devenus débiteurs des créanciers hérédi-taires, non-seulement sur les biens qui se trouvent dans la succession mais encore sur leur propre patrimoine. En conséquence, ces derniers peuvent conformément à l'article 1166 exercer toutes leurs actions et deman-der le rapport en leur nom.

Mais les héritiers n'ont-ils accepté que sous bénéfice d'inventaire, ils ne sont devenus par là débiteurs des cré-anciers héréditaires que pour les biens laissés par le dé-funt ; en conséquence ces derniers ne peuvent pas demander le rapport en leur nom, relativement aux biens qui ne se trouvaient pas dans la succession au moment du décès du *de cujus.*

§ V. Comment s'effectue le rapport.

Comment s'effectue le rapport ?

Le rapport s'effectue de deux manières: en nature ou en moins prenant.

Il s'effectue en nature en remettant dans la masse commune les biens mêmes qui provenaient du défunt.

Il s'effectue en moins prenant, en diminuant la part de l'héritier donataire d'une valeur égale au montant de la libéralité. (Art. 858.)

Comment s'effectue le rapport des immeubles ?

En principe, le rapport des immeubles s'effectue en nature. Mais il peut avoir lieu par exception en moins prenant. (Art. 859.)

Quel est l'effet du rapport en nature des immeu-bles ?

Il a pour effet de faire rentrer l'immeuble donné dans

franc et quitte de toutes charges créées par le donataire, telles que servitudes, hypothèques, etc. — En effet, l'héritier qui l'avait reçu n'en était propriétaire que sous la condition tacite qu'il ne deviendrait jamais héritier du donateur. Cette condition venant à se réaliser il est considéré comme n'ayant pas été véritablement propriétaire, et il est juste alors que les charges dont il a pu grever l'immeuble soient anéanties.

Les servitudes et les hypothèques constituées par l'héritier donataire sont-elles maintenues si l'immeuble rapporté en nature vient ensuite à tomber dans son lot ?

Oui ; car l'anéantissement des droits réels concédés par le donataire n'a été admis que dans l'intérêt de ses cohéritiers.

L'article 865 confirme cette décision en autorisant les créanciers auxquels ces droits ont été consentis à assister au partage, afin d'empêcher que les héritiers ne s'entendent pour faire tomber l'immeuble rapporté en d'autres mains qu'en celles du donataire.

Les aliénations consenties par l'héritier donataire, avant l'ouverture de la succession, sont-elles également résolues par l'effet du rapport ?

Non. A ne consulter que la rigueur des principes l'aliénation que l'héritier donataire aurait fait de l'immeuble rapportable semblerait cependant devoir être anéantie puisque les autres charges dont il l'a grevé le sont ; mais le Code admet ici une exception, sans doute afin de favoriser la circulation des biens. Il décide que l'aliénation sera maintenue et que le donataire devra seulement la valeur de l'immeuble aliéné au moment de l'ouverture de la succession. (Art. 860.)

Dans quels cas le rapport des immeubles se fait-il par exception en moins prenant?

Il se fait par exception en moins prenant :

1º Lorsque l'immeuble a été volontairement aliéné par le donataire.— Celui-ci doit alors, non pas le prix qu'il a retiré de l'aliénation, mais la valeur de l'immeuble au moment de l'ouverture de la succession.

2º Lorsque l'immeuble a péri par la faute du donataire. — Dans ce cas, ce dernier doit, comme précédemment, la valeur qu'il avait au moment de l'ouverture de la succession.

3º Lorsque l'immeuble a subi une aliénation forcée ; par exemple, par suite d'expropriation pour cause d'utilité publique.— Le donataire doit alors, non plus la valeur de l'immeuble, mais le prix qu'il a reçu en échange de l'aliénation.

4º Enfin, lorsqu'il existe dans la succession d'autres immeubles de même nature, valeur et bonté, dont on puisse former des lots à peu près égaux pour les autres cohéritiers.— Alors le donataire conserve l'immeuble rapportable, et chacun de ses cohéritiers prélève dans la succession un immeuble semblable. (Art. 859, 860.)

Dans cette dernière hypothèse les immeubles donnés se calculent-ils d'après leur valeur au moment de l'ouverture de la succession ?

Non. Ils se calculent d'après leur valeur à l'époque du partage. Comme chacun des cohéritiers du donataire prélève un immeuble semblable, le rapport devient, en effet, une véritable opération de partage. (Art. 860.)

Notons que dans cette hypothèse le rapport en moins prenant est purement facultatif. L'héritier donataire peut, s'il le veut, remettre dans la masse l'immeuble qu'il a reçu et courir les chances d'un partage.

7

*L'héritier donataire n'encourt-il pas une responsa-
bilité plus grave dans le cas où il a aliéné l'immeuble
que dans le cas où il l'a conservé ?*

Oui. En effet, lorsque le donataire a aliéné l'immeuble,
son obligation de le rapporter se convertit en l'obligation d'en payer la valeur à ses cohéritiers. Au lieu d'un
corps certain qu'il devait auparavant, il devient dès ce
moment débiteur d'une somme d'argent. Il en résulte que
si postérieurement à l'ouverture de la succession l'immeuble vient à périr par cas fortuit son obligation n'en
subsiste pas moins. — Au contraire, lorsque le donataire
a conservé l'immeuble au moment de l'ouverture de la
succession, il reste débiteur d'un corps certain, et il en
résulte que si l'immeuble vient à périr par cas fortuit
avant le partage, il est libéré de son obligation.

*Les améliorations ou les détériorations provenant du
fait du donataire peuvent-elles donner lieu à des
comptes respectifs entre la succession et lui ?*

Oui. Mais ce n'est, bien entendu, que lorsqu'elles proviennent du fait même du donataire, lorsqu'il les a fait
naître par ses dépenses. Encore faut-il distinguer à cet
égard de quelle nature sont ces dépenses.

*Quelles sont les dépenses que l'héritier peut réclamer
à la succession ?*

L'héritier a pu faire, soit des dépenses d'entretien, soit
des dépenses voluptuaires, soit des dépenses nécessaires,
soit enfin des dépenses utiles.

Il ne peut exercer aucun recours à raison des premières, parce qu'ayant la jouissance il devait fournir à l'entretien; ni à raison des secondes, parce qu'elles ne profitent en rien à la succession.

Il peut, au contraire, répéter contre la succession les
dépenses nécessaires, et cela lors même que l'immeuble a

péri, parce qu'elles ont eu pour but sa conservation au profit de la masse commune.

Quant aux dépenses simplement utiles, elles lui donnent également le droit d'exercer un recours, mais seulement jusqu'à concurrence de la plus-value qui en est résultée. (Art. 861 862).

A quel moment faut-il se référer pour le calcul de cette plus-value ?

Aux termes de l'article 861, il faut se référer au moment du partage. Mais le plus grand nombre des auteurs décident, malgré ce texte, qu'il faut se référer au moment de l'ouverture de la succession. En effet, c'est à ce moment là qu'on se place pour calculer la somme que l'héritier doit à la succession lorsqu'il a aliéné l'immeuble sujet à rapport; et il faut que le calcul de la plus-value ait lieu en même temps que le calcul de cette somme; autrement on arriverait à des résultats iniques. — Soit, par exemple, un immeuble valant 50 au moment de la donation. Supposons que cet immeuble ait été aliéné, et que par suite de dépenses faites pour l'améliorer il vaille 100 au jour de l'ouverture de la succession. L'héritier donataire devra rapporter 100. Mais si dans l'intervalle qui s'écoule entre l'ouverture de la succession et le partage, l'immeuble, par suite d'un cas fortuit quelconque, ne valait plus que 50, non-seulement l'héritier ne recevrait aucune indemnité pour ses dépenses, mais il se trouverait débiteur de 100 pour les avoir faites, tandis qu'autrement il n'aurait été débiteur que de 50. Un tel résultat est évidemment inadmissible.

L'article 861 contient donc une erreur. On l'explique ainsi. Selon l'ancien droit, on se référait au temps du partage pour fixer la valeur de l'immeuble aliéné et la plus-value résultant des améliorations. L'article 860 décida que la valeur de l'immeuble serait déterminée au jour de l'ouverture de la succession, mais on omit alors de déterminer pour la même époque l'estimation de la plus-value.

L'héritier à qui des sommes sont dues par la succession, n'a-t-il pas le droit de retenir l'immeuble jusqu'à son remboursement?

Oui. Aux termes de l'article 867, il peut retenir la possession de l'immeuble jusqu'au remboursement effectif des sommes qui lui sont dues pour impenses ou améliorations.

Quels sont les dommages-intérêts dont l'héritier peut être tenu envers la succession à raison des détériorations provenant de son fait?

Ces dommages-intérêts se calculent de la même manière que ceux qu'il a le droit de répéter à raison de ses améliorations. Ainsi on les calcule en se référant toujours au moment de l'ouverture de la succession et à celui du partage. (Art. 863-864.)

Comment se fait le rapport, lorsqu'un immeuble donné, avec dispense de rapport, excède la quotité disponible?

Nous ferons d'abord remarquer que ce n'est pas là une question de rapport puisque nous supposons une dispense de rapporter, mais bien une question de réduction. En d'autres termes, l'immeuble doit être remis dans la succession, non parce qu'il a été donné par avancement d'hoirie, mais parce qu'il dépasse en valeur la quotité de biens que le disposant pouvait donner.

Ceci posé, voyons comment doit s'opérer la remise.

Elle s'opère toujours en nature lorsqu'on peut facilement séparer en deux parts ce que le donataire a le droit de conserver et ce qu'il doit remettre à la succession. Au contraire, lorsque ce retranchement ne peut être fait sans dépréciation pour l'immeuble, on applique la règle *major pars trahit, ad se minorem*. Le donataire doit-il garder plus qu'il n'est tenu de remettre, il conserve l'immeuble tout entier; sauf à fournir une indemnité en argent. — Doit-il restituer plus qu'il |ne peut garder, il rapporte l'immeuble tout entier; sauf à recevoir une indemnité en argent. (Art. 866.)

Comment se fait le rapport des meubles ?

Le rapport des meubles se fait toujours en moins prenant, et d'après la valeur qu'ils avaient au moment même de la donation.

L'obligation du donataire a donc ici pour objet non pas un corps certain, mais une quantité, un genre.

Dès lors il n'en est pas déchargé si les meubles qui lui ont été donnés périssent ou se détériorent. Il en est différemment, ainsi que nous l'avons vu, du donataire d'immeubles. Celui-ci doit un corps certain, et se trouve libéré par sa perte arrivée avant l'ouverture de la succession.

Comment connaît-on la valeur qu'avaient les meubles au moment de la donation ?

On la connaît au moyen de l'état estimatif qui a dû être annexé à l'acte de donation. — Dans le cas où la donation a été faite de la main à la main, sans état estimatif, on recourt à une expertise. (Art. 868).

Comment se fait le rapport quand la chose qui a été donnée est une somme d'argent ?

Il se fait en moins prenant dans le numéraire de la succession. A défaut de numéraire, il se fait en moins prenant dans le mobilier; et à défaut de mobilier, en moins prenant dans les immeubles de la succession. (Art. 869.)

Par analogie, on doit décider que le rapport de meubles

d'une certaine espèce doit se faire également en prenant moins dans les meubles semblables.

Le rapport des meubles incorporels, tels qu'une créance, une rente, se fait-il en moins prenant ou en nature?

Pour montrer l'importance de la question, supposons qu'une créance ait été donnée par un père à l'un de ses enfants et que le débiteur soit devenu insolvable. Le fils devra à ses cohéritiers la valeur de la créance au moment de la donation, c'est-à-dire avant l'insolvabilité du débiteur, si le rapport s'effectue en moins prenant; il ne devra rien, au contraire, s'il s'effectue en nature, puisque la créance est devenue illusoire.

Suivant quelques auteurs, le rapport des meubles incorporels doit se faire en nature, comme celui des immeubles. En effet, l'article 868, aux termes duquel le rapport du *mobilier* se fait en moins prenant, ne s'applique qu'aux meubles corporels, puisqu'il y est question d'état estimatif et d'expertises, qui ne peuvent servir à l'appréciation des meubles incorporels. (M. Marcadé.)

Ce système nous paraît difficilement admissible. En effet, l'expression de *mobilier* semble bien employée dans l'article 868 par opposition à celle d'*immeuble* et s'applique ainsi à toute espèce de meubles. Quelques regrettables qu'en soient les conséquences, il faut donc décider que le rapport des meubles incorporels se fait en remettant dans la success'on la valeur qu'ils avaient au moment de la donation. (MM. Valette, Demolombe).

SECTION III.

DU PAIEMENT DES DETTES.

Articles 870 à 882.

Quelle différence y a-t-il entre la contribution aux dettes et le droit de poursuite des créanciers?

La contribution aux dettes est la portion de dettes que chaque héritier doit supporter définitivement. — Le droit de poursuite est la portion de dettes pour laquelle il peut être poursuivi.

Malgré leur apparente analogie ces deux idées ont des bases différentes.

Un héritier peut, en effet, comme nous le verrons plus loin, être poursuivi pour une portion de dettes plus considérable que celle qu'il doit définitivement supporter; sauf à se faire rembourser par ses cohéritiers de ce qu'il a payé d'excédant. C'est ce qui fait dire que le droit de poursuite est plus étendu que le droit de contribution.

Quelles sont les personnes qui doivent contribuer aux dettes de la succession?

Ce sont :

1º Les héritiers légitimes du défunt.

2º Les successeurs irréguliers.

3º Les légataires universels ou à titre universel.

4º Les donataires universels ou à titre universel.

Au reste, les héritiers légitimes sont seuls tenus de contribuer aux dettes au delà de ce qu'ils ont recueilli.

Quelles sont les personnes qui ne contribuent pas aux dettes de la succession ?

Ce sont les légataires et donataires particuliers.

Ils n'y contribuent pas pour deux motifs : D'abord, parce que telle a été la volonté du *de cujus,* qui en leur donnant un objet déterminé et non une part de succession, c'est-à-dire une quote part d'actif et de passif, a évidemment entendu leur faire une libéralité sans charges. — En second lieu, si les légataires et donataires particuliers devaient contribuer aux dettes, il faudrait pour connaître la part à leur charge, estimer d'un côté l'objet légué ou donné, et d'un autre côté estimer la succession tout entière. Or, pour beaucoup de legs et de donations à titre particulier, les frais d'estimation dépasseraient la valeur des choses léguées ou données. (Art. 871.)

Si les légataires et donataires ne contribuent pas directement aux dettes, ne sont-ils pas au moins exposés à en souffrir ?

Oui. En effet, ils ne reçoivent la chose qui leur a été léguée ou donnée qu'après que toutes les dettes ont été intégralement payées, de sorte que si le passif de la succession égale ou excéde l'actif ils ne recevront rien : *Non sunt bona nisi deducto ære alieno.* — En résumé, on voit que si les légataires et donataires particuliers ne contribuent pas directement aux dettes ils peuvent tout au moins en souffrir.

Dans quelle proportion les cohéritiers contribuent-ils aux dettes et charges de la succession ?

Ils y contribuent, dit l'article 870, en proportion de ce qu'ils y prennent de biens. — Cette formule est inexacte. Pour la compléter il faut dire : qu'ils y contribuent en proportion de ce qu'ils y prennent *en qualité d'héritier;* car, les légataires à titre particulier n'ayant pas à contribuer aux dettes, il est clair que l'héritier qui serait en même temps légataire particulier, ne supporterait pas une part de passif proportionnelle à ce qu'il aurait pris dans la succession, mais seulement à ce qu'il y aurait pris en qualité d'héritier.

Pour quelle part les héritiers peuvent-ils être poursuivis par les créanciers de la succession ?

Aux termes de l'article 873, ils peuvent être poursuivis personnellement pour leur part et portion virile, et hypothécairement pour le tout, sauf leur recours contre leurs cohéritiers. Mais cette formule n'est pas plus exacte que celle de l'article 870. Ce n'est pas pour une part virile, mais c'est en proportion de leur part héréditaire qu'ils peuvent être poursuivis. Supposons que le *de cujus* ait laissé son père et son frère, ce n'est pas pour moitié que chacun d'eux devra être actionné. Comme la part héréditaire du père est d'un quart seulement, on ne lui réclamera qu'un quart de dettes; les trois autres quarts resteront à la charge du frère, à qui reviennent les trois quarts de l'actif.

On peut, d'ailleurs, expliquer historiquement cet emploi inexact des mots *part virile*. Dans notre ancien droit, comme on ne pouvait pas connaître dès l'ouverture de la succession la part définitive de chaque héritier, *à cause de la recherche qu'il fallait faire de l'origine des biens*, on autorisait les créanciers à diviser leurs poursuites contre les divers héritiers, comme si leurs parts eussent dû être absolument égales. Mais aujourd'hui la part de chaque héritier étant connue dès le principe, les créanciers doivent les poursuivre pour la portion héréditaire et non pour leur portion virile, suivant l'expression employée par mégarde par le Code.

Toutefois ces mots: les héritiers peuvent être poursuivis pour leur portion *virile* sont encore applicables lorsqu'il s'agit de la succession anomale de l'ascendant donateur, ou de celles des frères et sœurs des enfants naturels. Alors, en effet, il faut rechercher l'origine des biens pour savoir ce que chaque héritier est appelé à recueillir.

En principe, les héritiers qui ont payé leur part de dettes peuvent-ils être poursuivis pour la part que leurs cohéritiers n'ont pas payé ?

Non, car les dettes se divisent de plein droit dès l'ouverture de la succession en autant de fractions qu'il y a d'héritiers, et chacune de ces fractions forme aussitôt une dette principale et distincte des autres. S'il y a, par exemple, 60 de passif dans la succession et trois héritiers ayant des droits égaux, chacun d'eux devient débiteur de 20 et ne peut être poursuivi que jusqu'à concurrence de 20.

Les héritiers purs et simples qui ont payé leur part de dettes, peuvent-ils être contraints de payer la part que leurs cohéritiers qui n'ont accepté que sous bénéfice d'inventaire n'ont pas payé ?

Non. La division des dettes a lieu entre les héritiers sans distinguer s'ils sont héritiers purs et simples ou héritiers bénéficiaires. Seulement, comme les derniers ne peuvent être poursuivis que jusqu'à concurrence des biens qu'ils ont recueilli, les créanciers devront subir une perte lorsque ces biens seront insuffisants. Mais cette perte ils ne peuvent pas la répéter contre les héritiers purs et simples, s'il s'en trouve.

Les héritiers purs et simples, qui ont payé leur part de dettes, peuvent-ils être contraints de payer la part que les successeurs irréguliers ou les légataires universels, qui venaient en concours avec eux, n'ont pas payé ?

Oui, parce qu'alors ils représentent seuls le défunt et qu'ils le représentent pour la totalité, puisque les successeurs aux biens ne le représentent pour aucune partie. Les créanciers peuvent donc laisser de côté les successeurs aux biens et poursuivre exclusivement les héritiers légitimes proportionnellement à leur part héréditaire; sauf à ces derniers à recourir ensuite contre les successeurs aux biens, à l'effet de répéter d'eux leur part contributoire.

*Quels sont les cas où, par exception le droit de pour-
suite est plus étendu que le droit de contribution ?*

En principe, un héritier ne peut être poursuivi que
pour la part de dettes qu'il doit définitivement supporter. Toutefois, il peut par exception être poursuivi pour
le tout, quoique la loi l'ait constitué débiteur d'une partie
seulement dans les cas suivants :

1° Lorsqu'il vient en concours avec de simples successeurs aux biens.

2° Lorsqu'il est détenteur d'un immeuble grevé de privilége ou d'hypothèque au profit d'un créancier de la
succession. — Le privilége et l'hypothèque donnent
au créancier le droit de poursuivre pour la dette toute
entière quiconque possède l'immeuble qui en est af-
fecté.

3° Lorsque tous les héritiers sont convenus en parta-
geant la succession que telle dette sera payée en totalité
par l'un d'entre eux. — Cette convention n'a, d'ailleurs,
rien d'obligatoire pour le créancier. Il est le maître, s'il
le préfère, d'agir contre chacun des héritiers proportionnellement à sa part héréditaire; sauf le recours qui appartient à ces derniers en vertu de la convention, pour
se faire rembourser par celui d'entre eux qui était chargé
du payement de la dette entière.

4° Lorsque la dette est indivisible, ou qu'elle a pour
objet un corps certain.

*N'y a-t-il pas également un cas exceptionnel, où le
légataire à titre particulier peut être poursuivi par les
créanciers de la succession, bien qu'il n'ait pas à contribuer aux dettes ?*

Oui. Le légataire particulier d'un immeuble hypothéqué peut être actionné par le créancier hypothécaire.
Mais, comme il n'est pas tenu personnellement des dettes

de la succession, la loi lui accorde un recours pour se faire rembourser ce qu'il a payé par les héritiers. Ce recours il peut l'exercer de deux manières :

1° Au moyen d'une action de gestion d'affaires; laquelle action est garantie par une hypothèque générale sur tous les biens de la succession.

2° Au moyen de l'action qu'avait le créancier par lui désintéressé; car l'article 874 décide qu'il est subrogé de plein droit à sa créance.

Quel avantage cette action en subrogation procure-t-elle au légataire, puisqu'il a déjà l'action en gestion d'affaires, qui lui donne hypothèque sur tous les biens de la succession ?

Voici quel en est l'avantage. Par l'action en gestion d'affaires le légataire obtient, il est vrai, une hypothèque; mais cette hypothèque ne prend naissance qu'après qu'il a payé la dette des héritiers. Par l'action en subrogation, il obtient l'hypothèque plus ancienne que le créancier s'était fait céder par le défunt à l'origine du contrat qui a produit la créance; et comme les hypothèques antérieures en date sont préférables à celles qui les suivent, il en résulte que l'action en subrogation lui est plus avantageuse que l'action en gestion d'affaires.

Quel est le recours que l'héritier qui a payé plus que sa part peut exercer contre ses cohéritiers ?

Il peut également exercer deux actions :

1° Une action en gestion d'affaires, qu'on appelle dans l'espèce action en garantie ; laquelle action est protégée par un privilége sur tous les immeubles de la succession.

2° L'action qu'avait le créancier qu'il a désintéressé. — Cette action, d'après l'article 875, ne paraîtrait pas lui appartenir de plein droit. Mais on admet généralement que la rédaction de cet article est vicieuse et que conformément aux principes généraux, l'héritier qui en payant plus que sa part a éteint la dette de ses cohéritiers est subrogé de plein droit au créancier qu'il a désintéressé.

De quelle manière l'héritier qui a payé plus que sa part exerce-t-il son recours contre ses cohéritiers ?

Il doit poursuivre chacun de ses cohéritiers pour sa part seulement, bien que son recours contre eux soit cependant garanti par une hypothèque.

Cette disposition de l'article 875 a pour but d'empêcher que les héritiers ne soient amenés à exercer les uns contre les autres une série de recours successifs. Comment concevoir, d'ailleurs, qu'un héritier puisse réclamer plus que sa part à l'un de ses cohéritiers, lorsque lui-même serait tenu de le garantir si un tiers le poursuivait au-delà de cette part ?

L'héritier bénéficiaire qui a payé plus que sa part, n'a-t-il pas la faculté d'exercer son recours contre ses cohéritiers pour la totalité ?

Oui. En effet, comme il n'y a pas eu confusion entre son patrimoine et sa part héréditaire, ce n'est pas comme héritier mais comme créancier qu'il exerce un recours pour l'excédant des dettes qu'il a payées. (Art. 875).

Aux termes de l'article 876, l'insolvabilité d'un des héritiers est supportée au marc le franc par tous ses cohéritiers.

Comment procède-t-on lorsque certains immeubles de la succession sont grevés d'hypothèques destinés à garantir le service d'une rente ?

On peut procéder de deux manières :

Ou bien le capital de la rente est remboursé et les immeubles sont rendus libres, avant la formation des lots.

Ou bien, si aucun des héritiers ne demande ce remboursement, ou s'il n'est pas possible, on déduit le capital de la rente de la valeur de l'immeuble hypothéqué, et l'héritier qui l'a dans son lot demeure seul chargé du service de cette rente. (Art. 872).

Si tous les immeubles de la succession se trouvaient grevés de l'hypothèque, il est évident qu'un seul des héritiers ne pourrait pas être chargé du service de la rente. Mais rien ne s'opposerait encore à ce que le remboursement en fût effectué si elle était rachetable, à la demande de l'un d'eux. (M. Valette).

Les titres qui étaient exécutoires contre le défunt sont-ils également exécutoires contre les héritiers ?

Oui, car les héritiers purs et simples sont tenus personnellement des obligations du défunt. Toutefois, afin d'éviter toute surprise, la loi exige que ces titres soient signifiés aux héritiers huit jours au moins avant leur exécution. (Art. 877)

Les titres qui étaient exécutoires contre le défunt sont-ils également exécutoires contre les simples successeurs aux biens ?

Non, parce que ces derniers ne sont pas, comme les héritiers purs et simples, tenus personnellement des obligations du défunt. Les créanciers devront se munir contre eux de nouveaux titres exécutoires.

Qu'est-ce que la séparation des patrimoines ?

On se rappelle que lorsqu'un héritier a accepté purement et simplement, les biens de la succession se confondent avec son propre patrimoine. Cette confusion serait nuisible aux créanciers et légataires de la succession si le patrimoine de l'héritier présentait plus de passif que d'actif. C'est pourquoi la loi leur permet de s'opposer à cette confusion, et de se faire payer sur le patrimoine du défunt, à l'exclusion des créanciers de l'héritier. C'est cette faculté qu'on entend en disant qu'ils peuvent demander la séparation des patrimoines (Art. 878.)

Pour quels motifs la séparation des patrimoines est-elle accordée aux créanciers du défunt ?

C'est par un motif d'équité. En effet, ayant traité avec le défunt, ils ont dû compter que toute sa fortune servirait à les désintéresser. Ils n'ont pas pu prévoir qu'elle pourrait servir à désintéresser les créanciers d'une autre personne.

Les créanciers personnels de l'héritier ne sont-ils pas quelquefois intéressés eux-mêmes à demander la séparation des patrimoines ?

Oui, ils y sont intéressés lorsque la succession est insolvable.

Toutefois, on ne leur accorde jamais la faculté de la demander. En effet, ils sont en faute d'avoir traité avec un débiteur assez imprudent pour accepter des successions insolvables. C'est une dette nouvelle que ce dernier contracte en acceptant; ils doivent la subir comme ils subiraient toute autre dette qu'il aurait contracté. (Art. 881.)

Mais, bien entendu, si l'héritier avait fait une acceptation frauduleuse, ils pourraient, conformément à l'article 1167, la faire rescinder.

L'héritier lui-même n'a-t-il pas intérêt à demander la séparation des patrimoines ?

Oui. Il y a évidemment intérêt lorsque la succession est insolvable; mais on ne lui accorde pas cependant la faculté de la demander, parce qu'il pouvait accepter la succession sous bénéfice d'inventaire et qu'il est en faute de ne l'avoir pas fait.

Les créanciers du défunt et les légataires sont donc seuls admis à demander la séparation des patrimoines.

Au reste, cette faculté leur appartient à tous, qu'ils soient privilégiées, hypothécaires, ou purs et simples.

Comment les créanciers du défunt perdent-ils la faculté de demander la séparation des patrimoines ?

Ils perdent cette faculté lorsqu'ils acceptent expressément ou tacitement l'héritier pour leur débiteur personnel au lieu et place de la succession ; ou lorsqu'ils laissent passer les délais pour l'exercer. (Art. 879 880.)

Dans quels délais la demande en séparation des patrimoines doit-elle être formée ?

Aux termes de l'article 880, elle doit être formée, relativement aux meubles, dans un délai de trois ans; — et, relativement aux immeubles, tant qu'ils existent dans la main de l'héritier.

Mais en ce qui concerne les immeubles, ces délais ont été supprimés par l'article 2111 du Code, suivant lequel la demande en séparation doit être rendue publique dans les six mois à dater de l'ouverture de la succession. Les créanciers et légataires du défunt sont ainsi mis à l'abri de l'aliénation imprévue que l'héritier pourrait faire des biens de la succession.

Quels sont les biens sur lesquels s'exerce la séparation des patrimoines ?

Elle s'exerce : 1º Sur tous les capitaux mobiliers et immobiliers laissés par le défunt; 2º Sur tous les revenus qui en sont provenus depuis l'ouverture de la succession; 3º Sur le prix encore dû des biens de la succession qui ont été aliénés.

De quelle manière les créanciers et légataires du défunt forment-ils leur demande en séparation ?

La loi a gardé le silence à cet égard; mais on admet généralement qu'ils doivent user du bénéfice de la séparation des patrimoines comme moyen de défense et non par voie d'attaque. En effet, il ne leur est pas accordé contre l'héritier, mais contre ses créanciers ; et comme ceux-ci peuvent être fort nombreux, les créanciers et légataires du défunt auront plus de facilité à s'opposer à leur demande au fur et à mesure qu'ils se présenteront pour être payés sur les biens de la succession, plutôt qu'à former eux-mêmes une demande contre chacun d'eux.

Lorsqu'il y a plusieurs héritiers, les créanciers et légataires du défunt peuvent-ils demander la séparation des patrimoines contre quelques-uns d'entre eux seulement ?

Oui. Ils peuvent la demander seulement contre celui des héritiers qui parait être insolvable. De plus, ils peuvent la faire valoir à l'égard de cet héritier pour certains biens seulement, lorsque ces biens suffisent pour l'acquittement de leurs dettes. (Art. 878).

Quels sont les effets de la séparation des patrimoines ?

Les effets de la séparation des patrimoines consistent à faire considérer le défunt comme vivant par rapport à ses créanciers, de manière à ce que ces derniers soient seuls payés sur les biens qu'il a laissés, à l'exclusion des créanciers personnels de l'héritier. Elle ne change pas, d'ailleurs, la condition respective des créanciers et légataires du défunt, et il n'y a pas de distinction à faire entre ceux qui l'ont demandé et ceux qui ne l'ont pas demandé.

Les créanciers du défunt, qui ont obtenu la séparation des patrimoines, peuvent-ils concourir avec les créanciers personnels de l'héritier sur les biens de celui-ci ?

Non. S'ils peuvent exclure les créanciers personnels de l'héritier des biens de la succession, ce n'est qu'à la con-

dition d'être exclus par eux des biens personnels de l'héritier.— Toutefois, lorsque ceux-ci ont été désintéressés,
ils peuvent se faire payer sur le surplus des biens personnels de l'héritier, car la séparation des patrimoines
n'avait été prononcée qu'à l'égard de ses créanciers.
M. Valette.)

*Les créanciers d'un co-partageant n'ont-ils pas le
droit d'intervenir au partage ?*

Oui, Aux termes de l'article 882, ils peuvent y intervenir afin d'empêcher qu'il ne soit fait en fraude de leurs
droits.

Mais ils ne pourraient attaquer un partage fait en leur
absence une fois qu'il a été consommé, s'ils n'avaient pas
formé opposition à ce qu'il y fût procédé sans eux.

SECTION IV.

DES EFFETS DU PARTAGE ET DE LA GARANTIE
DES LOTS.

Articles 883 à 886.

Quels sont les effets du partage ?

Le partage n'est pas comme à Rome *translatif*, il est
simplement *déclaratif* de propriété. (Art. 883),

A Rome, en disant que le partage était translatif ou
attributif de propriété, on entendait par là qu'il impli-
quait une sorte d'échange entre les cohéritiers, au moyen
duquel chacun d'eux, en abandonnant sa part indivise de
propriété sur certains objets, acquérait la propriété exclusive d'autres objets.

En réalité, le partage est bien aussi en droit français
un véritable échange; mais on y a admis une fiction, suivant laquelle chaque héritier est considéré comme ayant
succédé seul et immédiatement aux effets compris dans
son lot; de sorte que le partage n'est pour lui ni un titre
d'acquisition ni un titre d'aliénation; mais qu'il ne fait

que de désigner, de déterminer les objets qui dès l'ouverture de la succession ont été sa propriété exclusive. C'est en ce sens que l'on dit que le partage est simplement *déclaratif* de propriété.

Pourquoi cette fiction que le partage est simplement déclaratif de propriété est-elle admise dans notre droit ?

C'est afin d'assurer la paix des familles en prévenant les recours d'héritier à héritier. En effet, si les biens de la succession étaient avant le partage la propriété commune de tous les héritiers, l'un d'eux aurait pu grever sa part indivise de droits réels, par exemple, de servitude, d'hypothèques; de sorte que ses cohéritiers auraient reçu des lots grevés de charges et se seraient vu obligés d'acquitter les dettes garanties par elles, sauf à exercer un recours contre l'héritier qui les aurait consenti.

Aujourd'hui, ces recours d'héritier à héritier ne sont plus possibles, puisque chaque copartageant ayant eu dès l'ouverture de la succession la propriété exclusive de son lot, personne autre que lui n'a pu valablement le grever de droits réels.

La fiction que le partage est déclaratif de propriété est-elle applicable aux biens licités?

Il faut distinguer :

Si les biens licités ont été acquis aux enchères par un des héritiers, la fiction s'y applique; car la licitation n'est alors qu'une opération de partage.

Si les biens licités ont été acquis aux enchères par un étranger, il faudrait, suivant quelques auteurs, décider que la fiction n'est pas applicable; car la licitation n'est alors qu'une vente, et il est de principe que l'acheteur d'un immeuble le reçoit avec toutes les charges dont il est grevé. Cependant on admet généralement, et avec raison, que la fiction doit être maintenue. En effet, elle a été établie dans l'intérêt des héritiers ; or il est de leur intérêt que les biens vendus aux enchères ne soient pas affectés de charges, pour que l'adjudication puisse se faire facilement et à de bonnes conditions. (M. Valette)

L'effet déclaratif du partage est-il applicable aux créances comme aux objets corporels ?

Il faut distinguer :

En principe, les créances ne sont pas sujettes à partage, elles se divisent de plein droit entre les différents héritiers, et par conséquent l'effet déclaratif du partage ne doit pas s'y appliquer. L'article 832 dit bien, il est vrai, que les créances laissées par le défunt peuvent être comprises dans le partage, mais cet article se réfère à la composition des lots et non aux effets du partage.

Sans doute encore les héritiers peuvent convenir que des créances tomberont tout entières dans le lot de l'un d'eux, qui serait inférieur aux autres en nature, mais cette convention n'est pas un partage; elle n'est qu'une cession, laquelle n'a d'effet à l'égard des débiteurs héréditaires qu'autant qu'elle leur a été signifiée ou qu'ils l'ont acceptée dans un acte authentique.

En conséquence, les débiteurs de sommes héréditaires ne peuvent se libérer qu'en payant à chaque héritier la part de créance qui lui revient, d'après la division de plein droit opérée lors de l'ouverture de la succession; et lorsqu'une créance tout entière a été mise dans le lot de l'un d'eux, ils ne peuvent se libérer en lui payant la totalité de leur dette, qu'après la signification de la cession ou leur acceptation.

En quoi consiste l'obligation de la garantie entre co-héritiers ?

Elle consiste en ce que les différents héritiers sont

respectivement tenus de se maintenir dans la possession des choses qui leur sont échues en partage.

Quels sont les troubles et évictions dont les co-partageants sont garants?

Aux termes de l'article 884, ce sont uniquement ceux qui proviennent d'une cause antérieure au partage et qui n'ont pas été exceptés par une clause particulière et expresse de l'acte de partage.

Toutefois, on doit admettre que l'action en garantie n'est pas recevable toutes les fois que la cause du trouble et de l'éviction était telle qu'elle ne pouvait être ignorée des co-partageants; par exemple, quand elle consistait dans une servitude apparente, parce qu'alors l'héritier a dû être indemnisé d'avance.

Quand cesse l'action en garantie?

L'action en garantie cesse quand c'est par sa faute que l'héritier souffre de l'éviction. (Art. 884).

Comment s'exerce l'action en garantie?

Elle s'exerce, soit par voie principale, soit par voie incidente.

Elle s'exerce par voie principale, lorsque l'héritier ne l'intente qu'après avoir subi l'éviction. Elle s'exerce par voie incidente, lorsqu'il appelle en cause ses cohéritiers dès qu'il a été poursuivi; de manière à ce que le tribunal puisse statuer en même temps sur la demande formée par des tiers contre l'héritier, et sur le recours en garantie formé par ce dernier contre ses cohéritiers.

Cette dernière voie est évidemment préférable, car les frais judiciaires seront moindres, et les héritiers appelés en garantie ne pourront pas prétendre que leur cohéritier a perdu son procès par sa faute.

Comment l'héritier évincé est-il indemnisé?

Dans l'intérêt des tiers à qui des droits réels auraient

été consentis par les co-partageants, on ne refait pas un nouveau partage, et l'héritier évincé est simplement indemnisé en argent par ses cohéritiers. Chacun d'eux supportera l'indemnité en proportion de sa part héréditaire. (Art. 885.)

Comment calcule-t-on la valeur de l'indemnité due à l'héritier évincé?

Elle se calcule d'après la valeur des biens au moment de l'éviction; et c'est avec raison, car l'héritier évincé doit supporter les moins-values et profiter des plus-values survenues dans les biens composant son lot. Au reste, il supportera évidemment sa part dans le déficit résultant de l'éviction ou de l'insolvabilité de l'un des héritiers. (Art. 885).

La garantie est-elle due entre cohéritiers relativement aux créances qui ont été mises dans leur lot?

Il faut distinguer :

1º Si la créance qui a été mise en totalité dans le lot de l'un des héritiers n'existait qu'en apparence, ses cohéritiers lui doivent garantie en leur qualité de cédants.

2º Si la créance qui a été mise dans le lot de l'un des héritiers existait réellement au temps du partage, et si le débiteur était déjà insolvable, ses cohéritiers lui doivent également garantie; non plus, il est vrai, en qualité de cédants, car les cédants ne répondent que de l'existence de la créance au moment de la cession, mais en leur qualité de co-partageants, parce que les cessions de créance qu'ils se font constituent au fond de véritables opérations de partage.

3º Si enfin la créance qui a été mise dans le lot de l'un des héritiers existait au temps du partage, et si le débiteur était alors solvable, ses cohéritiers ne lui doivent aucune garantie, car les objets attribués à chaque héritier sont désormais à ses risques et périls.

Lorsqu'une créance consistant en une rente viagère a été mise dans le lot de l'un des héritiers, ses cohéritiers lui doivent-ils garantie pour le payement des arrérages?

Oui. Mais par dérogation au droit commun, l'action en garantie qui, ordinairement, peut être exercée pendant trente ans à compter du jour de l'éviction, ne peut ici être exercée que pendant cinq ans à compter du partage. Pour justifier, cette disposition exceptionnelle, on fait observer que les arrérages de rente se prescrivent par cinq ans et que dès lors l'héritier qui a reçu une rente dans son lot a dû se hâter de poursuivre le débiteur et de s'assurer ainsi de son insolvabilité. (Art. 886).

SECTION V.

DE LA RESCISION EN MATIÈRE DE PARTAGE.

Articles 887 à 892.

Quelles sont les causes de rescision en matière de partage?

Les causes de rescision en matière de partage sont : la violence, le dol et la lésion de plus du quart. (Art. 887).

Les deux premières sont générales, c'est-à-dire qu'elles s'appliquent à tous les contrats. La lésion de plus du quart est, au contraire, une cause de nullité particulière au partage. Cela tient à ce que le partage n'est pas une spéculation, mais une opération de famille où doit régner l'égalité.

Pourquoi l'erreur n'est-elle pas comptée parmi les causes de rescision?

De même que la violence et le dol, l'erreur est une cause générale de nullité dans les contrats. Si le Code ne la compte pas parmi les causes de nullité ou rescision des partages, c'est parce qu'elle ne fait que donner lieu à un partage supplémentaire ou qu'elle se confond avec la lésion.

Ainsi, a-t-on admis par erreur au partage une personne qui n'avait pas la qualité d'héritier, ou bien a-t-on omis dans le partage certains objets de la succession, les co-partageants feront simplement un partage supplémentaire de la part devenue vacante ou des objets omis dans le partage. (Art. 887).

A-t-on, au contraire, omis au partage un des héritiers, ou bien a-t-on compris dans le partage des objets étrangers à la succession, l'héritier qui a été omis ou celui dans le lot duquel sont tombés les objets étrangers à la succession demandera la rescision du partage pour cause de lésion de plus du quart, ou se fera indemniser pour cause d'éviction.

La lésion de plus du quart est-elle une cause de nullité de quelque manière qu'ait été fait le partage?

Oui. La loi ne distingue pas si les co-partageants se sont entendus pour le choix des lots, ou si l'attribution s'est faite par le tirage au sort; elle présume, dans les deux cas, qu'ils ont cru que les lots étaient égaux, ou qu'ils n'ont accepté l'infériorité de leur lot que sous l'empire de la nécessité. Elle ne distingue pas, non plus, si le partage a été fait à l'amiable ou en justice.

Toutefois, si un jugement avait déjà statué sur une difficulté rentrant dans la question de lésion, l'action en rescision pour cause de lésion cesserait d'être recevable.

L'héritier qui éprouve une éviction n'a-t-il pas quelquefois deux actions à son choix?

Oui. Lorsque l'éviction qu'il éprouve est de plus du

quart, il peut, à son choix, exercer l'action en garantie parce qu'il est évincé, ou l'action en nullité parce qu'il est lésé de plus du quart.

Quelle est celle de ces deux actions qu'il est alors préférable d'exercer ?

Cela dépend, car ces deux actions diffèrent entre elles sous plusieurs rapports.

1° L'action en garantie peut être exercée pendant trente ans à dater de l'éviction. — L'action en rescision ne peut être exercée que pendant dix ans à dater du partage.

1° L'action en garantie procure à celui qui l'exerce une simple somme d'argent. — L'action en rescision, en rétablissant l'indivision, lui fait obtenir par un nouveau partage le lot même qu'il aurait dû avoir.

3° L'action en garantie procure à l'héritier qui l'intente une indemnité réglée suivant la valeur, au moment de l'éviction, des biens qui lui ont été enlevés. — L'action en rescision lui fait obtenir une indemnité réglée suivant leur valeur au moment du partage. (Art. 890).

On voit par là que l'action en garantie sera plus avantageuse à l'héritier lorsque les biens auront augmentés de valeur au moment de l'éviction, et que dans le cas contraire l'action en rescision serait préférable.

La clause de non-garantie introduite par les héritiers dans l'acte de partage exclut-elle l'action en rescision pour cause de lésion?

Il faut distinguer :

En général, cette clause doit être considérée comme non avenue, parce qu'elle est contraire au principe de l'égalité entre cohéritiers en matière de partage. — Toutefois, lorsqu'au lieu d'être générale, cette clause se rapporte à certains biens sujets à éviction, et que l'héritier dans le lot duquel ils sont tombés a été indemnisé en recevant un lot supérieur aux autres, des chances de perte auxquelles il est exposé, l'action en garantie n'est plus recevable.

Peut-on intenter l'action en nullité ou rescision pour cause de lésion, si le partage a été déguisé sous l'apparence d'un autre contrat ?

Oui. Aux termes de l'article 888, tous les partages sont sujets à rescision, lors même qu'ils ont été déguisés sous la forme d'un autre contrat ; par exemple, sous la forme d'une vente, d'un échange et d'une transaction. — Néanmoins, si après le partage ou l'acte qui en tient lieu, une transaction avait été faite sur des difficultés *sérieuses et réelles* que présentait le premier acte, l'action en rescision ne serait plus recevable.

L'article 889 ne décide-t-il pas que l'action en rescision n'est pas admise contre une vente de droits successifs faite à l'un des héritiers par un ou plusieurs de ses cohéritiers, ce qui semble contraire à l'article 888.

Oui ; mais ce n'est qu'en apparence que ces deux dispositions sont contradictoires. Elles se réfèrent à des espèces différentes et se concilient parfaitement. L'article 889 ne suppose pas, comme l'article 888, que l'un des héritiers a vendu à ses cohéritiers sa part indivise dans des biens connus et déterminés faisant partie de la succession ; mais qu'il a vendu son droit successif même, avec les avantages et les charges connus ou inconnus qu'il comporte. Une telle vente constitue, sans doute, un partage ; mais c'est un partage aléatoire, et l'on comprend dès lors qu'il ne soit pas sujet à rescision.

L'article 891 n'offre-t-il pas un moyen aux cohé-

*ritiers d'arrêter le cours de l'action en rescision, lors-
qu'elle est intentée par l'un d'eux?*

Oui. Comme l'action en rescision, en rétablissant l'indivision, peut causer de graves préjudices aux cohéritiers, l'art. 891 leur permet de l'arrêter en fournissant
au demandeur le supplément de sa part héréditaire, soit
en numéraire soit en nature.

Mais l'offre d'un supplément n'arrêterait pas l'action
en nullité, si au lieu d'avoir pour cause la lésion elle
avait pour cause la violence ou le dol.

Les partages rescindables peuvent-ils être ratifiés?

Aux termes de l'article 892, les partages rescindables
pour cause de violence ou de dol peuvent être ratifiés.
Quant aux partages rescindables pour cause de lésion,
cet article n'en fait pas mention, et il faut en conclure
qu'ils ne peuvent être ratifiés.

*De quelle manière les partages rescindables pour
cause de violence ou de dol peuvent-ils être ratifiés?*

Ils peuvent être ratifiés expressément ou tacitement.

La ratification est expresse, lorsqu'elle résulte d'une
déclaration faite dans un acte authentique ou sous seing
privé.

Elle est tacite, lorsque l'héritier laisse écouler dix ans
sans agir, à partir du jour de la cessation de la violence
ou de la découverte du dol; — ou lorsqu'après la cessation de la violence ou la découverte du dol, il exécute volontairement le partage qu'il pouvait attaquer, en aliénant son lot en tout ou en partie. (Art. 892)

LIVRE III, TITRE II

DES DONATIONS ENTRE VIFS ET DES TESTAMENTS

Nous venons d'examiner dans le titre des successions le mode le plus important des mutations à titre gratuit de la propriété. Nous allons étudier maintenant, dans le titre des donations entre vifs et des testaments, les divers autres modes de mutation à titre gratuit. Ces deux titres embrasseront ainsi les diverses manières de transmettre la propriété à titre gratuit.

Mais, entre le premier de ces modes de mutation et ceux dont nous allons parler il y a une différence importante. Dans les successions, la loi elle-même se mettait au lieu et place du propriétaire décédé et disposait de ses biens. Au contraire, dans les donations entre vifs et les testaments la volonté du propriétaire dispose, la loi se borne à imposer des limites à cette volonté, et à indiquer dans quelles formes elle doit se manifester.

Suivant l'ordre du Code, nous diviserons notre titre de la manière suivante :

Chapitre Ier. — Dispositions générales.

Chapitre II. — De la capacité de disposer ou de recevoir par donation entre vifs ou par testament.

Chapitre III. — De la portion de biens disponible et de la réduction.

Chapitre IV. — Des donations entre vifs.

CHAPITRE PREMIER.

Dispositions générales.

Articles 893 à 900.

Comment peut-on disposer de ses biens à titre gratuit ?

Aux termes de l'article 893, on ne peut disposer de ses biens à titre gratuit que de deux manières : par donation entre vifs ou par testament. — La donation à cause de mort, qui était usitée dans le droit romain et dans notre ancien droit, n'est donc plus admise aujourd'hui.

Pourquoi a-t-on abrogé les donations à cause de mort ?

Les donations à cause de mort étaient révocables comme les testaments ; d'un autre côté elles avaient lieu

par le concours de volonté du donateur et du donataire,
comme les donations entre vifs. Il était donc quelquefois
difficile de les distinguer des donations entre vifs et des
testaments. De là une source interminable de procès que
le Code a voulu prévenir en supprimant ce mode de disposition.

Qu'est-ce que la donation entre vifs?

La donation entre vifs est un *contrat* par lequel le
donateur se dépouille actuellement et irrévocablement
de l'objet donné au profit du donataire qui l'accepte.

La donation est un contrat et non un *acte*, ainsi que le
dit l'article 894, puisqu'elle suppose le concours de deux
volontés : la volonté de donner de la part du donateur, et
la volonté de recevoir de la part du donataire.

*Qu'entend-on en disant que le donateur se dépouille
actuellement et irrévocablement?*

En disant que le donateur se dépouille actuellement,
on entend par là que dès le jour de la donation il transmet au donataire un droit sérieux, qui peut être exigible
de suite, ou à terme, ou sous condition. Il n'est donc pas
nécessaire que le donateur transfère immédiatement
l'objet donné au donataire; il suffit qu'il lui transmette
immédiatement un droit sur cet objet.

En disant que le donateur se dépouille irrévocablement, on entend par là non seulement qu'il ne peut plus
revenir sur ce qu'il a fait, au moyen d'une révocation,
mais encore qu'il ne peut pas au moment du contrat su-
bordonner la donation à une condition dont l'accomplissement dépendrait de lui, ou même suivant les auteurs
les plus autorisés, dont l'accomplissement dépendrait
en même temps de lui et du hasard. C'est ce qu'exprimait l'ancienne maxime : *donner et retenir ne vaut.*
Les seules conditions qui puissent être insérées dans

une donation sont celles qui dépendent uniquement du hasard.

Qu'est-ce que le testament ?

Aux termes de l'article 895, le testament est un acte que le testateur peut révoquer, et par lequel il dispose pour le temps où il n'existera plus de tout ou partie de ses biens.

Ainsi les deux caractères principaux des donations entre vifs, l'actualité et l'irrévocabilité ne se retrouvent pas dans les testaments. Au contraire, les testaments ne transfèrent pas immédiatement le droit, ils ne donnent qu'une espérance, une exspectative, qui ne deviendra un droit qu'à la mort du testateur. De plus, ils sont essentiellement révocables au gré de celui-ci. C'est d'ailleurs avec raison que le législateur appelle le testament un acte. Il est bien un acte et non un contrat, puisqu'il se forme par la seule volonté du testateur.

Quel est l'effet des conditions impossibles ou contraires aux lois et aux bonnes mœurs, insérées, soit dans un testament, soit dans une donation ?

Aux termes de l'article 900, ces conditions doivent être considérées comme non écrites. Par conséquent, les dispositions entre vifs ou testamentaires qui les renferment demeurent valables comme faites purement et simplement. — Au contraire, dans les contrats à titre onéreux, les conditions de cette nature rendent le contrat entièrement nul.

Pourquoi la loi maintient-elle les donations entre vifs et les testaments qui renferment des conditions impossibles ou contraires aux mœurs, tandis qu'elle annule dans ce cas les contrats à titre onéreux ?

Elle maintient les testaments qui renferment de pareilles conditions parce qu'ils sont exclusivement l'œuvre du testateur, et que les légataires ne doivent pas être punis pour une faute à laquelle ils sont restés étrangers.

Elle maintient également les donations entre vifs bien qu'elles soient l'œuvre commune du donateur et du donataire, parce que, selon toute apparence, la volonté du donateur a dû peser sur celle du donataire son obligé; et que celui-ci est par conséquent excusable d'avoir accepté les conditions qui lui ont été imposées.

Au contraire, les parties qui contractent à titre onéreux sont le plus souvent libres l'une vis-à-vis de l'autre. Egalement coupables d'avoir proposé ou accepté ces conditions, il est juste qu'elles ne profitent ni l'une ni l'autre de leur convention.

CHAPITRE DEUXIÈME

De la capacité de disposer ou de recevoir par donation entre vifs ou par testament.

Articles 901 à 912.

Relativement aux donations ou aux testaments ne distingue-t-on pas trois sortes d'incapacité?

Oui. On distingue :

1° L'incapacité absolue de disposer.

2° L'incapacité absolue de recevoir.

3° L'incapacité relative de disposer en faveur de certaines personnes.

Nous verrons, de plus, que certaines personnes peuvent disposer par donation et ne peuvent pas disposer par testament et réciproquement.

Qui peut disposer par donation ou par testament ?

En principe, toutes personnes peuvent disposer, soit

par donation entre vifs, soit par testament. Il n'y a d'exceptées que celles que la loi en déclare incapables. (Art. 902.)

N'y a-t-il pas deux sortes d'incapacités ?

Oui. Parmi les incapables, les uns sont absolument incapables et ne peuvent disposer au profit de qui que ce' soit ; les autres sont relativement incapables et ne peuvent pas disposer en faveur de certaines personnes seulement.

Quelles sont les personnes absolument incapables de disposer ?

Ce sont :

1° Celles qui ne sont pas saines d'esprit.

2° Les mineurs au-dessous de seize ans ; sauf le cas particulier où ils font une donation par contrat de mariage.

3° Les interdits.

4° Les personnes placées dans une maison d'aliénés.

5° Celles qui sont en état d'interdiction légale. (Art. 901. 903.)

La règle que pour donner il faut être sain d'esprit est-elle particulière aux actes à titre gratuit ?

Oui, suivant l'opinion générale, cette règle est particulière aux actes à titre gratuit. En effet, aux termes de l'article 504, les actes d'une personne décédée ne peuvent être attaqués pour cause de fureur, de démence, ou d'imbécilité, que lorsque l'interdiction a été prononcée, ou que la démence résulte de l'acte même qui est attaqué. La règle que pour donner il faut être sain d'esprit déroge, comme on le voit, au principe de l'article 504, puisqu'elle autorise à demander la nullité des actes à titre gratuit, à la seule condition d'établir l'insanité d'esprit du disposant.

Les donations ou testaments peuvent-ils être annulés pour cause de captation ou suggestion?

Le Code ne s'explique pas à cet égard. Aussi on convient généralement que la nullité des donations ou testaments ne pourrait pas être demandée en s'appuyant directement sur ce motif. Mais on pourrait établir que la captation ou la suggestion ont été telles que le disposant n'était pas sain d'esprit au moment de la confection de l'acte et l'on en obtiendrait ainsi l'annulation.

N'y a-t-il pas des incapables qui peuvent tester mais qui ne peuvent pas donner?

Oui. Ce sont :

1° Les mineurs âgés de 16 ans accomplis. — Aux termes de l'article 904, ils ne peuvent, hors le cas de mariage, disposer que par testament et seulement jusqu'à concurrence de la moitié de la quotité dont ils auraient pu disposer s'ils avaient été majeurs.

2° Les femmes mariées. — Aux termes de l'article 905, elles ne peuvent disposer par donation sans le consentement spécial du mari ou l'autorisation de justice; mais elles n'ont besoin ni de consentement du mari ni d'autorisation de la justice pour disposer par testament. — On conçoit aisément qu'il en soit ainsi. En effet, le testament ne porte aucune atteinte à la puissance maritale puisqu'il ne produit son effet qu'après la dissolution du mariage; tandis que la donation fait naître des droits au profit du donataire du jour où elle s'est accomplie.

3° Les personnes pourvues d'un conseil judiciaire. — La loi leur défend d'aliéner sans l'assistance de leur conseil; elles ne peuvent donc pas *donner*. Mais la loi ne leur défend pas de tester seules; et comme tout ce qui ne leur est pas expressément défendu leur est permis; il faut en conclure qu'elles peuvent valablement faire leur testament.

N'y a-t-il pas, au contraire, des incapables qui peuvent donner mais qui ne peuvent pas tester ?

Oui. Les mineurs âgés de moins de 16 ans peuvent, dans le cas de mariage, donner tout ou partie de leurs biens à leur futur conjoint. Il leur est, au contraire, interdit de disposer par testament tant qu'ils n'ont pas atteint l'âge de 16 ans. (Art. 903.)

A quel moment la capacité de disposer doit-elle exister?
Il faut distinguer :

S'agit-il d'une donation, le donateur doit être capable de disposer au moment même de la donation. Si la donation est faite à une personne éloignée, qui ne peut donner de suite son acceptation, la capacité doit exister au moment de l'offre et au moment de la notification de l'acceptation que le donataire fait au donateur. En effet, la donation est un contrat qui suppose le concours de deux volontés. Or, ce concours n'existe que lorsque la volonté du donataire est connue du donateur.

S'agit-il d'un testament, le testateur doit au moment de la confection du testament avoir la jouissance du droit de tester; et de plus, avoir l'exercice de ce droit. Mais une fois le testament accompli, il suffit pour sa validité qu'il ait au moment de la mort la jouissance du droit de tester.

Qui peut recevoir par donation ou par testament?
En principe, toute personne peut recevoir, soit par donation, soit par testament. Il n'y a d'exceptées que celles que la loi en déclare incapables.

N'y a-t-il pas deux sortes d'incapacité de recevoir ?
Oui. Parmi les incapables de recevoir, les uns sont absolument incapables et ne peuvent recevoir de qui que ce soit; les autres sont relativement incapables et ne peuvent pas recevoir de certaines personnes seulement.

Cette incapacité relative de recevoir se confond avec l'incapacité relative de disposer, car l'une n'est que la conséquence de l'autre.

Quelles sont les personnes absolument incapables de recevoir?

Ce sont :

1º Les personnes non encore conçues au moment de la donation, ou au décès du testateur.

2º Les personnes condamnées à une peine afflictive perpétuelle.

3º L'étranger dans le pays duquel un français ne pourrait pas être institué héritier.

4º Les personnes dites de main-morte; c'est-à-dire les hospices et en général tous les établissements publics qui ne peuvent recevoir qu'autant qu'ils ont été autorisés par le gouvernement, dans la forme voulue par la loi. (Art. 906, 910, 912.)

A quel moment doit exister la capacité de recevoir?

Il faut distinguer :

S'agit-il d'une donation, il suffit que le donataire soit capable de recevoir au moment de son acceptation; car c'est à ce moment là seulement qu'il contracte.

S'agit-il d'un testament, il suffit que le légataire soit capable au moment de la mort du testateur; car c'est à ce moment là seulement que le droit à l'objet légué s'ouvre en sa faveur.

Toutefois, lorsque le legs est conditionnel le légataire doit, de plus, être capable au moment de l'accomplissement de la condition; car c'est alors que son droit devient un droit certain.

En quoi consiste l'incapacité relative de disposer ou de recevoir?

Elle consiste en ce que quelques personnes, quoique

parfaitement capables de disposer en général, ne peuvent pas cependant disposer au profit de certaines personnes; ce qui entraîne comme conséquence pour ces dernières une incapacité relative de recevoir.

Quelles sont les personnes incapables de disposer au profit de certaines autres personnes?

Ce sont :

1º Le mineur âgé de plus de 16 ans. — La loi lui permet de tester pour moitié de ses biens : mais il ne peut tester au profit de son tuteur, à moins que celui-ci ne soit son ascendant.

2º Le mineur devenu majeur. — La loi ne lui permet pas de disposer, soit par donation entre vifs soit par testament, au profit de son ancien tuteur, tant que le compte définitif de la tutelle n'a pas été rendu et apuré; à moins que ce dernier ne soit un ascendant.

3º Les père et mère naturels. — La loi ne leur permet de disposer au profit de leurs enfants naturels que pour la part qui revient à ces derniers dans leur succession.

4º Les personnes malades. — La loi ne leur permet pas de disposer, soit par donation soit par testament, au profit des médecins, chirurgiens, pharmaciens et ministres du culte, qui les ont soignées ou assistées pendant la maladie dont elles sont mortes. (Art. 907, 908, 909.)

Cette incapacité relative des personnes malades, n'est-elle pas subordonnée à certaines conditions?

Oui. Cette incapacité n'existe qu'aux trois conditions suivantes, il faut :

1º Que les médecins, chirurgiens ou pharmaciens, aient traité le malade, c'est-à-dire qu'ils lui aient donné des soins avec continuité; — 2º que la libéralité ait été faite pendant la maladie pour laquelle ils ont été appelés; — 3° Enfin, que le malade soit mort de la maladie pendant laquelle il a disposé.

L'incapacité de disposer en faveur des médecins, chirurgiens, pharmaciens et ministres du culte, ne cesse-t-elle pas dans certains cas ?

Oui. Elle cesse :

1° A l'égard des libéralités à titre particulier qui ont un caractère rémunératoire.

2° A l'égard des libéralités même universelles, lorsque le malade n'a pas d'héritiers directs; et que les médecins, chirurgiens, pharmaciens et ministres du culte auxquels elles sont faites sont ses parents collatéraux au moins au quatrième degré.

3° A l'égard des libéralités même universelles, lorsque le malade a des héritiers directs; mais que les médecins, chirurgiens, pharmaciens ou ministres du culte, se trouvent compter eux-mêmes au nombre de ces héritiers directs.

4° Cette incapacité cesse encore, suivant la jurisprudence, relativement à la femme qui a été soignée par son mari médecin; et c'est avec raison, puisque la loi impose au mari l'obligation de secourir sa femme. (Art. 903.)

La loi n'a-t-elle pas pris certaines mesures pour prévenir les fraudes qui auraient pour objet d'éluder les règles relatives aux incapacités de disposer ou de recevoir ?

Oui. Ces fraudes peuvent être pratiquées de deux manières : 1° En faisant la libéralité sous l'apparence d'un contrat à titre onéreux; 2° En la faisant sous le nom d'une personne interposée. — L'article 911 décide que les libéralités faites au profit d'un incapable seront nulles, soit qu'on les déguise sous la forme d'un contrat onéreux, soit qu'on les fasse sous le nom de personnes interposées. Seulement, c'est à ceux qui attaquent la libéralité à prouver que la convention qui se présente avec les caractères d'un contrat à titre onéreux n'est au fond qu'une libéralité; Ou que le bénéficiaire apparent n'est qu'un instrument dont on s'est servi pour faire arriver la libéralité à d'autres. Toutefois, l'interposition est présumée exister, quand la libéralité a été faite aux père et mère, aux descendants et à l'époux de la personne incapable; et cette présomption est telle qu'elle subsiste indépendamment de toute preuve contraire qui serait alléguée. (Art. 911.)

CHAPITRE TROISIÈME.

De la portion de biens disponible et de la réduction.

Suivant l'ordre du Code, nous diviserons ce chapitre en deux sections qui traitent :

Section I. — De la portion de biens disponible.

Section II. — De la réduction.

SECTION I.

DE LA PORTION DE BIENS DISPONIBLE.

Articles 913 à 919.

Qu'est-ce que la portion des biens disponible ?

La portion de biens disponible, ou comme on l'appelle plus communément, la *quotité disponible*, est la part de biens dont la personne qui a des descendants ou des ascendants peut disposer à titre gratuit.

En effet, si toute personne ayant la jouissance et l'exercice de ses droits civils peut disposer à titre onéreux de son patrimoine d'une manière illimitée, elle ne peut pas de même disposer à titre gratuit de la totalité de ses biens lorsqu'elle a certains héritiers. La portion dont elle peut disposer constitue, comme nous l'avons dit, la portion disponible. Par contre, celle dont elle ne peut pas disposer constitue la *réserve*. Ainsi la réserve est une portion de la succession que la loi garantit contre les libéralités du défunt, au profit de certains héritiers légitimes, que pour cela on appelle héritiers *réservataires*.

Quels sont les héritiers réservataires ?

La réserve apporte une grave restriction à la liberté de disposer de ses biens; et quelque juste qu'elle soit, la loi ne l'impose pas en faveur de tous les héritiers légitimes. Un petit nombre d'entre eux seulement y ont droit. Ce sont les descendants et les ascendants. (Art. 916.)

Quelle est la quotité de biens dont on peut disposer, lorsqu'on laisse des descendants ?

Il faut distinguer :

On ne peut disposer, soit par donation soit par testament, que de la moitié de ses biens, lorsqu'on laisse un seul enfant légitime.

On ne peut disposer, soit par donation soit par testament, que d'un tiers de ses biens, lorsqu'on laisse deux enfants légitimes.

On ne peut, enfin, disposer, soit par donation soit par testament, que d'un quart de ses biens, lorsqu'on laisse trois ou un plus grand nombre d'enfants légitimes.

La réserve à laquelle ont droit les enfants légitimes est en conséquence de moitié, d'un tiers, ou d'un quart, suivant qu'il existe un enfant, deux enfants, ou plus de deux enfants. (Art. 913.)

Comment se calcule la portion de biens disponible, lorsqu'on laisse des petits enfants ?

Les petits enfants ne sont comptés que pour l'enfant

qu'ils représentent. Par exemple, a-t-on trois petits-fils issus d'un même fils prédécédé, on peut disposer de la moitié de ses biens, comme si l'on n'avait qu'un enfant légitime. A-t-on six petits-enfants nés de deux fils prédécédés, on peut disposer d'un tiers, comme si l'on avait deux enfants légitimes. (Art. 914.)

Quels sont les enfants qui ont droit à la réserve?

Ce sont :

1° Les enfants légitimes du défunt. (Art. 913.)

2° Les enfants légitimés ; puisqu'ils acquièrent par la légitimation les mêmes droits que les enfants légitimes. (Art. 333.)

3° Les enfants adoptifs ; puisqu'ils acquièrent par l'adoption les mêmes droits que les enfants légitimes. (Art. 350.)

Les enfants naturels reconnus ont également droit à la réserve; puisque, aux termes de l'article 757, ils ont droit à une fraction de ce qu'ils auraient eu s'ils avaient été légitimes. Mais ils ne peuvent exiger qu'une fraction de la réserve lorsqu'ils viennent en concours avec des héritiers légitimes.

Les enfants qui ont perdu la qualité d'héritier, soit par suite d'une renonciation, soit par suite d'indignité, peuvent-ils prétendre à la réserve ?

A cet égard nous trouvons deux systèmes opposés, celui de la jurisprudence et celui de la doctrine.

Suivant la jurisprudence, la réserve est indépendante de la succession *ab intestat;* elle est attribuée à certaines personnes et non à certains héritiers; et ces personnes peuvent y prétendre, qu'elles aient ou non conservé la qualité d'héritier. Ce qui le prouve, c'est d'abord l'article 913, qui appelle à la réserve les enfants que laisse le *de cujus,* sans distinguer ceux qui ont conservé la qualité d'héritier de ceux qui l'ont perdue. C'est ensuite l'article 921, aux termes duquel les créanciers du défunt ne peuvent profiter de la réduction. Or, ils en profiteraient si la réserve était établie en faveur de la qualité d'héritier, puisqu'ils peuvent se faire payer sur tous les biens héréditaires.

La doctrine réfute ces deux arguments. — D'abord, celui qu'on tire de l'article 913 n'a aucune valeur. Cet article ne distingue pas, il est vrai, si les enfants que laisse le *de cujus* ont conservé ou non la qualité d'héritier; mais c'est parce que cette distinction a paru inutile. En parlant d'enfants légitimes, le Code ici, comme dans un grand nombre d'autres cas, entend parler de la généralité des enfants ; c'est-à-dire de ceux qui sont héritiers. — Quant à l'argument tiré de l'article 921, on répond que les créanciers héréditaires peuvent, il est vrai, dans le cas d'une acceptation pure et simple se faire payer en même temps sur les biens laissés par le défunt et sur les biens personnels de l'héritier et que de cette manière ils profitent indirectement de la réserve, mais que cela n'arrive qu'accidentellement. En effet, l'héritier n'a-t-il accepté que sous bénéfice d'inventaire, les créanciers du défunt n'ont de droits que sur les biens laissés par le défunt et ne profitent nullement de la réserve.

En résumé, suivant la doctrine, la réserve est une portion de succession et par conséquent ceux là seuls qui ont conservé la qualité d'héritiers peuvent y prétendre. C'est ainsi que la présentent les articles 915, 917, 921, 924, 930, 1004, 1005, etc. L'article 915 notamment, en parlant de la réserve des ascendants, décide qu'elle leur est attribuée dans l'ordre où ils sont appelés à succéder; ce qui suppose bien qu'ils doivent pour l'obtenir être appelés à succéder. — La loi, enfin, comme nous l'avons vu, au lieu de faire connaître directement la réserve, comme elle le ferait si elle voulait la distraire de la succession pour l'attribuer à certaines personnes, ne la fait connaître qu'indirectement en fixant, au contraire, la quotité disponible. En d'autres termes, elle détermine d'une façon directe la quotité de biens que le disposant peut enlever à la succession, et non celle qu'il doit y laisser.

L'enfant qui par suite d'une donation a déjà reçu sa part dans la réserve, peut-il la retenir en renonçant à la succession ?

Non. En effet, ainsi que nous venons de le voir, l'enfant qui en renonçant à la succession, perd sa qualité d'héritier, n'a droit à aucune réserve. Il ne peut, ni la réclamer s'il ne l'a pas, ni la conserver s'il l'a déjà. Les seules libéralités qu'il puisse conserver après sa renonciation faite sont celles qui s'imputent sur la quotité disponible.

A qui est dévolue la part de l'héritier réservataire qui renonce à la succession ?

A cet égard, nous trouvons également deux systèmes :

La renonciation d'un héritier réservataire , suivant quelques auteurs, ne profite jamais qu'aux autres héritiers réservataires; car, aux termes de l'article 786, la part du renonçant accroît à ses cohéritiers. Conformément à cette règle, le montant de la réserve reste tel qu'il avait été fixé avant la renonciation, tout en étant divisé en moins de parts. Ainsi, soit une succession de 60 d'actif et deux enfants héritiers réservataires; l'un d'eux vient-il à renoncer, il faut néanmoins retenir les 40 de réserve. (M. Duranton).

Suivant la plupart des auteurs, l'article 786 n'a pas la portée qu'on voudrait lui donner dans le système précédent. Il doit être entendu en ce sens que la renonciation d'un héritier profite à ceux auxquels son acceptation nuisait. Quand un héritier réservataire renonce à la succession, la part réservée doit diminuer toutes les fois que pour l'établir on a dû tenir compte de cet héritier.

Par exemple, dans l'hypothèse précédente d'une succession de 60 et deux enfants légitimes; l'un des enfants légitimes vient-il à renoncer, la réserve n'est plus que de 30, c'est-à-dire de la moitié de la succession. De cette manière, ce ne sont pas seulement les autres héritiers réservataires qui profitent de la renonciation, ce sont aussi les légataires et donataires, qui verront s'élever la quotité disponible à mesure que s'abbaissera la quotité réservée.

Quelle est l'étendue de la réserve des ascendants ?

Tous les ascendants légitimes ou qui ont fait légitimer leurs enfants ont droit à une réserve. Ils n'y ont droit, d'ailleurs, qu'autant qu'ils sont appelés à succéder au *de cujus* et qu'ils acceptent sa succession.

La réserve des ascendants est d'un quart de la succession par chaque ligne. Ainsi le *de cujus* laisse-t-il des ascendants dans les deux lignes, la réserve est de la moitié de ses biens. N'en laisse-t-il que dans une seule ligne, la réserve est seulement d'un quart. Dans chaque ligne, l'ascendant le plus proche exclut les plus éloignés. (Art. 915.)

Les ascendants autres que les père et mère peuvent-ils demander la réserve, lorsqu'il se trouve des frères et sœurs du défunt qui les empêchent de venir à la succession ?

Non. Aux termes de l'article 915, les ascendants ne recueillent les biens réservés qu'autant qu'ils sont appelés à succéder.

Supposons que le défunt ait laissé un aïeul, des frères

et sœurs, et un légataire universel; — le légataire recueillera toute la succession. En effet, les frères et sœurs qui
viennent les premiers à la succession *ab intestat* sont
écartés par le légataire, parce qu'ils n'ont pas de réserve,
quant aux ascendants qui en ont une, ils ne peuvent
s'en prévaloir parce qu'ils ne sont appelés à succéder qu'à
défaut des frères et sœurs. — Dira-t-on que les frères
et sœurs n'ont qu'à renoncer pour faire venir l'aïeul à la
succession et lui permettre ainsi de prélever sa réserve ;
Mais cela serait impossible. Les frères et sœurs ne peuvent renoncer à une succession dont ils se trouvent
écartés.

*Quelles sont les personnes au profit desquelles on
peut disposer de la quotité disponible ?*

On peut disposer de la quotité disponible en tout ou en
partie, soit au profit d'étrangers, soit au profit d'un de
ses héritiers. Seulement, dans ce dernier cas, la libéralité sera soumise au rapport, à moins qu'elle n'ait été
faite par préciput. (Art. 919).

Peut-on savoir si le de cujus *a dépassé ou non la réserve lorsqu'il a donné ou légué un usufruit ou une
rente viagère ?*

Non. En effet, pour le savoir, il faudrait connaitre la
valeur exacte de l'usufruit ou de la rente viagère. Or on
ne peut la connaitre, parce qu'elle dépend de la durée
plus ou moins longue de la vie de l'usufruitier ou du
rentier.

Pour remédier à cette difficulté, l'article 917 accorde
aux héritiers réservataires la faculté d'exécuter purement et simplement la disposition ou d'abandonner toute
la quotité disponible.

*Ne doit-on pas considérer comme des libéralités dé-
guisées les aliénations que le défunt aurait faites de*

certains biens au profit de l'un des successibles, en ligne directe, à charge de rente viagère, à fonds perdu, ou avec réserve d'usufruit?

Oui. L'article 918 regarde toutes les aliénations de droit perpétuel ainsi faites par le défunt au profit d'un successible en échange de droits temporaires, comme des libéralités déguisées; et il décide qu'elles seront comprises dans le montant de la quotité disponible, et qu'elles seront réduites au cas où cette quotité serait excédée.

SECTION II.

DE LA RÉDUCTION DES DONATIONS ET LEGS.

Articles 920 à 930.

Qu'est-ce que la réduction?

La réduction est une action qui sert à assurer la réserve aux héritiers réservataires en leur permettant de reprendre les biens donnés par le défunt ou de retenir les biens légués par lui, lorsqu'ils excèdent la quotité disponible (Art. 920).

A quel moment l'action en réduction prend-elle naissance?

Elle ne prend naissance qu'au moment de l'ouverture de la succession.

En effet, ce n'est qu'à ce moment-là que l'on peut savoir si la réserve qu'elle garantit a été dépassée.

Par qui la réduction peut-elle être demandée?

La réduction peut être demandée par les héritiers réservataires ainsi que par leurs ayant cause, c'est-à-dire par leurs successeurs universels, à titres universels ou particuliers.

Elle peut être demandée par eux lors même qu'ils ont accepté purement et simplement; car de ce qu'ils sont alors tenus *ultra vires* des dettes de la succession il ne s'en suit pas qu'ils doivent payer des libéralités que le défunt n'avait pas le droit de faire à leur préjudice. (Art. 921).

Quelles sont les personnes qui ne peuvent pas demander la réduction ?

Ce sont :

1º Les donataires et les légataires du défunt. — Simples acquéreurs à titre gratuit, et n'ayant aucun droit à la réserve, comment pourraient-ils dépouiller d'autres acquéreurs à titre gratuit qui possèdent en vertu d'un droit au moins égal au leur.

2º Les créanciers du défunt. — Comment pourraient-ils dépouiller les donataires, puisqu'en leur qualité de créanciers héréditaires, ils n'ont de droit que sur les biens *laissés* par le défunt dans son patrimoine. Ou bien leur créance est antérieure à la donation, et alors ils ont dû l'attaquer comme faite en fraude de leurs droits. Ou bien, au contraire, elle est postérieure, et alors ils n'ont jamais dû compter sur les biens donnés qui ne se trouvaient pas dans le patrimoine de leur débiteur au moment où ils ont traité avec lui.

Toutefois, lorsque les créanciers du défunt sont devenus créanciers personnels des héritiers par suite de l'acceptation pure et simple de ceux-ci, ils peuvent exercer l'action en réduction; mais ce n'est qu'au nom et du chef des héritiers.

La règle que les créanciers ne peuvent pas demander la réduction s'applique-t-elle aux legs, comme aux donations?

Non. Nous savons, en effet, que les legs ne doivent être payés qu'après l'acquittement des dettes du testateur; d'où il suit que les créanciers ont évidemment le droit de demander la réduction des legs lorsque l'actif de la succession n'est pas suffisant pour les désintéresser. Mais cette réduction n'implique nullement l'existence d'un droit à la réserve; elle est la conséquence de cette règle que les legs ne se paient sur les biens, que déduction faite des dettes.

Comment peut-on s'assurer si la réserve a été entamée, et si par suite il y a lieu à l'action en réduction ?

Pour s'en assurer, il y a deux opérations à faire : la formation de la masse et le calcul de la quotité disponible.

Pour former la masse, on prend l'actif laissé par le défunt, on en déduit le passif qu'on emploie à désintéresser les créanciers; puis on réunit fictivement à l'excédant de l'actif les libéralités entre vifs faites par le défunt, en en tenant compte suivant leur valeur à l'époque du décès. Sur la masse ainsi formée, on fait le calcul de la réserve.

Le Code n'indique-t-il pas une autre marche à suivre pour la formation de la masse ?

Oui. Aux termes de l'article 922, on forme la masse en réunissant fictivement les libéralités entre vifs à l'actif laissé par le défunt, et en en déduisant ensuite le passif. Mais cette marche est vicieuse en ce qu'elle procure aux créanciers les avantages de la réduction, lorsque les biens laissés ne suffisent pas pour les désintéresser. Un exemple va le montrer : Soit une succession de 100 d'actif et 150 de dettes, et supposons qu'il y ait eu 50 de donations faites par le défunt. Si, comme l'indique l'article 922, on réunissait tout d'abord l'actif laissé par le défunt et le montant des donations faites par lui, on obtiendrait ainsi un total de 150 qui serait suffisant pour désintéresser complètement les créanciers; mais alors ces derniers profiteraient de la réduction opérée sur les donations.

Si, au contraire, comme le veut la doctrine, on commençait par déduire les 150 de dettes des 100 d'actif, on ne donnerait aux créanciers qu'un dividende, et les héritiers réservataires profiteraient seuls de la réduction opérée sur les donations.

Quels sont les biens dont se compose l'actif laissé par le défunt?

L'actif laissé par le défunt comprend toutes les choses corporelles et incorporelles, mobilières et immobilières, qui lui appartenaient au moment de son décès. Il faut même y comprendre les créances qu'il avait contre l'héritier réservataire, quoi qu'elles soient éteintes par confusion, parce que cette extinction est elle-même un bénéfice dont l'héritier doit compte.

Comment estime-t-on les libéralités entre vifs faites par le défunt?

La loi veut que les biens donnés soient considérés comme n'étant imais sortis du patrimoine du *de cujus.* Dès lors, on doit se référer à l'époque de la donation pour en connaître la consistance; et à l'époque du décès du donateur pour en connaître la valeur, puisque cette valeur même se fût trouvée dans son patrimoine, s'il n'avait pas fait la donation. Que si, depuis l'époque de la donation jusqu'au décès du testateur, les biens donnés ont augmenté de valeur par le fait du donataire, les héritiers réservataires lui doivent une indemnité; ils peuvent, au contraire, en réclamer une, lorsque les biens donnés ont subi une dépréciation par son fait.

Cette règle que les donations s'estiment d'après leur état au moment de la donation et leur valeur au moment du décès du donateur s'applique aux meubles aussi bien qu'aux immeubles, car l'article 922 ne fait aucune distinction. Nous trouvons là une grave différence entre la réduction et le rapport. En effet, le donataire réduit ne devant compte des meubles que d'après leur valeur au moment du décès du testateur, est libéré par la perte fortuite de l'objet donné; tandis que l'héritier soumis au rapport, en devant compte d'après leur valeur au moment de la donation, supporte les risques.

Dans quel ordre l'action en réduction doit-elle être exercée?

La réduction ne frappe pas toutes les libéralités du défunt, mais seulement celles qui ont été prises sur la réserve. En conséquence, elle s'exerce sur les libéralités par ordre de date, en commençant par les plus récentes.

Les libéralités faites par le défunt consistent, soit en legs, soit en donations entre vifs, soit tout à la fois en donations entre vifs et en legs.

Lorsqu'elles consistent en legs, elles sont toutes réduites proportionnellement, parce qu'elles ont la même date.

Lorsqu'elles consistent en donations entre vifs, on commence par réduire les dernières qui aient été faites, en remontant jusqu'à ce que la réserve se retrouve intégralement.

Lorsqu'elles consistent en même temps en legs et en donations entre vifs, on réduit d'abord tous les legs; s'ils ne suffisent pas pour combler le déficit de la réserve, on réduit alors les donations entre vifs, en commençant par les dernières. (Art. 923, 925, 926.)

Si un donataire a dissipé les biens qui devaient être réduits, les héritiers réservataires peuvent-ils passer outre et prendre la réserve sur les donataires antérieurs?

Non. A notre avis, ils doivent supporter eux-mêmes la perte qui en résulte pour la réserve; car les libéralités antérieures ont été faites sur le disponible, sans aucune condition résolutoire, et ne sont pas en conséquence soumises à la réduction.

En effet, la quotité disponible et par contre la réserve sont définitivement arrêtées au moment de la formation de la masse par la réunion fictive de toutes les libéralités. Une fois cette masse fixée et les libéralités réductibles déterminées, il n'y a pas à revenir, et les pertes survenues par le fait du donataire donnent seulement lieu à une action en indemnité contre lui.

Le défunt peut-il obliger ses héritiers à suivre un ordre différent pour exercer la réduction ?

Il faut distinguer :

Aux termes de l'article 927, le défunt peut valablement obliger ses héritiers à ne réduire un legs qu'après que tous les autres ont été réduits, et que la réserve n'est pas encore retrouvée. Au contraire, il ne peut pas les obliger à réduire des donations antérieures avant une donation postérieure, car ce serait révoquer indirectement les premières, contrairement à la règle *donner et retenir ne vaut.*

Comment s'effectue la réduction ?

En principe, elle s'effectue en nature comme le rapport. Par exception, elle s'effectue en équivalents :

1º Lorsque les objets compris dans la donation sont des choses fongibles.

2º Lorsque le donataire réduit est lui-même héritier réservataire, et qu'il se trouve dans la succession d'autres biens de même nature.

3º Lorsque l'immeuble donné par préciput à l'héritier donataire n'est pas commodément partageable, et que la portion disponible excède la portion non disponible. (Art. 866.)

4° Lorsque les biens donnés ont été aliénés par le donataire. (Art. 866, 924.)

Quel est l'effet de la réduction quant aux legs ?

Quant aux legs, l'effet de la réduction est de les rendre caducs s'ils ont été pris en totalité sur la réserve; ou de les diminuer s'ils ne l'entament qu'en partie.

Quel est l'effet de la réduction quant aux donations ?
Il faut distinguer:

La donation avait-elle pour objet un genre, l'effet de la réduction est de constituer le donataire débiteur d'une valeur égale à celle des biens donnés.

Avait-elle pour objet un corps certain mobilier? Ou bien ce corps certain est resté entre les mains du donataire, et alors l'effet de la réduction est de le faire rentrer dans la masse héréditaire; ou bien il a été aliéné par lui, et alors l'effet de la réduction est de le constituer débiteur d'une valeur égale.

La donation avait-elle pour objet un immeuble? Ou bien cet immeuble est resté entre les mains du donataire, et alors l'effet de la réduction est de le faire rentrer dans la masse héréditaire franc et quitte de toutes charges ; ou bien il a été aliéné par lui, et alors l'effet de la réduction est de le constituer débiteur d'une valeur égale. — Que si le donataire qui l'a aliéné est insolvable, l'effet de la réduction est enfin de permettre aux héritiers de reprendre l'immeuble entre les mains des tiers détenteurs, sans avoir même besoin de poursuivre auparavant le donataire.

En effet, la réduction produit l'effet d'une condition résolutoire accomplie, elle autorise les héritiers réservataires à revendiquer les biens réductibles, comme s'ils n'avaient jamais cessé d'appartenir à la succession. (Art. 929.)

Si les biens donnés ont été partiellement aliénés à plusieurs acquéreurs, dans quel ordre exercera-t-on la réduction ?

Aux termes de l'article 930, la réduction ou plutôt l'action en revendication à laquelle elle donne droit, est exercée contre les tiers détenteurs dans le même ordre et de la même manière que contre les donataires eux-mêmes. Il en résulte que dans le cas où les biens donnés ont été aliénés par partie par le donataire, les héritiers doivent s'attaquer d'abord aux acquéreurs les plus récents. Au surplus, les tiers détenteurs attaqués ont la faculté d'échapper à la revendication, en fournissant aux héritiers la valeur en argent des biens acquis par eux. En effet, le donataire qui a aliéné les biens donnés peut, ainsi que nous l'avons vu, en fournir la valeur en argent et l'on doit accorder le même avantage à ses ayants-cause.

Les donataires soumis à la réduction doivent-ils restituer les fruits perçus avant l'ouverture de la succession ?

Non. Ils peuvent même conserver les fruits perçus après le décès du *de cujus* et jusqu'au jour de la demande en réduction, lorsque cette demande n'a pas été intentée dans l'année du décès. (Art. 928.)

Quelle est la durée de l'action en réduction ?

Le Code ne l'a pas fixée. En conséquence, on doit admettre, conformément au droit commun, qu'elle est de trente années, qui commenceront à courir au décès du *de cujus.*

Toutefois, les tiers détenteurs des immeubles donnés peuvent les acquérir suivant les règles de la prescription acquisitive par dix, vingt ou trente ans de possession, car ils ne sont pas, comme les donataires, personnellement obligés à les restituer, lorsqu'ils dépassent la quotité disponible.

Quelles différences y a-t-il entre le rapport et la réduction ?

Le rapport et la réduction présentent les différences suivantes :

1° Le rapport a pour but d'établir l'égalité entre tous les héritiers en général ; il suffit donc d'avoir la qualité d'héritier pour le demander. — La réduction a pour but d'assurer à certains héritiers une portion au moins de la succession qui leur est dévolue par la loi ; il faut donc non seulement être héritier, mais encore être héritier réservataire pour pouvoir la demander.

2° Un donataire peut être dispensé du rapport. — On ne peut pas, au contraire, être dispensé de la réduction, parce qu'elle est jusqu'à un certain point d'ordre public.

3° Le rapport des meubles est fait suivant leur valeur au moment de la donation. — La réduction est faite, au contraire, sur les meubles suivant leur valeur au moment de l'ouverture de la succession ; ce qui décharge le donataire des risques à courir dans l'intervalle.

4° Le rapport ne peut jamais être opposé aux tiers détenteurs. — La réduction, au contraire, peut les atteindre lorsque le donataire est insolvable.

CHAPITRE QUATRIÈME.

Des Donations entre vifs.

Ce chapitre est divisé par le Code en deux sections qui traitent :

Section I. — De la forme des donations entre vifs.

Section II. — Des exceptions à la règle de l'irrévocabilité des donations entre vifs.

SECTION I.

DE LA FORME DES DONATIONS ENTRE VIFS.

Articles 931 à 952.

Dans quelles formes la donation doit-elle être faite?

Afin d'appeler toute l'attention du donateur sur la gravité de son acte, la loi a rangé la donation parmi les contrats solennels, à l'égard desquels l'acte authentique est nécessaire, non pas seulement pour la preuve, mais encore pour l'existence même de la libéralité. Aux termes de l'article 931, la donation doit être faite devant notaire, dans la forme ordinaire des contrats authentiques, et il doit en rester minute sous peine de nullité.

Quelles sont les formes des actes authentiques ?

Aux termes de la loi du 25 ventôse an XI, les actes authentiques doivent être reçus par deux notaires, ou par un notaire assisté de deux témoins. Ils peuvent être rédigés en *brevet* ou en *minute*. Ils sont en brevet quand le notaire délivre aux parties l'original lui-même ; ils sont en minute quand il garde l'original et qu'il ne délivre aux parties qu'une copie. Afin d'assurer la conservation de l'acte de donation la loi exige qu'il soit rédigé en minute.

Comment le donataire accepte-t-il la donation ?

S'il est présent à la donation, on mentionne qu'il a accepté ; s'il est absent au moment de la donation, il fait son acceptation par un acte postérieur et authentique, rédigé en minute, qu'il notifie au donateur. La donation n'est parfaite qu'à partir de cette notification. (Art. 932.)

L'acceptation peut-elle être faite par mandataire?

Oui, mais il faut que le mandataire soit muni d'une

procuration spéciale et authentique. Une expédition de cette procuration restera annexée à la minute de la donation ou de l'acceptation, lorsque celle-ci a lieu par acte séparé. (Art. 933.)

Quelles sont les personnes qui ont besoin d'une autorisation pour accepter une donation ?

Ce sont :

1° Les femmes mariées, qui ne peuvent accepter une donation sans le consentement de leur mari ou de justice.

2° Les mineurs non émancipés et les interdits, qui ne peuvent accepter une donation sans le consentement de leur tuteur.

3° Les mineurs émancipés, qui ne peuvent accepter une donation qu'avec l'assistance de leur curateur. — Néanmoins, par exception il est permis aux ascendants des mineurs émancipés ou non émancipés d'accepter pour eux, bien qu'ils ne soient ni tuteurs ni curateurs.

4° Les sourds-muets ne sachant pas écrire, qui ne peuvent accepter une donation qu'avec l'assistance d'un curateur.

5° Les administrateurs des communes, des hospices et des établissements d'utilité publique, qui ne peuvent également accepter les donations faites à ces établissements qu'après y avoir été dûment autorisés. (Art. 934, 935, 936, 937.)

L'acceptation émanée d'un incapable est-elle nulle ou simplement annulable ?

Avant de répondre à cette question il importe d'en montrer l'intérêt. Si l'acceptation émanée d'un incapable était nulle, la nullité de la donation pourrait être invoquée par toute personne, même par le donateur et ses héritiers ; si elle était simplement annulable, le donataire seul ou ses représentants auraient pouvoir de l'attaquer.

Ceci posé, il faut, à notre avis, décider que l'acceptation émanée d'un incapable non autorisé ou assisté, rend la donation simplement annulable; car, suivant le droit commun l'incapacité des mineurs et des interdits n'a été introduite que dans leur intérêt. L'article 938 déclare d'ailleurs imparfaite et non pas nulle une telle donation. (MM. Valette, Marcadé).

Les donations mobilières ne sont-elles pas assujéties en outre à une formalité particulière ?

Oui. Aux termes de l'article 948, les donations mobilières ne sont valables qu'autant qu'un état estimatif signé du donateur et du donataire a été annexé à la minute de la donation.

Cette estimation assure l'irrévocabilité des donations, en empêchant le donateur de substituer aux objets donnés d'autres objets de moindre valeur ; d'un autre côté elle sert à déterminer le montant du rapport que le donataire devra faire à la succession ou de la réduction qu'il devra subir.

Notons cependant que si les objets donnés étaient livrés aussitôt au donataire, la donation serait valable en l'absence de tout état estimatif, car on la considérait alors comme une donation manuelle.

N'y a-t-il pas certaines donations qui sont dispensées de toute formalité ?

Oui. Telles sont :

1º Les libéralités qui consistent dans l'abandon d'un droit; par exemple, lorsqu'un créancier fait remise de la dette à son débiteur.

2º Les libéralités faites au profit d'un tiers dans un contrat à titre onéreux; par exemple, lorsque le vendeur stipule que l'acheteur donnera une certaine somme à un tiers.

3° Les dons manuels. — L'article 868 prévoit, en effet, le cas où des choses mobilières ont été données sans état estimatif et il regarde la donation comme parfaitement valable.

Pourquoi les libéralités dont nous venons de parler ont-elles été dispensées de toute formalité ?

C'est parce qu'il aurait été trop facile d'éluder les règles que le législateur aurait imposées à cet égard. Les libéralités ainsi faites dérogent d'ailleurs au droit commun en matière de donations, et pour les distinguer des libéralités ordinaires on leur donne le nom de donations *indirectes.*

Les donations déguisées sous la forme d'un contrat à titre onéreux sont-elles valables ?

La jurisprudence les regarde comme valables. Mais la plupart des auteurs soutiennent la négative ; et c'est avec raison, car toutes les formes exigées à peine de nullité, l'authenticité, la rédaction de l'acte en minute, la mention de l'acceptation, l'état estimatif, deviendraient illusoires, s'il suffisait pour s'en affranchir de déguiser la libéralité qu'on a en vue sous l'apparence d'un contrat à titre onéreux.

Quels sont les effets de la donation ?

Il faut distinguer :

La donation a-t-elle pour objet un corps certain mobilier, la propriété en est transférée au donataire dès l'instant même du contrat, sans qu'il soit besoin d'autre tradition. — Ainsi la tradition feinte, qu'exigeait l'ancien droit, n'est plus aujourd'hui nécessaire. Tout est terminé entre le donateur et le donataire acceptant.

La donation a-t-elle pour objet un genre mobilier, par

exemple, telle quantité de vin ou de blé, le donateur est obligé envers le donataire dès le moment du contrat; mais la propriété des objets donnés ne sera transférée que par la tradition qui les déterminera d'une manière précise.

La donation a-t-elle pour objet un meuble incorporel, comme une créance sur un tiers, le donateur est également obligé envers le donataire dès le moment même du contrat; mais ce dernier n'acquiert définitivement un droit vis-à-vis du tiers débiteur qu'après qu'il lui a signifié la cession faite en sa faveur, ou qu'il a obtenu son acceptation.

Enfin, a-t-elle pour objet une chose immobilière, la propriété en est transférée par le donateur au donataire par le seul effet du contrat; mais pour que cette propriété existe vis-à-vis des tiers, il est nécessaire que le donataire accomplisse les formalités de la transcription. Tant qu'elle n'aura pas été accomplie les tiers peuvent valablement recevoir des droits réels sur l'immeuble donné des mains du donateur, sauf le recours du donataire contre celui-ci à raison de la violation de son droit. (Art. 938, 939, 1690,)

En quoi consiste la transcription ?

La transcription consiste dans la copie textuelle de l'acte de donation sur un registre spécial tenu par le conservateur des hypothèques. Elle a pour but d'avertir les tiers des mutations de propriété immobilières, et de les empêcher ainsi d'accepter des droits réels des mains d'un détenteur qui aurait cessé d'être propriétaire.

Quelle est l'origine de la transcription ?

Aux temps de Justinien toute donation qui dépassait la valeur de 500 solides n'était valable même entre le donateur et le donataire qu'autant qu'elle avait été rendue publique par l'*insinuation*, c'est-à-dire par sa transcription sur un registre spécial. — En 1550, cette formalité fut introduite par *François Ier* dans notre ancien droit; mais elle n'était nécessaire à la validité de la donation que par rapport aux tiers. — Sous la loi de brumaire an VIII, l'insinuation fut remplacée par la transcription que le Code a maintenu. La propriété n'est transférée à l'égard des tiers qu'autant que la transcription de l'acte qui la transfère a été faite.

Quelle différence y a-t-il entre l'insinuation et la transcription ?

1° L'insinuation se faisait au greffe, la transcription se fait au bureau des hypothèques.

2° L'insinuation était exigée pour les donations mobilières et immobilières, la transcription n'est exigée que pour les donations immobilières.

3° Le défaut d'insinuation pourrait être opposé même par les héritiers du donateur, le défaut de transcription ne peut être opposé par eux.

Quelles sont les personnes qui doivent faire opérer la transcription ?

Ce sont celles qui y ont intérêt, c'est-à-dire le donataire, ses héritiers, et ses ayants cause.

Lorsque la donation a été faite à une femme mariée, à un mineur, à un interdit, ou à des établissements publics, la transcription doit s'opérer à la requête des maris, tuteurs, ou administrateurs. (Art. 940.)

Quelle est la conséquence du défaut de transcription ?

Lorsque la transcription n'a pas été faite, le donataire, ses héritiers, ou ayants cause, sont obligés de supporter les droits que des tiers auraient acquis postérieurement à la donation sur l'immeuble donné, sauf, s'ils sont incapables, leur recours contre ceux qui devaient faire transcrire. (Art. 942.)

Le défaut de transcription peut être opposé par tous ceux qui y ont intérêt, notamment par les tiers auxquels le donateur aurait consenti des droits réels sur l'immeuble donné, postérieurement à la donation.

N'y a-t-il pas certaines personnes qui, par exception, ne peuvent pas opposer le défaut de transcription quoiqu'elles y aient intérêt ?

Oui, telles sont :

1º Les maris, tuteurs ou administrateurs, qui étaient obligés de faire transcrire la donation, et qui ne l'ayant pas fait ont reçu des droits réels sur l'immeuble donné à leur femme, à leur pupille, ou à l'établissement dont ils avaient la gestion.

2º Les ayants-cause des maris, tuteurs et administrateurs, car ils succèdent à leurs obligations comme à leurs droits.

3º Le donateur, car la donation est parfaite entre lui et le donataire indépendamment de toute transcription. (Art. 941).

Les héritiers du donateur peuvent-ils opposer le défaut de transcription ?

A cet égard les auteurs sont partagés :

Suivant les uns, ils peuvent l'opposer. En effet, le Code y autorise toutes les personnes qui y ont intérêt, en exceptant seulement celles qui devaient faire transcrire, leurs ayants cause et le donateur.

Suivant les autres, ils ne peuvent pas l'opposer. En effet, par cela seul qu'ils sont les continuateurs juridiques du donateur ils se trouvent frappés de la même exception que lui. Cette exception n'avait pas besoin d'être formulée à leur égard parce qu'elle résulte des principes généraux.

Les créanciers chirographaires du donateur peuvent-ils opposer le défaut de transcription ?

Oui. En effet, aux termes de l'article 941, toutes les personnes qui y ont intérêt peuvent, sauf quelques exceptions, l'opposer. Or, les créanciers chirographaires y ont intérêt et ne se trouvent pas compris parmi les personnes exceptées.

Quelles sont les conséquences de la règle : donner et retenir ne vaut ?

La règle *donner et retenir ne vaut* exprime les deux caractères des donations, l'actualité et l'irrévocabilité. Toutes les donations qui n'ont pas ces deux caractères sont nulles.

Telles sont :

1° Les donations qui ne comprennent que des biens à venir. — Celles qui comprennent des biens présents et des biens à venir sont nulles quant aux biens à venir, mais valables quant aux biens présents.

2° Les donations faites sous des conditions dépendantes du donateur. — Telle serait celle par laquelle le disposant aurait donné les biens qu'il laissera à son décès. En effet, comme il peut en disposer pendant toute sa vie, le donataire n'acquiert pas sur eux un droit actuel et irrévocable.

3° Les donations faites sous la condition d'acquitter d'autres dettes ou charges que celles qui existent à l'époque de la donation, ou qui sont exprimées dans l'acte de donation ou dans l'état estimatif. — En effet, si le donataire pouvait être contraint de payer les dettes futures du donateur, ou seulement des dettes non désignées dans l'acte, la donation pourrait être indirectement révoquée.

4° Les donations dans lesquels le donateur s'est réservé de reprendre, soit certains effets, soit une somme fixe sur les biens donnés. Mais la nullité n'atteint ces donations que jusqu'à concurrence des effets ou de la somme réservée. En conséquence, si le donateur a réservé à son profit ou au profit d'un tiers, l'usufruit des biens donnés, la donation est valable pour la nue propriété.

Aux termes de l'article 947, ces cas de nullité ne s'appliquent pas aux donations faites par contrat de mariage, ou même pendant le mariage par un époux à l'autre. (Art. 943, 944, 945, 946, 947, 949.)

Lorsque le donateur s'est réservé l'usufruit de la chose donnée, quelle sera à l'expiration de l'usufruit le droit du donataire ?

Il devra reprendre les objets donnés qui se retrouveront en nature, dans l'état où ils seront. Quant à ceux qui ne se retrouveront pas, il pourra exercer un recours contre le donateur ou ses héritiers jusqu'à concurrence de la valeur qui leur avait été donnée dans l'état estimatif. (Art. 950.)

Qu'entend-on par droit de retour conventionnel ?

On entend par droit de retour conventionnel la stipulation faite par le donateur que les objets donnés lui feront retour, au cas où il survivrait, soit au donataire seul, soit au donataire et à sa postérité.

Ce droit ne peut être stipulé qu'au profit du donateur seul. Il y aurait autrement une substitution prohibée par la loi. (Art. 951.)

Quels sont les effets du retour conventionnel ?

Le droit de retour a pour effet de faire tomber toutes les aliénations et tous les droits réels consentis par le donataire. — Néanmoins, par exception, les hypothèques établies sur les biens donnés sont maintenues lorsque la donation a été faite par contrat de mariage et que le mari ne peut rembourser à sa femme la dot ou les autres avantages stipulés en sa faveur. (Art. 952.)

SECTION II.

DES EXCEPTIONS À LA RÈGLE DE L'IRRÉVOCABILITÉ DES SUCCESSIONS.

Articles 953 à 966.

Dans quels cas les donations entre vifs sont-elles révocables ?

Les donations entre vifs sont, par exception, révocables dans trois cas, savoir :

1° Pour inexécution des conditions ou charges imposées au donataire.

2° Pour ingratitude du donataire.

3° Pour survenance d'enfant au donateur. (Art. 953.)

Dans quel cas la révocation a-t-elle lieu pour cause d'inexécution des conditions imposées au donataire ?

C'est lorsque la donation ayant été faite avec clause que le donataire accomplira certaines charges ; par exemple, qu'il servira une rente viagère à un tiers, il se refuse injustement à l'exécution de ces charges.

Ces mots inexécution des conditions qui sont employés par le Code signifient donc plutôt inexécution des charges, car la condition est un fait futur et incertain qui ne dépend pas de la seule volonté du débiteur.

Le donataire peut-il à son choix obliger le donataire à l'exécution des charges, ou demander la révocation de la donation ?

Suivant certains auteurs, il faut lui accorder l'alternative.

En effet, la donation est un contrat où les deux parties sont obligées réciproquement l'une envers l'autre et peuvent exiger l'exécution de leur engagement. (M. Marcadé.)

Suivant le plus grand nombre des auteurs, au contraire, il faut s'en tenir à la règle de l'article 954, qui en cas d'inexécution des donations, autorise seulement le donateur à demander la révocation. En effet, si là donation est un contrat, c'est un contrat où les deux parties ne s'obligent pas réciproquement l'une envers l'autre. Une seule partie s'oblige en principe, c'est le donateur; le donataire n'intervient que pour accepter; et si par exception le donataire en acceptant s'oblige à exécuter certaines charges, ces charges ne peuvent être considérées comme l'équivalent de la libéralité. (M. Valette.)

Comment a lieu la révocation pour cause d'inexécution des charges?

Cette révocation n'a jamais lieu de plein droit. Elle doit être demandée à la justice par le donateur, par ses héritiers, ou même en vertu de l'article 1166, par ses créanciers. Les juges pourront, comme ils le peuvent en matière d'obligations, accorder au donataire des délais de grâce pour s'exécuter. Toutefois, si la donation avait été faite avec clause portant révocation de plein droit en cas d'inexécution des charges, ces délais ne pourraient lui être accordés. (Art. 956.)

Quels sont les effets de la révocation pour cause d'inexécution des conditions?

Cette révocation fait rentrer les biens donnés dans les mains du donateur libres de toutes charges et hypothèques consenties par le donataire. La donation est considérée comme n'ayant jamais été faite, et le donateur peut poursuivre les tiers détenteurs des biens donnés aussi bien que le donataire lui-même. Toutefois, lorsqu'il s'agit de meubles, ces derniers peuvent opposer

la maxime : « En fait de meubles possession vaut titre. »
(Art. 951.)

*Pendant combien de temps l'action en révocation
pour inexécution des charges peut-elle être exercée ?*

Le Code n'a pas fixé de délais. — On doit en conclure
qu'elle peut, suivant le droit commun, être exercée pendant trente ans, à partir du jour fixé pour l'exécution
des charges. Mais bien entendu les tiers détenteurs des
immeubles donnés sont à l'abri des poursuites, lorsqu'ils
les possèdent depuis un temps suffisant pour la prescription.

*Dans quels cas la révocation a-t-elle lieu pour cause
d'ingratitude ?*

Elle a lieu dans les trois cas suivants : 1° Lorsque le
donataire a attenté à la vie du donateur; — Lorsqu'il
s'est rendu coupable envers lui de sévices, délits ou in-
jures graves; — Lorsqu'il lui refuse des aliments. (Art. 955.)

Comme on le voit, l'indignité est plus facilement encourue en matière de donations qu'en matière de successions. Cela s'explique. En matière de succession, elle a
pour effet de renverser l'ordre légal de dévolution des
biens ; en matière de donations, elle a, au contraire, pour
effet de rétablir cet ordre.

*Comment a lieu la révocation pour cause d'ingra-
titude ?*

De même que la révocation pour inexécution des
charges, la révocation pour cause d'ingratitude n'a jamais lieu de plein droit. Elle doit être demandée à la justice. (Art. 956.)

*Quels sont les effets de la révocation pour cause d'in-
gratitude ?*

La révocation pour cause d'ingratitude n'est pas opposable aux tiers auxquels des aliénations, des hypo-

thèques, ou d'autres charges, auraient été consenties par le donataire. Elle a, en effet, un caractère de pénalité, et les peines ne doivent atteindre que le coupable. Toutefois, afin de ne pas laisser au donataire poursuivi pour ingratitude la faculté de rendre illusoire l'action qui est intentée contre lui, en se hâtant de grever les biens donnés de droits réels ou en les aliénant, le Code décide, que si le donateur a fait inscrire sa demande en révocation au bureau des hypothèques, tous les droits réels concédés postérieurement à l'inscription par le donataire seront anéantis par l'effet de la révocation.

Dans le cas où le donateur ne pourrait recouvrer les biens donnés, à cause des aliénations qui en auraient été faites par le donataire antérieurement à l'inscription, il pourra s'en faire restituer la valeur, et même les fruits qui ont été perçus depuis la demande. (Art. 958.)

Pendant combien de temps l'action en révocation pour cause d'ingratitude peut-elle être exercée ?

Elle ne peut être exercée que pendant une année à compter du jour du délit imputé par le donateur ou donataire, ou du jour où le délit aura pu être connu par le donateur. En effet, elle touche à un fait personnel au donateur, et celui-ci est réputé l'avoir pardonné, dès qu'il n'intente pas l'action dans un très-court délai. (Art. 957.)

Par qui cette action peut-elle être exercée ?

Elle peut être exercée, soit par le donateur lui-même, soit par ses héritiers s'il est mort dans l'année du délit d'ingratitude. (Art. 957.)

Contre qui peut-elle être intentée ?

Il faut distinguer :

S'agit-il de former la demande, on ne peut la former que contre le donataire lui-même, car il s'agit ici d'une action pénale.

Mais une fois cette demande formée contre le donataire, peut-on la continuer contre ses héritiers, si celui-ci est venu à mourir pendant l'instance? C'est là une question débattue. Quelques auteurs admettent l'affirmative. Mais le plus grand nombre décident que le caractère de pénalité de l'action empêche absolument qu'elle puisse survivre au donataire et être continuée contre ses héritiers.

N'y a-t-il pas certaines donations qui ne sont pas révocables pour cause d'ingratitude ?

Oui. Ce sont les donations faites par un tiers en faveur du mariage. En effet, ces donations n'ont pas été faites en vue du donataire seul, mais aussi en faveur des enfants à naître du mariage, qui ne doivent pas souffrir de sa faute. Au contraire, les donations faites par un époux à l'autre demeurent révocables pour cause d'ingratitude; parce que leur révocation ne nuit pas aux enfants, à qui il est indifférent de retrouver les biens donnés dans la succession de leur père ou dans celle de leur mère. (Art. 959.)

Dans quels cas la révocation a-t-elle lieu pour cause de survenance d'enfant au donateur?

Elle a lieu pour cette cause lorsque le donateur n'avait au moment de la donation ni enfants ni descendants légitimes vivants, et qu'il lui est survenu depuis un enfant légitime, même posthume, ou qu'il a fait légitimer un enfant naturel né depuis la donation.

La loi présume que celui qui n'ayant pas d'enfant a fait une donation, l'a fait dans la pensée qu'il n'aurait jamais d'enfants. (Art. 960).

Toutes les donations sont-elles ainsi révocables pour cause de survenance d'enfant au donateur ?

En principe, toutes les donations, à quelque titre qu'elle aient été faites, et encore qu'elles soient mutuelles

ou rémunératoires, sont révocables pour cette cause.
Toutefois, il faut en excepter les donations faites en
faveur du mariage par les ascendants des conjoints, ou
par les conjoints l'un à l'autre. (Art. 960).

*Dans quel cas la survenance d'un enfant légitime,
ou la légitimation d'un enfant naturel, n'a-t-elle pas
un effet révocatoire ?*

La survenance d'un enfant légitime né depuis la donation n'a pas un effet révocatoire lorsque le donateur avait
déjà un enfant lors de la donation.

Pareillement, la légitimation d'un enfant naturel est
sans effet, lorsque cet enfant était déjà né au moment de
la donation.

Aux termes de l'article 961, la révocation aurait lieu,
au contraire, si au moment de la donation la femme du
donataire avait seulement conçu, mais n'avait pas encore enfanté.

*La survenance d'un enfant adoptif révoque-t-elle la
donation ?*

Non. Le Code n'attribue d'effet révocatoire qu'à la survenance d'enfants ou de petits enfants légitimes ou légitimés; et c'est avec raison, car il serait contraire à la
règle de l'irrévocabilité des donations, que le donataire
put à sa volonté les anéantir en accomplissant les formalités de l'adoption.

*La survenance d'un enfant légitime révoquerait-
elle la donation, s'il existait un enfant naturel reconnu
au moment de la donation ?*

Oui. L'existence d'un enfant naturel est indifférente.
Sa légitimation ne rend pas la donation révocable; et
d'un autre côté, son existence au moment de la donation ne l'empêche pas d'être révoquée, s'il survient
plus tard un enfant légitime.

Comment a lieu la révocation pour cause de survenance d'enfant?

Elle a lieu de plein droit, sans que le donateur soit obligé de la faire prononcer en justice. Elle produit son effet, lors même que le donataire ne serait entré en possession des biens donnés que depuis la survenance d'enfant et qu'il y serait entré au su du donateur. Pour que les biens donnés redeviennent sa propriété, il faut une nouvelle donation. (Art. 962, 964.)

Quels sont les effets de la révocation pour cause de survenance d'enfant?

Cette révocation anéantit toutes les charges et hypothèques qui auraient été consenties par le donataire sur les biens donnés. La donation est considérée comme n'ayant jamais existé, et le donataire est tenu de restituer non-seulement les objets qui en font partie, mais encore les fruits ou intérêts perçus depuis la notification de la naissance de l'enfant. (Art. 962, 963.)

Pendant combien de temps l'action en révocation pour survenance d'enfant peut-elle être exercée?

Elle peut-être exercée pendant trente ans, à compter du jour de la naissance du dernier enfant. A l'expiration de ces trente ans, le donataire ou ses héritiers se trouvent libérés de l'action en révocation. Ils peuvent ainsi conserver les biens donnés; mais ce sera toujours au titre de la donation, car la prescription qui s'est accomplie en leur faveur est une prescription *libératoire* et non une prescription *acquisitive*. Elle les libère de l'action en révocation; elle ne leur fait pas acquérir les biens comme les ayant prescrit par une possession de longue durée. En conséquence, les biens donnés et puis prescrits resteront soumis au rapport et à la réduction, comme étant acquis au donataire par donation et non par prescription. C'est ce qui résulte de l'article 966, aux termes duquel la prescription sert *à faire valoir la donation révoquée par la survenance d'enfants.*

Cette dérogation au droit commun n'est pas la seule que nous trouvions ici.

Suivant les principes généraux de la prescription, les tiers qui ont une possession fondée sur la bonne foi et un juste titre peuvent prescrire par dix ans, à compter du jour où ils sont entrés en possession. L'article 966 décide néanmoins que les tiers qui ont reçu les biens donnés des mains du donataire ne prescriront que par trente ans, à compter du jour de la naissance du dernier enfant.

Peut-on insérer dans les donations une clause de non révocation pour survenance d'enfant ?

Non. L'article 905 déclare une pareille clause nulle et dénuée de tout effet.

CHAPITRE CINQUIÈME

Des Dispositions testamentaires.

Ce chapitre est divisé par le Code en huit sections qui traitent:

Section I. — Des règles générales sur la forme des testaments.

Section II. — Des règles particulières sur la forme de certains testaments.

Section III. — Des institutions d'héritiers et des legs en général.

Section IV. — Du legs universel.

Section V. — Du legs à titre universel,

Section vi. — Des legs particuliers.

Section vii. — Des exécuteurs testamentaires.

Section viii. — De la révocation des testaments et de leur caducité.

SECTION I.

DES RÈGLES GÉNÉRALES SUR LA FORME DES TESTAMENTS.

(Articles 967 à 980).

Combien y a-t-il d'espèces de testaments ?

Il y a deux espèces de testaments : les testaments *ordinaires* qui sont régis par les règles du droit commun; et les testaments *privilégiés* qui sont régis par des règles exceptionnelles, et qu'on emploie seulement dans certaines circonstances, telles que les voyages sur mer, les expéditions militaires.

Ces deux espèces de testaments sont d'ailleurs assujétis à des règles communes.

Quelles sont les règles communes à tous les testaments ?

1° Toute personne capable peut faire son testament.

2° On peut indifféremment désigner sous la dénomination d'héritier, sous celle de légataire, ou sous toute autre dénomination, la personne appelée à recueillir ses biens.

3° Tout testament doit être rédigé par écrit. — L'écrit est rédigé non pas seulement pour la preuve mais pour l'existence même du testament.

4° Le testament ne peut contenir les volontés de plusieurs personnes à la fois ; chacun doit tester séparément.

5° Le testament est un acte solennel et doit pour être valable remplir toutes les conditions exigées par la loi. (Art. 967, 968).

N'y a-t-il pas trois formes de testaments ordinaires ?

Oui. La loi reconnaît trois formes ordinaires de testaments, savoir :

1° Le testament olographe.

2° Le testament public.

3° Le testament mystique. (Art. 969.)

Qu'est-ce que le testament olographe ?

Le testament olographe est celui qui a été écrit en entier, daté et signé de la main du testateur.

Le testament doit être écrit en entier de la main du testateur ; mais il peut d'ailleurs être écrit sur n'importe quelle matière, sur du papier, sur du parchemin ; il peut même être charbonné sur un mur, s'il est établi que le testateur n'a pu le faire autrement.

Il doit être daté, c'est-à-dire qu'il doit mentionner le jour, le mois et l'an. La date servira à établir que le testateur était capable au moment de la confection du testament. De plus, dans l'hypothèse de plusieurs testaments, elle déterminera celui qui est le dernier et qui doit en conséquence recevoir son exécution.

Il doit enfin être signé de la main du testateur. La signature sera mise à la fin du testament et placée de telle sorte qu'elle en approuve nécessairement toutes les clauses. (Art. 970.)

Quelle est la force probante du testament olographe ?

Le testament olographe étant un acte sous-seing privé ne fait foi qu'entre les parties. En conséquence, si les héritiers légitimes en contestent l'écriture ou la signature, c'est au légataire à établir qu'elles sont bien celles du testateur.

Le testament olographe fait d'ailleurs foi de sa date, et c'est à ceux qui le contestent à prouver par tous les moyens à leur disposition qu'elle est inexactement portée,

Qu'est-ce que le testament public ?

Le testament public est celui qui est fait par acte authentique, c'est-à-dire par devant notaire.

Il doit : 1° Etre reçu par deux notaires en présence de deux témoins, ou par un notaire en présence de quatre témoins. — 2° Etre dicté par le testateur. — 3° Etre écrit par l'un des notaires. — 4° Etre lu au testateur en présence des témoins. — 5° Mentionner expressément que toutes les formalités ci-dessus ont été accomplies. — 6° Etre signé par le testateur, par les notaires et par les témoins.

Il doit être écrit par le notaire sous la dictée du testateur. — S'il est dicté en langue étrangère, le notaire doit le rédiger en français en mettant en marge la traduction étrangère.

Il doit être signé par le testateur. — Si ce dernier ne sait ou ne peut signer, il sera fait mention expresse de ses déclarations et de la cause qui l'a empêché de signer.

Il doit être signé par les notaires et par les témoins. — Cependant, dans les campagnes, il suffira qu'un des deux témoins signe si le testament est reçu par deux notaires; et que deux des quatre témoins signent, s'il est reçu par un seul notaire. (Art. 971, 972, 973, 974.)

Quelles sont les personnes qui ne peuvent servir de témoins dans un testament authentique ?

En principe, tout français mâle et majeur, ayant la jouissance et l'exercice de ses droits civils, peut servir de témoin dans un acte authentique. Par exception, on exclut dans les testaments authentiques les légataires, leurs parents ou alliés jusqu'au quatrième degré inclusivement, et les clercs des notaires qui reçoivent le testament. (Art 975, 980).

Quelle est la force probante du testament authentique?

Le testament authentique a une force probante absolue. En conséquence, si les héritiers légitimes en contestent la sincérité, c'est à eux à faire la preuve de leurs allégations, et ils ne peuvent la faire que par la voie de l'inscription de faux. C'est donc celle des formes des testaments ordinaires qui offre au testateur le plus de sécurité.

Qu'est-ce que le testament mystique?

Le testament mystique tient tout à la fois du testament olographe en ce que ses dispositions sont secrètes, et du testament authentique en ce qu'il a une force probante absolue.

Il doit : 1° Etre écrit par le testateur ou par un tiers; — 2° Etre signé par le testateur; — 3° Etre présenté à un notaire assisté de ses témoins, soit clos et scellé, soit ouvert auquel cas il sera clos et scellé en leur présence; — 4° Etre affirmé par le testateur qui déclare l'avoir écrit, ou fait écrire, et l'avoir signé.

Le notaire dresse ensuite sur le papier qui contient le testament un procès-verbal appelé *acte de suscription*, et le signe ainsi que le testateur et les témoins. Si le testateur ne signe pas l'acte de suscription, il sera fait mention qu'il n'a pas pu signer. S'il n'avait pas signé les dispositions mêmes contenues dans le testament, un septième témoin devrait être appelé, et mention serait faite de la cause pour laquelle il a été appelé.

Toutes ces formalités doivent être accomplies sans interruption par le notaire, afin qu'un tiers intéressé n'ait pas le temps de substituer un autre acte à la place du véritable testament. (Art. 976, 977).

N'y a-t-il pas certaines personnes qui ne peuvent pas faire un testament olographe ou mystique?

Oui. Les personnes qui ne savent ou ne peuvent pas

lire sont privées de la faculté de tester en la forme olographe, et même en la forme mystique; car elles ne peuvent pas s'assurer de la fidélité de celui qu'elles ont chargé d'écrire leur testament. Les personnes qui ne savent ni lire ni écrire doivent donc recourir au testament authentique, dans lequel elles trouveront la garantie des témoins et de l'officier ministériel.

Les muets qui ne peuvent pas tester en la forme publique à cause de la dictée, peuvent, au contraire, s'ils savent écrire, tester en forme olographe ou mystique; à la condition que le testament soit en entier écrit, daté, ou signé de leur main. S'ils veulent tester en la forme mystique, ils présenteront leur testament au notaire et aux témoins, en écrivant en leur présence que le papier qu'ils présentent est bien leur testament ; après quoi le notaire écrira l'acte de suscription, en faisant mention de cette déclaration. (Art. 978, 979).

Le testament mystique qui ne peut valoir comme tel à cause de l'inobservation des formes, peut-il valoir comme testament olographe, lorsqu'il est écrit en entier daté et signé du testateur?

A cet égard les auteurs sont partagés.

Suivant les uns, le testament mystique est un acte indivisible; ou il vaut comme testament mystique, ou il n'a absolument aucune valeur.

Suivant les autres, au contraire, il vaut comme testament olographe, puisqu'il en a toutes les qualités. La pensée dominante du testateur a été de tester; qu'il l'ait fait sous une forme ou sous une autre, c'est là une simple question de préférence, et l'on doit avant tout suivre sa volonté en ce qu'elle a d'essentiel.

Les personnes qui ne peuvent être témoins dans un

testament authentique peuvent-elles l'être dans un testament mystique ?

Il faut distinguer :

Les clercs des notaires qui reçoivent le testament ne peuvent être témoins dans aucune de ces deux formes. Mais les légataires ainsi que leurs parents ou alliés au quatrième degré ne sont pas exclus des testaments mystiques; car le notaire ne connaissant pas le contenu des testaments faits dans cette forme et les noms des témoins qui y ont été inscrits, se trouverait par là dans l'impossibilité absolue de s'assurer de leur validité.

SECTION II.

DES RÈGLES PARTICULIÈRES SUR LA FORME DE CERTAINS TESTAMENTS.

(Articles 981 à 1001).

Quels sont les testaments privilégiés ?

Il y a quatre sortes de testaments privilégiés, savoir :

1º Les testaments militaires.

2º Les testaments faits en temps de peste.

3º Les testaments maritimes.

4º Les testaments faits par un français à l'étranger.

Quelles sont les personnes qui peuvent faire un testament militaire ?

Ce sont tous les militaires ou employés des armées lorsqu'ils sont en campagne sur un territoire étranger, ou lorsqu'ils se trouvent assiégés dans une place forte, en France. (Art. 981, 983).

Quelles sont les formes du testament militaire ?

Le testament militaire est une sorte de testament public, reçu par le chef de bataillon ou par un commissaire des guerres, en présence de deux témoins, et dispensé de la plupart des formalités des autres testaments. Pour être valable, il suffit qu'il soit signé par le testateur, par l'officier qui le reçoit et par les témoins. — Si le testateur ne sait ou ne peut pas signer, la mention de cette circonstance équivaut à sa signature.

Le testament militaire cesse d'être valable six mois après la rentrée en France du testateur. (Art. 981, 984).

Quelles sont les formes des testaments faits en temps de peste ?

Le testament fait en temps de peste est une sorte de testament public, reçu en présence de deux témoins, par le juge de paix, le maire ou les adjoints d'une commune, qui par suite de peste ou autre maladie contagieuse se trouve privée de toute communication.

Ce testament suit les formes du testament militaire; il cesse également d'être valable six mois après que les communications ont été rétablies ou que le testateur a passé dans un lieu à l'abri de la maladie.

Toutes les personnes même non malades qui se trouvent dans les lieux infectés peuvent faire ce testament. (Art. 984, 986, 987.)

Quelles sont les formes du testament maritime ?

Le testament maritime est une sorte de testament public, reçu sur les bâtiments de l'État par le commandant, assisté de l'officier d'administration et de deux témoins; et sur les bâtiments de commerce par l'écrivain du navire, assisté du capitaine et de deux témoins. (Art 988.)

Quelles sont les personnes qui peuvent faire un testament maritime ?

Ce sont non-seulement les hommes d'équipage, mais encore tous les passagers qui se trouvent à bord d'un bâtiment en cours de voyage.

Les testaments maritimes cessent d'ailleurs d'être valables trois mois après la rentrée du bâtiment au port. (Art. 996).

N'y a-t-il pas dans les testaments maritimes une restriction particulière à la faculté de tester ?

Oui. La personne qui fait un testament maritime ne peut pas instituer légataire un officier du bord, à moins qu'il ne soit son parent. (Art. 997).

Quelles sont les formes du testament faits par un français à l'étranger ?

Les Français à l'étranger peuvent faire un testament, soit en la forme olographe, soit dans la forme usitée dans le pays où ils se trouvent. Mais leur testament n'est exécutoire en France qu'après avoir été enregistré. (Art. 999, 1000).

SECTION III.

DES INSTITUTIONS D'HÉRITIERS ET DES LEGS EN GÉNÉRAL.

Article 1002.

Combien y a-t-il d'espèces de legs ?

Il y a trois espèces de legs, savoir: le legs universel, le legs à titre universel et le legs à titre particulier.

Dans le droit Romain, le testament n'était valable qu'autant qu'il y avait institution d'un héritier, représentant la personne du défunt et ayant la saisine de ses biens. Contrairement à cette règle, le Code décide que le testament est valable, soit que l'on ait appelé héritier, soit que l'on ait appelé légataire, celui en faveur duquel on dispose. A proprement parler, la loi seule fait chez nous des héritiers; le testateur n'institue que des légataires. Quant à la question de savoir si ces derniers représentent la personne du défunt ou s'ils ne sont que de simples successeurs aux biens, c'est ce que nous examinerons plus loin. (Art. 1002).

A quel moment le legs est-il acquis, exigible et transmissible ?

On dit que le legs est acquis, lorsque le légataire y a un droit irrévocable; qu'il est exigible, lorsqu'il peut en réclamer la délivrance; qu'il est enfin transmissible, lorsqu'il peut le transmettre à ses propres héritiers.

Ceci posé, nous ferons une distinction :

S'agit-il d'un legs pur et simple, le legs est en même temps acquis, exigible et transmissible au décès du testateur.

S'agit-il d'un legs à terme, le legs est acquis et transmissible au décès du testateur; mais il n'est exigible qu'à l'époque du terme.

S'agit-il enfin d'un legs conditionnel, le legs n'est acquis, exigible et transmissible qu'à l'avènement de la condition. Si le légataire meurt avant qu'elle soit accomplie, ses héritiers n'ont rien à réclamer; ils n'auraient même aucun droit si elle venait plus tard à s'accomplir, car en matière de legs la condition n'a pas d'effet rétroactif.

La représentation du testament suffit-elle pour faire obtenir aux légataires la délivrance de leur legs ?

Il faut distinguer :

Si le testament a été fait en la forme authentique, il est exécutoire par lui-même, et sa représentation suffit pour faire obtenir aux légataires la délivrance de leurs legs.

S'il a été fait en la forme olographe, il ne devient exécutoire qu'après avoir été présenté par les légataires au président du Tribunal de première instance du lieu de l'ouverture de la succession. — Celui-ci l'ouvre, s'il est cacheté; et dresse procès-verbal de la présentation, de l'ouverture, et de l'état du testament. Puis il en ordonne le dépôt entre les mains d'un notaire qu'il désigne.

Si le testament est mystique, il ne devient exécutoire qu'après l'observation des mêmes formalités. — Et, de plus, il faut qu'il soit ouvert en présence du notaire et des témoins qui ont concouru à sa confection. (Art. 1007.)

Cette procédure terminée, les légataires peuvent agir en délivrance de leurs legs. Nous verrons plus loin au moyen de quelles actions ils l'obtiennent.

SECTION IV.

DU LEGS UNIVERSEL.

Articles 1003 à 1009.

Qu'est-ce que le legs universel?

Le legs universel est celui par lequel un testateur appelle un légataire à recueillir, au moins éventuellement, la totalité de ses biens. (Art. 1003.)

Les mots *au moins éventuellement* signifient que le légataire universel doit avoir la possibilité de recueillir tous les biens du testateur, qu'il doit avoir une vocation à la totalité. En fait, il peut arriver qu'il n'en recueille qu'une partie, ou qu'il n'en recueille même rien du tout; soit parce qu'il existe d'autres légataires, soit à cause des dettes dont la succession est grevée. Mais ce n'est pas au résultat, c'est à la vocation qu'il faut s'arrêter pour déterminer le caractère du legs. Il est universel par cela seul que la vocation comprend la totalité de la succession par cela seul qu'elle comprend une masse indéterminée. Quelques exemples feront comprendre notre pensée.

Ayant une succession de 100 et me trouvant sans héritiers réservataires, j'institue Primus en qualité de légataire universel, puis Secundus et Tertius comme légataires particuliers pour chacun 50. — Si Secundus et Tertius acceptent tous les deux, Primus ne recevra rien. Mais si, au contraire, l'un des deux vient à faire défaut, il recueillera la part de celui-ci. Si enfin tous les deux font défaut, il recevra la succession toute entière.

En léguant tous mes biens existant à ma mort, je fais un legs universel; car je lègue une masse indéterminée. — En léguant tous mes biens existant au moment de la confection de mon testament, je fais, au contraire, un legs particulier; car je lègue une masse déterminée qui ne changera pas, quand même avant ma mort j'aurai augmenté mon patrimoine.

Le legs de la nue propriété de tous les biens est-il un legs universel ?

Oui. Un tel legs contient, en effet, une vocation à l'ensemble de tous les biens, puisque l'usufruit doit s'éteindre un jour.

Le legs qui comprend l'usufruit de tous les biens est, au contraire, à titre particulier, parce qu'il a pour objet un droit essentiellement temporaire.

Les légataires universels ont-ils la saisine ?

Oui, mais c'est à cette double condition: 1° Qu'il n'existe pas d'héritiers réservataires au moment du décès du testateur. — 2° Que le testament soit fait en la forme authentique.

S'il existait des héritiers réservataires, ils auraient eux-mêmes la saisine, et les légataires universels devraient s'adresser à eux pour en obtenir la délivrance des biens compris dans le testament. En cas de refus de leur part, ils s'adresseront au Tribunal pour en obtenir un jugement qui les condamne à faire la délivrance.

S'il n'y avait pas d'héritiers réservataires, mais si le

testament était olographe ou mystique, les légataires devraient, pour lui faire donner un caractère authentique et exécutoire, présenter une requête au président du Tribunal, qui y apposerait une ordonnance d'envoi en possession. (Art. 1004, 1006, 1008.)

A partir de quel moment les légataires universels acquièrent-ils les revenus de leurs legs ?

Il faut distinguer :

N'y a-t-il aucun héritier réservataire, les légataires universels ont la saisine, et dès lors ils acquièrent les revenus à partir de la mort du testateur.

Y a-t-il des héritiers réservataires, les légataires universels ne peuvent acquérir les revenus de leur legs à partir de la mort du testateur, qu'à la condition de faire leur demande en délivrance de legs dans l'année du décès du testateur. S'ils laissent écouler une année sans la former, ils n'acquièrent les revenus de leurs legs qu'à compter du jour de la délivrance amiable, ou de leur demande judiciaire en délivrance. (Art. 1005.)

Les légataires universels sont-ils, comme les héritiers légitimes, les continuateurs juridiques du défunt, lorsqu'il n'existe pas d'héritiers réservataires ?

A cet égard, nous trouvons deux systèmes :

Suivant le premier, les légataires universels représentent le défunt et sont ainsi tenus *ultra vires* des dettes de la succession, lorsqu'ils ne se trouvent pas en concours avec des héritiers réservataires, parce qu'alors ils ont la saisine. En effet, dans notre ancien droit, un des effets de la saisine était de constituer celui qui l'obtenait, quel qu'il fût, continuateur juridique de la personne du défunt, et le Code n'a pas expressément aboli cette règle. (M. Colmet de Santerre.)

Suivant le second système, qui nous paraît préférable,

les légataires universels ne représentent pas la personne juridique du défunt, et ils ne doivent en conséquence supporter les dettes de la succession que jusqu'à concurrence de leur émolument.

D'abord, la saisine n'emporte plus nécessairement, comme autrefois, la qualité de représentant du défunt, puisque les exécuteurs testamentaires qui l'obtiennent pour le mobilier n'ont certainement pas cette qualité. D'ailleurs, en décidant que la dénomination d'héritier donnée dans le testament, n'autorise pas à considérer autrement que comme un légataire celui qui est appelé à recueillir les biens, le Code indique par là qu'il veut maintenir ce vieil adage de nos anciennes lois : « *Dieu » seul fait un héritier.* » et qu'en d'autres termes, il ne dépend pas du testateur de se donner un continuateur juridique. (M. Marcadé.)

Dans quelle proportion les légataires universels contribuent-ils au payement des dettes ?

Avant de répondre à cette question il importe de rappeler un principe. Le payement des dettes peut être imputé sur la succession toute entière; le payement des legs ne peut, au contraire, être imputé que sur la quotité disponible. En conséquence, les légataires universels viennent-ils seuls, ils doivent payer toutes les dettes et tous les legs, jusqu'à épuisement de la succession. — Viennent-ils en concours avec des héritiers réservataires, ils doivent payer une part de dettes proportionnelle à la part qu'ils recueillent et, de plus, tous les legs. Les mêmes règles seront observées s'il y a en même temps plusieurs légataires universels institués ; seulement, la part d'actif et de passif qui leur est attribuée sera répartie entre eux par égales portions, au lieu de tomber entre les mains d'un seul.

Lorsqu'un légataire universel en concours avec des héritiers réservataires, ayant reçu dans son lot un immeuble de la succession hypothéqué à l'acquittement d'une dette, a payé la totalité de cette dette, il peut exercer un recours contre ces derniers, pour se faire rembourser par eux de ce qu'il a payé au-delà de sa part. (Art. 1009.)

L'article 1009 n'emploie-t-il pas une expression inexacte, en disant que le légataire universel en concours avec un héritier réservataire est tenu d'acquitter tous *les legs ?*

Oui. En effet, cette expression semble dire que le légataire universel est tenu de payer les legs particuliers *en totalité;* et cependant il ne les paie pas toujours intégralement, puisque, dans le cas où les libéralités dépassent la quotité disponible, on réduit proportionnellement les legs particuliers aussi bien que les legs universels.

Cette expression que le légataire universel, en concours avec des héritiers réservataires, est chargé d'acquitter *tous* les legs doit être entendue en ce sens qu'il est *seul* chargé de les payer; à l'exclusion des héritiers réservataires. Et cela est juste, puisque ces derniers ne recueillent que la part de succession soustraite aux libéralités du défunt.

Quelles sont les actions qui appartiennent aux légataires universels ?

Les légataires universels peuvent exercer :

1º Une action en partage, lorsqu'ils concourrent avec des hériters réservataires.

2º Une action en revendication, lorsqu'ils ont à reprendre les objets légués aux mains de tiers détenteurs.

3º Une action personnelle lorsqu'ils ont à poursuivre des débiteurs héréditaires.

SECTION V.

DU LEGS A TITRE UNIVERSEL.

Articles 1010 à 1013.

Qu'est-ce que le legs à titre universel ?

Aux termes de l'article 1010, le legs à titre universel est celui par lequel le testateur a légué, soit une quote-part de la succession, par exemple, la moitié, le tiers ; — Soit la totalité des meubles ; — Soit la totalité des immeubles ; — Soit, enfin, une quote-part des uns et des autres.

Ainsi le legs à titre universel ne donne jamais vocation à l'ensemble des biens laissés par le défunt. A défaut d'héritiers, les successeurs irréguliers recueillent les biens qui ne sont pas compris dans la fraction qui revient au légataire à titre universel. C'est là une différence caractéristique avec le legs universel.

Les légataires à titre universel peuvent-ils, comme les légataires universels, avoir quelquefois la saisine ?

Non. Ils n'ont jamais la saisine ; — ils doivent demander la délivrance de leurs legs, soit aux héritiers à réserve ; soit à leur défaut, au légataire universel ; soit, enfin, à défaut de celui-ci, aux héritiers légitimes. (Art. 1011.)

A partir de quel moment les légataires à titre universel acquièrent-ils les revenus de leurs legs ?

Le Code ne s'est pas expliqué à cet égard. Deux opinions sont en présence.

Suivant la première, les légataires à titre universel doivent être assimilés aux légataires universels, en ce qui concerne les fruits et revenus de leurs legs ; et par conséquent ils peuvent les acquérir à partir de la mort du testateur, s'ils ont fait leur demande en délivrance dans l'année. En effet, de même que les légataires universels, ils ont droit à un ensemble de biens, à une fraction d'hérédité. Or, l'hérédité s'accroissant de tous les fruits produits par elle, conformément à la règle *fructus augent hereditatem*, chaque fraction de l'hérédité doit s'accroître en même temps et dans la même proportion que l'hérédité elle-même. (MM. Demante, Duranton.)

Suivant la seconde opinion, les légataires à titre universel doivent, au contraire, être assimilés aux légataires à titre particulier, en ce qui concerne l'acquisition des fruits et revenus de leurs legs; et par conséquent, ils ne peuvent les acquérir qu'à partir de leur demande en délivrance. En effet, les héritiers ou légataires universels qui ont été investis de la succession par la saisine sont des possesseurs de bonne foi jusqu'à la demande en délivrance ; et, comme tels, ils acquièrent les fruits qu'ils perçoivent. On a, il est vrai, admis la règle, *fructus augent heredidatem* en faveur des légataires universels, mais ce n'est que par exception. C'est ce que prouve l'article 138 qui ne fait aucune distinction entre l'hérédité et les objets particuliers, relativement à l'acquisition des fruits. (MM. Marcadé, Valette.)

Dans quelle proportion les légataires à titre universel ont-ils à contribuer au payement des dettes ?

Ils doivent, comme les légataires universels, contribuer au payement des dettes dans la proportion de l'actif héréditaire qu'ils recueillent, et dans la limite de cet actif; car ils ne représentent pas le défunt. — Lorsque le legs à titre universel aura pour objet tous les meubles ou tous les immeubles, il faudra évaluer la valeur des choses léguées par rapport au reste des biens héréditaires. (Art. 1012.)

Quant aux legs particuliers, les légataires à titre universelles supportent proportionnellement à la part qu'ils recueillent, s'ils viennent en concurrence avec des légataires universels ou de simples héritiers légitimes; mais ils les supportent, au contraire, en entier, s'ils concourent avec des héritiers réservataires. — Que s'il se trouvait en même temps des héritiers réservataires, des légataires universels et des légataires à titre universel, les premiers préléveraient toute leur part, parce que l'acquittement des legs particuliers doit être imputé sur la quotité disponible. (Art. 1013.)

Quelles sont les actions qui appartiennent aux légataires à titre universel?

Les légataires à titre universel peuvent, comme les légataires universels, exercer, suivant les cas, une action en partage, une action en revendication et une action personnelle.

SECTION VI.

DES LEGS PARTICULIERS.

(Articles 1014 à 1024).

Qu'est-ce que le legs particulier?

Le legs particulier est celui qui n'est ni universel ni à titre universel; en d'autres termes, c'est celui qui ne comprend pas l'ensemble de la succession ou une fraction de l'ensemble, mais seulement des objets déterminés.

Peu importe, d'ailleurs, l'importance des objets légués par rapport au reste de la succession. Ainsi, en léguant individuellement tous les objets qu'on possède, on fait un legs particulier.

Les légataires à titre particulier ont-ils la saisine?

Non. Ils doivent, comme les légataires à titre universel, et suivant le même ordre que ces derniers, demander la délivrance de leurs legs.

A partir de quel moment les légataires à titre particulier acquièrent-ils les fruits et revenus de leurs legs ?

Ils ne les acquièrent, en principe, qu'à compter de leur demande en délivrance, sauf deux cas :

1° Celui où le testateur a expressément déclaré dans le testament qu'ils pourraient les acquérir à partir du jour de son décès.

2° Celui où le legs a pour objet une rente viagère ou une pension alimentaire. (Art. 1014-1015.)

Qui doit supporter les frais de la demande en délivrance ?

Les frais de la demande en délivrance doivent être supportés par la succession, sans qu'il puisse cependant en résulter une réduction de la réserve.

Les droits d'enregistrement sont dûs par le légataire, qui fait enregistrer le testament, à moins qu'il n'en ait été ordonné autrement par le testateur. — Chaque legs pourra être enregistré séparément au profit de celui qui a fait l'enregistrement. (Art. 1016).

Les légataires à titre particulier ont-ils à contribuer aux dettes et charges de la succession ?

Non. En principe, ils n'ont pas à y contribuer. Toutefois, s'ils n'ont pas à y contribuer directement, ils peuvent en souffrir, car ils ne reçoivent le montant de leurs legs qu'après l'acquittement intégral de toutes les dettes; de sorte qu'ils courent le danger de ne rien recevoir si le passif de la succession en absorbe l'actif. *Non sunt bona nisi deducto œre alieno.*

Ajoutons que les légataires particuliers qui ont reçu un immeuble hypothéqué au paiement d'une dette de la succession peuvent être actionnés par le créancier hypothécaire, mais ils ont alors un recours contre les successeurs universels (Art. 1024).

Quelles sont les actions qui appartiennent aux légataires particuliers ?

Les légataires particuliers peuvent exercer :

1º Une action en revendication, lorsque leur legs a pour objet une chose individuellement déterminée.

2º Une action personnelle, lorsque leur legs a pour objet un genre ; par exemple, telle quantité de blé, de vin, etc.

3º Une action hypothécaire sur tous les immeubles de la succession. (Art 1017).

Quels sont les avantages de cette action hypothécaire ?

Elle confère aux légataires :

1º Un droit de préférence, c'est-à-dire le droit de faire vendre les immeubles hypothéqués et d'être payés sur le prix avant tous les créanciers chirographaires des successeurs universels.

2º Un droit de suite, c'est-à-dire le droit de faire vendre les immeubles hypothéqués quand même ils auraient été aliénés par les successeurs universels et se trouveraient aux mains de tiers acquéreurs.

3º Un droit d'agir pour la totalité de leur legs, jusqu'à concurrence de la valeur de l'immeuble hypothéqué, contre l'héritier ou successeur universel dans le lot duquel il est tombé ; sauf le recours de cet héritier contre ses cohéritiers pour se faire rembourser par eux ce qu'il a payé en plus de sa part.

Quelle est l'étendue d'un legs particulier ?

Aux termes de l'article 1018, la chose léguée doit être délivrée au légataire avec tous les accessoires qui y ont été ajoutés par le testateur avant sa mort, ou qui pro-

viennent de cas fortuit. Quant aux améliorations survenues depuis la mort du testateur et par le fait de l'héritier, le légataire doit lui en tenir compte. Mais aussi il
peut réclamer contre lui une indemnité pour les détériorations provenant de son fait.

Par application de ce principe, le Code décide que le
légataire profite des embellissements ou constructions
nouvelles faits par le testateur sur le fond légué. Il décide également que le legs d'une enceinte comprend
l'enclos dont le testateur l'a augmentée.

Mais il déclare, au contraire, que les acquisitions nouvelles, fussent-elles contigues, ne sont pas comprises
dans le legs, lorsqu'elles ne font pas partie intégrante du
fonds légué; et c'est avec raison, parce qu'alors, au lieu
d'en former un accessoire, elles constituent un objet tout
différent. (Art. 1818-1817.)

*Le legs d'un domaine comprend-il les immeubles
dont le testateur l'a augmenté après son testament ?*

A cet égard, les auteurs sont partagés:

Les uns soutiennent la négative, en se fondant sur
l'article 1019, aux termes duquel les acquisitions nouvelles ne sont pas comprises dans le legs d'un immeuble.
Les autres tiennent pour l'affirmative, en se fondant sur
ce que l'expression de *domaine* s'applique à un ensemble
variable d'immeubles. (MM. Bugnet Valette.)

*Le legs d'un terrain-ne comprend-il les construc-
tions faites par le testateur postérieurement au testament?*

A cet égard, les auteurs sont également partagés :

Suivant les uns, il faut admettre la négative, car l'article 1019 décide que les constructions faites sur le fonds
légué ne sont comprises dans le legs qu'autant qu'elles
sont nouvelles, et qu'ainsi elles peuvent être consi-

dérées comme les accessoires de constructions préexistantes.

Suivant les autres, il faut, au contraire, admettre l'affirmative. En effet, le Code ne dit pas que les constructions ne sont comprises dans le legs que lorsqu'elles sont nouvelles, et il faut décider qu'elles y sont comprises toutes les fois qu'elles en font partie intégrante. (M. Valette.)

Lorsque la chose léguée est grevée d'hypothèque ou d'usufruit, l'héritier est-il obligé de la dégager ?

Non. Il n'y est pas tenu, à moins d'une disposition formelle du testateur. En effet, le légataire prend la chose léguée telle qu'elle se trouve au moment de la mort du testateur.

Seulement, comme ce légataire n'est pas obligé de payer les dettes de la succession, il aura un recours contre les successeurs universels, si pour empêcher la saisie et la vente de l'immeuble hypothéqué, il a remboursé la dette hypothécaire. (Art. 1020).

Le legs de la chose d'autrui est-il valable ?

Non. Aux termes de l'article 1021, lorsque le testateur a légué la chose d'autrui le legs est nul, soit qu'il ait connu, soit qu'il ait ignoré qu'elle appartenait à autrui.

Par cette disposition, le législateur a voulu prévenir les difficultés auxquelles auraient pu donner lieu des doutes sur cette question.

De là quelques auteurs en ont conclu que le legs de la chose d'autrui serait valable dans le cas où le testateur aurait pris soin de s'exprimer de manière à ne laisser aucun doute sur ses intentions; comme, par exemple, s'il avait dit: Je lègue à Secundus la maison A que je sais appartenir à Primus. D'après cette doctrine, l'héritier devrait acheter la maison, et, en cas de refus du propriétaire, en payer l'estimation au légataire.

Le legs fait par le débiteur à son créancier est-il censé fait en compensation de sa créance?

Non. Le créancier, en recevant la libéralité qui lui a été faite, conserve son droit de créance contre la succession du testateur, à moins que ce dernier n'ait déclaré expressément qu'il entendait éteindre sa dette. Dans ce cas, le legs ne sera pas sans avantage pour le créancier. Il lui assurera, comme légataire, une hypothèque légale sur tous les immeubles de la succession. (Art. 1023).

Aux termes de l'article 1022, lorsque le legs est d'une chose indéterminée, l'héritier n'est pas obligé de la donner de la meilleure qualité, et il ne peut pas l'offrir de la plus mauvaise.

SECTION VII.

DES EXÉCUTEURS TESTAMENTAIRES.

Articles 1025 à 1034.

Qu'appelle-t-on exécuteur testamentaire?

On appelle exécuteur testamentaire une personne qui a reçu mandat du testateur de veiller à l'accomplissement de ses dernières volontés.

Le testateur peut nommer un ou plusieurs exécuteurs testamentaires. (Art. 1205).

Toute personne peut-elle être nommée exécuteur testamentaire?

Non. Pour être nommé exécuteur testamentaire, il faut avoir la capacité de s'obliger, afin que les héritiers puissent exercer utilement leur recours, s'il y a lieu. Les mineurs et les interdits ne peuvent donc pas être exécuteurs testamentaires. Il en est de même pour les femmes mariées, à moins qu'elles n'y aient été autorisées par leur mari. (Art. 1028, 1029, 1030.).

Les exécuteurs testamentaires ont-ils droit à un salaire ?

Non. Seulement, il est d'usage que le testateur leur laisse certains objets à titre de rémunération. On appelle ce don un *diamant*.

Au reste, les exécuteurs testamentaires peuvent être choisis parmi des héritiers ou des légataires.

Les exécuteurs testamentaires n'ont-ils pas quelquefois la saisine du mobilier ?

Oui. Le testateur peut leur accorder la saisine des meubles de la succession afin d'empêcher qu'ils ne soient détournés par les héritiers. Mais cette saisine consiste seulement à leur procurer la détention des meubles, et elle ne peut durer plus d'une année. (Art. 1026).

Quelles différences y a-t-il entre la saisine des exécuteurs testamentaires et celle des héritiers légitimes ?

Il y a entre ces deux saisines des différences considérables.

La saisine des exécuteurs testamentaires vient de la volonté du testateur; elle ne s'applique qu'au mobilier; elle ne confère que la détention; elle ne peut, enfin, durer plus d'une année. — Au contraire, la saisine des héritiers vient de la loi; elle s'applique à tous les biens de la succession; elle confère la possession de l'hérédité; elle dure, enfin, tant que la qualité d'héritier subsiste.

Comment finit la saisine des exécuteurs testamentaires ?

Elle finit :

1° Par l'expiration du temps pour lequel elle avait été établie, lequel ne peut jamais dépasser un an et un jour.

2° Par l'offre que ferait un héritier de remettre aux exécuteurs testamentaires une somme suffisante pour le paiement des legs mobiliers; Ou par la justification qu'il ferait du paiement de ces legs.

3° Par la complète exécution du testament.

4° Par la mort de l'exécuteur testamentaire, car ses pouvoirs ne passent pas à ses héritiers. (Art. 1027, 1032).

Quelles sont, en général, les obligations des exécuteurs testamentaires?

Leurs obligations sont plus ou moins étendues, suivant que la saisine leur a été donnée par le testateur ou qu'elle ne leur a pas été donnée.

Quelles sont les obligations des exécuteurs testamentaires, lorsque le testateur leur a donné la saisine?

Ils doivent :

1° Faire apposer les scellés, s'il y a des héritiers mineurs ou interdits.

2° Faire dresser un inventaire des biens de la succession, en présence de l'héritier présomptif, ou lui dûment appelé. Toutefois, ils peuvent en être dispensés par le testateur.

3° Provoquer la vente du mobilier, si la succession ne contient pas des biens suffisants pour acquitter les legs.

4° Veiller à l'exécution du testament, et intervenir aux procès dans lesquels on en contesterait la validité.

5° Enfin, rendre compte de leur gestion aux héritiers. (Art. 1031).

Quelles sont les obligations des exécuteurs testamentaires, lorsque le testateur ne leur a pas donné la saisine?

Les exécuteurs testamentaires qui n'ont pas la saisine doivent se borner à requérir l'apposition des scellés et la confection de l'inventaire ; ainsi qu'à surveiller l'exécution du testament. Ils ne peuvent ni détenir le mobilier, ni en provoquer la vente.

Les héritiers seuls ont, dans tous les cas, qualité pour payer les dettes et les legs.

Quel est le caractère de l'exécution testamentaire?

L'exécution testamentaire constitue un véritable mandat.

De là les conséquences suivantes :

1° Les fonctions des exécuteurs testamentaires sont toutes personnelles et ne passent pas à leurs héritiers.

2° Elles sont gratuites.

3° Ils sont libres de les accepter ou de les refuser ; mais une fois qu'ils les ont acceptées, ils ne peuvent les résigner avant que tous les legs mobiliers n'aient été payés, et que le testament n'ait été entièrement exécuté.

4° Enfin, ils ont un recours contre les héritiers pour se faire rembourser tous les frais qu'ils ont avancés pour l'exécution du testament. (Art. 1032, 1034).

Lorsqu'il y a plusieurs exécuteurs testamentaires, sont-ils solidairement responsables?

Il faut distinguer :

Si le testateur avait divisé leurs fonctions, et si chacun d'eux a eu soin de se renfermer dans celles qui lui étaient attribuées, ils ne sont pas solidairement responsables.

Au contraire, lorsque le testateur n'avait pas divisé leurs fonctions, ils sont solidairement responsables du compte du mobilier qui leur a été confié. Chacun d'eux est tenu de le restituer, ou de prouver qu'il est resté entre les mains des autres exécuteurs testamentaires ou qu'il a été employé à l'acquittement des charges de la succession. (Art. 1033).

SECTION VIII.

DE LA RÉVOCATION DES TESTAMENTS ET DE LEUR CADUCITÉ.

Articles 1035 à 1047.

De quelles manières un testament peut-il être inefficace?

Un testament peut être inefficace de trois manières : pour cause de nullité, pour cause de révocation et pour cause de caducité.

Le testament est nul, lorsque les conditions relatives à la capacité du disposant ou à la forme de l'acte n'ont pas été remplies.

Il est révoqué, lorsqu'étant valable à son origine, il a cessé de l'être par suite d'un changement de volonté de la part du disposant.

Il est caduc, lorsque, sans cesser d'être valable, il manque de produire son effet par la faute ou par le fait du légataire.

Nous avons déjà examiné quelles .sont les conditions relatives à la capacité du disposant ou à la forme de l'acte dont l'absence peut entraîner la nullité du testament. Nous n'avons donc à nous occuper ici que de la révocation et de la caducité.

Comment a lieu la révocation d'un testament?

Elle a lieu expressément ou tacitement. Elle est expresse lorsqu'elle résulte de certains actes; elle est tacite lorsqu'elle résulte de certains faits.

Quels sont les actes par lesquels on peut révoquer un testament?

On peut révoquer un testament :

1° Par un testament postérieur renfermant des dispositions contraires au premier. — Il faut, bien entendu, que le second testament soit valable, mais peu importe qu'il soit caduc.

2° Par un acte notarié, portant simplement déclaration du changement de volonté du testateur, sans renfermer de nouvelles dispositions. (Art. 1035, 1036, 1037).

La révocation peut-elle avoir lieu par un acte sous-seing privé, écrit, daté et signé par le testateur, ayant, en un mot, toutes les conditions des testaments olographes; mais ne renfermant aucune disposition de dernière volonté ?

A cet égard, les auteurs sont divisés :

Suivant les uns, l'acte dont il s'agit n'étant pas un acte notarié, et n'étant pas davantage un testament puisqu'il ne renferme pas de dispositions de dernière volonté, n'aurait aucun effet révocatoire. (M Marcadé).

Suivant les autres, au contraire, il produirait cet effet; car si un acte simplement écrit, daté et signé par le testateur, comme le testament olographe, suffit pour enlever une succession aux héritiers légitimes, il est rationnel qu'un acte de même façon puisse la leur restituer, en annulant les dispositions qui les écarte. Annuler ces dispositions, n'est-ce pas implicitement faire de nouvelles dispositions? Et alors que manque-t-il à cet acte sous seing privé pour avoir le même effet révocatoire qu'un testament olographe. (M. Valette).

Un second testament qui serait nul pour défaut de formes, mais valable comme acte notarié ordinaire, pourrait-il révoquer le premier ?

A cet égard, les auteurs sont également divisés :

Suivant les uns, il faut admettre la négative, car l'acte notarié dont il s'agit est indivisible. S'il est nul en ce qui concerne les dispositions testamentaires prises en faveur d'un légataire, il doit être frappé de la même nullité en ce qui concerne ses dispositions révocatoires; car celles-ci n'avaient probablement été insérées que pour assurer le maintien des premières. (M. Valette).

Suivant les autres, au contraire, il faut admettre l'affirmative, et décider que les dispositions révocatoires doivent produire leur effet, parce que l'acte notarié dont il s'agit est parfaitement divisible et que ses dispositions révocatoires existent indépendamment des dispositions prises en faveur d'un nouveau légataire. — De ce que l'acte notarié est nul comme testament, il ne s'ensuit pas qu'il soit nul comme acte emportant révocation. C'est ce qui résulte par analogie de l'article 1307 aux termes duquel un testament caduc suffit pour révoquer un testament antérieur. (M. Marcadé.)

Quels sont les faits qui emportent une révocation tacite ?

Ce sont :

1º Les clauses d'un second testament qui se trouvent incompatibles avec celles du premier. Par exemple, si la chose qui a d'abord été léguée à Primus, est ensuite léguée à Secundus, par un testament postérieur.

2º L'aliénation, totale ou partielle, que le testateur fait de la chose léguée; encore qu'il se soit réservé la faculté de rachat, ou même que l'aliénation ait été déclarée nulle.

Ainsi la seule volonté d'aliéner suffit, quoique en fait elle n'ait pas été exécutée, pour emporter révocation. C'est probablement pour éviter les procès que le Code a rejeté ici la doctrine du droit romain et de l'ancien droit qui permettait au légataire de prouver que le testateur en aliénant n'avait pas eu l'intention de révoquer la libéralité qu'il avait faite. (Art. 1038).

Quand est-ce qu'une disposition testamentaire est caduque ?

Une disposition testamentaire est caduque, lorsqu'il ne se présente personne pour la recueillir. Quand un testament institue plusieurs légataires, il peut être caduc vis-à-vis de quelques-uns d'entre eux seulement ; mais alors les dispositions qui concernent les autres n'en reçoivent pas moins leur plein et entier effet.

Quelles sont les causes de caducité des legs ?

Ce sont :

1° Le décès du légataire arrivé avant celui du testateur.

2° Le décès du légataire arrivé avant l'accomplissement de la condition, lorsque le legs est conditionnel.

3° La défaillance de la condition à laquelle le legs était subordonné.

4° La perte de la chose léguée arrivée, soit pendant la vie du testateur, soit même après sa mort ; mais sans la faute ni le fait des héritiers.

5° La répudiation du légataire, ou son incapacité de recueillir la disposition. (Art. 1039, 1040, 1042, 1043.)

Pourquoi le décès du légataire arrivé avant l'expiration du terme, n'est-il pas une cause de caducité ?

C'est parce que le terme n'empêche pas le légataire d'avoir, dès l'ouverture de la succession, un droit acquis et transmissible à ses héritiers. Le terme, en un mot, ne retarde pas, comme la condition, l'ouverture du droit du légataire ; il ne retarde que l'exigibilité du legs. (Art. 1041.)

Quels sont les effets de la caducité ?

Il faut distinguer :

1° Le légataire était-il seul appelé à recueillir le legs, la caducité profite à l'héritier.

2° Le légataire avait-il un substitué vulgaire appelé

à recueillir le legs au cas où il ne le recueillerait pas, la caducité profite à ce dernier.

3° Enfin, le légataire avait-il un co-légataire appelé par le même testament à recueillir l'objet légué en concurrence avec lui, la caducité profite à ce co-légataire, conformément aux règles du droit d'accroissement.

Qu'est-ce que le droit d'accroissement ?

Lorsqu'une chose a été léguée en même temps à plusieurs légataires, chacun d'eux se trouvant en présence de droit égaux, ne peut en recueillir qu'une partie; bien qu'il ait été appelé à la recueillir en totalité. Mais si l'un des co-légataires vient à faire défaut, l'autre co-légataire ne se trouvant plus en conflit avec un droit égal, recueille alors la totalité de son legs. — Le droit d'accroissement est donc la vocation qu'ont les co-légataires de recueillir la totalité de l'objet légué, en cas de défaillance des autres parts.

Le droit d'accroissement n'a-t-il lieu qu'entre les légataires particuliers ?

Non. Il a également lieu entre les légataires universels ou à titre universel conjoints, et entre les héritiers légitimes appelés à recueillir la totalité d'une succession.

N'y a-t-il pas trois espèces de légataires conjoints ?

Oui. Il y a des légataires conjoints *Re et verbis*, des légataires conjoints *Re tantum*, et des légataires conjoints *Verbis tantum*.

Les légataires conjoints *re et verbis*, sont ceux à qui une même chose a été léguée par les mêmes dispositions; comme par exemple, lorsque l'on dit : « *Je lègue ma maison A à Primus et à Secundus.* »

Les légataires conjoints *re tantum*, sont ceux à qui une même chose a été léguée par des dispositions différentes; comme par exemple, lorsque l'on dit : « *Je lègue* ma maison *A* à *Primus,* » et plus loin : « *Je lègue ma maison A à Secundus.* »

Les légataires conjoints *verbis tantum,* sont ceux à qui une même chose a été léguée par une seule disposition, mais avec attribution de parties distinctes de cette chose ; comme par exemple, lorsque l'on dit : « *Je lègue ma maison A à Primus et à Secundus, chacun pour moitié.*

Le droit d'accroissement existe-t-il entre ces divers légataires conjoints ?

Il faut distinguer :

Il existe, comme il existait à Rome pour les légataires conjoints *re et verbis.* L'un d'eux vient-il à faire défaut, les autres recueillent sa part. Ils la recueillent parce qu'ils sont appelés à profiter de la chose toute entière s'ils ne rencontrent aucun droit égal au leur, si en un mot aucun obstacle de fait ne les en empêche. (Art. 1045.)

Il n'existe pas, de même qu'il n'existait pas à Rome, pour les légataires conjoints *verbis tantum,* puisque chacun d'eux n'est appelé à recueillir qu'une partie de la chose léguée.

Il existait à Rome pour les légataires conjoints *re tantum;* et c'était avec raison puisqu'ils sont, comme les légataires *re et verbis,* appelés à recueillir la chose toute entière. Mais le Code n'a pas entièrement suivi la règle romaine à leur égard. Dans certains cas, il leur concède le droit d'accroissement; et dans d'autres cas il le leur refuse. (Art. 1044, 1045.)

Dans quels cas le Code admet-il le droit d'accroissement pour les légataires re tantum ?

Il ne l'admet que dans le cas où la chose léguée ne peut pas être diminuée sans détérioration. Dans le cas contraire, lorsque la chose est susceptible de division, il présume que chaque légataire conjoint n'a été appelé à en recueillir qu'une partie, et en conséquence, il décide qu'il n'y a pas lieu au droit d'accroissement.

Cette décision a été justement critiquée, non seulement parce qu'elle est contraire au principe que les légataires conjoints *re tantum* ont une vocation à la totalité, mais encore parce qu'elle donne lieu dans la pratique à de nombreuses contestations sur le point de savoir si la chose qui a été léguée est ou n'est pas susceptible de division.

Cette théorie du droit d'accroissement s'applique-t-elle aux légataires universels ou à titre universel?

Non. Quoique le Code ne se soit pas formellement prononcé à cet égard, on admet généralement qu'elle ne s'applique qu'aux légataires particuliers conjoints. En effet, la distinction établie par l'article 1046, relativement à la possibilité de la division de la chose léguée, ne peut évidemment s'appliquer qu'à des objets déterminés et non à un ensemble de biens toujours susceptible de division.

Relativement aux légataires universels, il faut donc revenir à la théorie du droit romain et de notre ancien droit, et décider que le droit d'accroissement existe pour les légataires conjoints *re tantum*, comme pour les légataires conjoints *re et verbis*.

Le légataire conjoint qui recueille une part vacante, est-il tenu d'acquitter les charges qui la grèvent ?

Le Code ne s'est pas expliqué davantage à cet égard. On admet généralement qu'il faut décider l'affirmative, conformément à ce qui se pratiquait dans notre ancienne jurisprudence.

Outre les causes de révocation des testaments dont

nous avons parlé, n'y a-t-il pas d'autres causes qui empêchent les dispositions testamentaires d'accomplir leurs effets.

Oui. Aux termes de l'article 1046, l'inexécution des conditions et l'ingratitude envers le disposant, qui sont des causes de révocation des donations, autorisent également à demander la révocation des dispositions testamentaires.

Si la demande en révocation est fondée sur une injure grave faite à la mémoire du testateur, elle doit être intentée par les héritiers dans l'année, à compter du jour du décès. (Art. 1047.)

CHAPITRE SIXIÈME.

Des Dispositions permises en faveur des Petits-Enfants du Donateur ou Testateur, ou des Enfants de ses Frères et Sœurs.

Pour la clarté de nos démonstrations nous diviserons ce chapitre en deux sections.

Dans la première, nous donnerons le commentaire des articles 896 à 899 relatifs aux substitutions défendues, que le Code a maladroitement intercalé dans le chapitre Ier de ce titre, et qui sont ici à leur véritable place.

Dans la seconde, nous traiterons, en suivant l'ordre du Code, des substitutions permises.

SECTION I.

DES SUBSTITUTIONS DÉFENDUES.

Article 896 à 899.

Qu'entend-on par substitution ?

On entend par substitution, l'institution fidéicommissaire par laquelle un donataire ou un légataire reçoivent des biens, à la condition de les conserver jusqu'à leur décès et de les remettre à un tiers désigné par le disposant.

A Rome, il y avait trois espèces de substitutions : la substitution *vulgaire*, la substitution *pupillaire*, et la substitution *quasi-pupillaire*. La plus générale de ces substitutions, la substitution *vulgaire* était une institution supplémentaire d'héritier, destinée à n'avoir d'effets qu'à défaut de la principale.

Les substitutions pupillaire et quasi-pupillaire n'existent plus aujourd'hui. Quant à la substitution vulgaire elle a été maintenue par le Code, qui autorise à instituer une personne pour recueillir les biens que le donataire ou le légataire ne recueillerait pas. Seulement, elle n'est plus connue sous le nom de substitution, qui sert maintenant à désigner une institution fidéicommissaire. (Art. 898.)

La substitution ne renferme-t-elle pas trois personnes?

Oui. Toute substitution renferme *un disposant* qui donne les biens, *un grevé* qui les reçoit avec charge de les conserver jusqu'à son décès et de les remettre, et *un appelé* qui doit définivement les recueillir.

Dans notre ancien droit, les substitutions n'avaient-elles pas lieu de deux manières?

Oui. Elles étaient simples ou graduelles.

Elles étaient simples, lorsqu'il n'y avait qu'une seule restitution à faire ; elles étaient graduelles, lorsqu'il y avait plusieurs restitutions successives à faire, par exemple, lorsque le donataire était chargé de remettre à son fils, et que celui-ci était lui-même chargé de remettre au fils aîné qu'il aurait, lequel était également chargé de remettre à son premier né, et ainsi de suite, jusqu'au nombre de générations fixé par le donateur.

Jusqu'à quel degré les substitutions successives étaient-elles permises ?

A l'origine, elles étaient permises jusqu'au dixième degré.—En 1789, on les réduisit à deux degrés, l'institution non comprise. Par exemple, un père pouvait donner les biens à son fils, à charge de les remettre à son petit-fils, lequel devait lui-même les remettre à l'arriére petit-fils; mais ce dernier les recueillait définitivement. — En 1792, elles furent prohibées d'une manière absolue. Le Code a maintenu cette prohibition, sauf les exceptions que nous verrons plus loin. (Art. 896, 897).

Qu'entend-on par majorats ?

On entend par majorats des biens transmissibles de mâle en mâle et d'ainé en ainé, au moyen de substitutions.

Les majorats furent établis par un décret de 1806. On les divisait en majorats de *propre mouvement* et en majorats *sur demande*. Les premiers étaient constitués par l'empereur sur les domaines conquis; les seconds étaient constitués sur les biens mêmes de ceux qui en avaient sollicité l'établissement.

Les substitutions n'ont-elles pas été également rétablies par une loi postérieure au Code ?

Oui. Elles furent rétablies par la loi de 1826, qui les autorisa à deux degrés; mais en décidant qu'elles ne pourraient avoir lieu qu'au profit des enfants du grevé, au lieu que dans notre ancien droit elles étaient permises au profit de personnes étrangères à celui-ci.

En 1849, une loi abolit une seconde fois les substitutions, sauf les exceptions admises par le Code. Elle confirma en même temps l'abolition des majorats, qui avait été décidée par une loi de 1835. Depuis cette époque, la prohibition du Code sur les substitutions et sur les majorats est restée en vigueur.

Pourquoi les substitutions ont-elles été prohibées ?

En prohibant les substitutions, le législateur a voulu empêcher que chaque famille put avoir un ordre légal de succession à elle particulier, contraire à l'égalité, et faisant obstacle à la libre circulation des biens.

La charge de conserver, pendant un certain temps seulement, et de remettre ensuite les biens donnés, constituerait-elle une substitution prohibée?

Non. L'obligation de conserver ne constitue une substitution prohibée que lorsqu'elle doit durer toute la vie du grevé. Il est vrai que l'article 896 ne le dit pas, mais les articles 1040 et 1121 du Code le démontrent suffisamment.

Quelles différences y a-t-il entre la situation du grevé et celle d'un usufruitier?

En abolissant les substitutions, le Code a maintenu expressément, par l'article 899, les constitutions d'usufruit. C'est qu'en effet il existe de graves différences entre la situation du grevé et celle de l'usufruitier. Ainsi :

1º Le grevé est propriétaire des biens donnés, sous la condition résolutoire de les remettre aux appelés s'ils ne font pas défaut. — L'usufruitier n'a que la jouissance des biens.

2º Le grevé, en sa qualité de propriétaire, doit faire les grosses réparations. — L'usufruitier n'y est pas tenu.

3º Le grevé n'est pas obligé à fournir caution. — L'usufruitier y est obligé.

Quelle sanction la loi attache-t-elle à la prohibition des substitutions?

En principe, toute condition illicite insérée dans une

donation ou testament n'annule pas la disposition. Mais afin d'attacher une sanction plus énergique à la prohibition des substitutions, le Code, dérogeant à ce principe, frappe de nullité les donations ou testaments qui en sont affectés.

SECTION II.

DES SUBSTITUTIONS PERMISES.

Articles 1048 à 1074.

Quelles sont les substitutions qui ont été permises par exception ?

Ce sont :

1º Les substitutions faites par les père et mère en faveur de leurs petits enfants, nés ou à naître de l'enfant à qui ils font la donation.

2º Les substitutions faites par les frères et sœurs en faveur de leurs neveux et nièces, nés ou à naître du frère ou de la sœur à qui ils font la donation. (Art. 1048, 1049).

Ces substitutions, pour être valables, ne doivent-elles pas remplir une double condition ?

Oui. Il faut :

1º Qu'elles soient faites en faveur de tous les enfants nés ou à naître du grevé, sans distinction d'âge ni de sexe.

2º Qu'elles soient faites au premier degré seulement, c'est-à-dire qu'elles ne soient faites qu'en faveur des enfants du grevé, à l'exclusion de ses petits enfants.

Toutefois, les petits enfants du grevé pourraient venir par représentation de leur père et mère décédés aux biens frappés de substitution, s'il existait d'autres appelés. (Art. 1050, 1051).

Pourrait-on frapper de substitution une libéralité qui aurait d'abord été faite purement et simplement ?

Oui, mais on ne le pourrait qu'en faisant accepter au

donataire une seconde libéralité portant clause que les deux libéralités sont frappées de substitution au profit des mêmes personnes. Les deux libéralités n'en formeraient plus ainsi qu'une seule. (Art. 1052).

A qui appartiennent les biens frappés de substitution ?

Ils appartiennent au grevé sous condition résolutoire, et aux appelés sans condition suspensive. Cette double condition s'accomplira si les appelés survivent au grevé; alors, par suite de l'effet rétroactif de la condition, les premiers seront censés avoir toujours été propriétaires des biens substitués et tenir leurs droits du disposant et non du grevé. Il en résulte que la renonciation qu'ils feraient à la succession de celui-ci ne les empêcherait pas de recueillir les biens de substitution.

Les appelés, qui ont accepté purement et simplement la succession du grevé, peuvent-ils critiquer les droits réels consentis par ce dernier à leur détriment sur les biens de substitution ?

Non. En effet, par suite de leur acceptation pure et simple, ils sont devenus personnellement responsables de tous les actes de leur auteur.

Quant aux actes d'administration faits par le grevé, ils doivent les respecter, soit qu'ils acceptent, soit qu'ils répudient la succession; car celui-ci était, de son vivant, l'administrateur legal des biens de substitution.

Ils doivent également respecter les aliénations mobilières faites par le grevé à des tiers de bonne foi, à cause de la maxime : « *En fait de meubles, possession vaut titre.* »

Les tiers peuvent-ils acquérir par prescription les immeubles frappés de substitution ?

Oui. Les tiers peuvent prescrire contre les appelés si

ces derniers sont majeurs; car, en principe, la prescription court contre tous les majeurs. On objecterait vainement que les appelés n'étaient propriétaires que sous condition suspensive, l'existence de cette condition ne les empêchait pas de faire des actes conservatoires. Mais il n'en serait pas de même, s'il s'agissait pour les tiers, non d'acquérir mais de se libérer par prescription d'une dette faisant partie des biens de substitution, parce que l'existence d'une condition empêche les débiteurs de prescrire.

Comment s'ouvrent les droits des appelés?

Ils s'ouvrent :

1º Par la mort du grevé.

2º Par la déchéance qui serait prononcée contre lui, pour avoir omis de faire nommer un tuteur à la substitution.

3º Par l'abandon anticipé qu'il aurait fait de sa jouissance, ou plutôt de la propriété résoluble qu'il avait sur les biens. (Art. 1053, 1057).

Toutefois, nous ferons observer que l'attribution des biens de substitution résultant de l'abandon anticipé ou de la déchéance du grevé, n'aurait lieu d'une manière définitive et irrévocable pour les appelés, qu'autant qu'il n'en surviendrait pas d'autres dans l'avenir. Autrement le grevé perdrait bien ses droits définitivement; mais les appelés ne les acquerraient pas de même, et ils devraient procéder à un nouveau partage.

La loi n'a-t-elle pas prescrit certaines mesures dans l'intérêt des appelés et des tiers?

Oui. Dans l'intérêt des appelés elle prescrit :

1º La nomination d'un tuteur; 2º La confection d'un inventaire; 3º La vente du mobilier; 4º L'emploi des capitaux.

Dans l'intérêt des tiers, elle prescrit la publicité de la substitution. Cette publicité les avertit que les droits réels qui leur seraient consentis par le grevé sur les biens compris dans la substitutions sont résolubles.

Comment le tuteur à la substitution est-il nommé ?

Il est nommé, soit par le disposant, soit par un conseil de famille que le grevé est tenu de convoquer à cet effet dans le délai d'un mois, sous peine de déchéance. Les règles à suivre pour cette nomination, ainsi que pour ce qui concerne les dispenses ou les excuses de la tutelle, sont les mêmes que pour les tuteurs ordinaires.

Au reste, la nomination d'un tuteur n'est pas nécessaire lorsque le disposant est encore vivant.

Le tuteur est chargé de veiller à ce que le grevé accomplisse toutes les obligations dont il est tenu. (Art. 1055, 1056, 1057)

Comment l'inventaire est-il dressé ?

Il doit être dressé, à la requête du grevé, dans les trois mois de la mort du testateur; et, à son défaut, dans le mois qui suivra l'expiration de ce délai, à la diligence du tuteur nommé à la substitution.— Si le grevé et le tuteur ont également négligé de faire dresser cet inventaire, les appelés, et s'ils sont mineurs leur tuteur, leurs parents et le procureur impérial pourront demander à ce qu'il y soit procédé.

Au reste, l'inventaire n'a lieu que lorsque la substitution est faite par testament et qu'elle comprend soit l'universalité soit une quote-part de la succession. Si elle était faite en la forme d'un legs particulier, les biens substitués se trouveraient suffisamment désignés; si elle était faite en la forme d'une donation, l'état estimatif qui y est annexé lorsqu'elles comprennent des meubles rendrait l'inventaire inutile. (Art. 1058, 1059, 1660, 1061).

Comment a lieu la vente des biens?

Elle a lieu à la requête du grevé, par affiches et aux enchères. Elle comprend tous les meubles, excepté ceux dont le disposant aurait prescrit la conservation, et ceux qui servent à l'exploitation des immeubles compris dans la substitution. (Art. 1062, 1063, 1064).

Comment est-il fait emploi des deniers compris dans la substitution, et de ceux provenant de la vente des meubles?

Le grevé doit en faire emploi dans les six mois de la clôture de l'inventaire. Il doit également faire emploi des deniers provenant du remboursement des créances et des rentes, mais dans les trois mois à compter du jour du remboursement.

L'emploi de tous les deniers doit être fait conformément aux prescriptions du disposant. S'il n'a rien prescrit à cet égard, il sera fait en achat d'immeubles ou en placements avec privilège sur des immeubles. — Il aura toujours lieu en présence et à la diligence du tuteur nommé pour l'exécution. (Art. 1065, 1066, 1067, 1068).

Comment la substitution est-elle rendue publique?

1º Pour les immeubles, elle est rendue publique par la transcription au bureau des hypothèques des actes de libéralité contenant substitution.

2º Pour les sommes placées avec privilège sur des immeubles, elle est rendue publique par l'inscription prise sur ces immeubles, au bureau des hypothèques, de leur situation. (Art. 1069).

Par qui le défaut de transcription de l'acte contenant substitution peut-il être opposé?

En général, il peut être opposé par tous ceux qui ont traité avec le grevé sans avoir été avertis par la transcription que les libéralités qu'il avait reçues étaient frappées de substitution. Ainsi ses créanciers et les tiers acquéreurs des biens de substitution ont la faculté de le faire valoir.

Au contraire, le défaut de transcription ne peut être opposé par les donataires et légataires du disposant, parce qu'il n'y a aucune raison de leur donner la préférence sur les donataires et légataires du grevé. Elle ne peut pas non plus être opposée par les héritiers légitimes du disposant, parce qu'ils représentent celui-ci, et que la transcription n'était pas nécessaire à son égard.

Les appelés qui ont à souffrir du défaut de transcription ont un recours contre le grevé et contre le tuteur à la substitution. Mais ils ne peuvent pas être restitués contre ce défaut, quand bien même ils sont mineurs et interdits et que le grevé et le tuteur se trouvent insolvables. Cette disposition a pour but de maintenir la sécurité des contrats, qui aurait été atteinte si des acquéreurs à titre onéreux pouvaient être facilement dépossédés. (Art. 1070, 1071, 1072, 1073, 1074.)

CHAPITRE SEPTIÈME

Des Partages faits par Père, Mère, ou autres ascendants entre leurs descendants.

Articles 1075 à 1080.

Pourquoi la loi a-t-elle accordé aux père, mère, et autres ascendants, la faculté de faire le partage de leurs biens entre leurs enfants et descendants ?

C'est dans l'intérêt commun des père et mère et des enfants. En effet, d'une part les père et mère peuvent être intéressés, surtout lorsqu'ils se trouvent dans un âge avancé, à n'avoir plus à s'occuper de la gestion de leur patrimoine ; et d'autre part, les enfants ont tout intérêt à appréhender immédiatement leurs biens, sans être obligés à attendre que leur succession soit ouverte.

Dans quelles formes les père, mère, et autres ascendants, peuvent-ils faire le partage de leurs biens ?

Ils peuvent le faire, soit dans la forme d'une donation entre vif, soit dans la forme d'un testament. Mais ils doivent avoir soin de se conformer à toutes les règles et conditions qui régissent la forme qu'ils ont adopté. (Art. 1075, 1076).

Les enfants, qui ont accepté le partage, sont-ils tenus de toutes les dettes de leur auteur ?

Il faut distinguer :

Le partage a-t-il été fait en la forme d'un testament, ils sont tenus au payement de toutes les dettes. Ils y sont même tenus *ultra vires*, à moins qu'ils n'aient accepté sous bénéfice d'inventaire. En effet, le testament n'a fait que déterminer leurs parts, et ils succèdent de la même manière qu'ils succéderaient *ab intestat*.

Le partage a-t-il été fait en la forme d'une donation, ils sont également tenus de payer les dettes, et tenus *ultra vires* s'ils n'ont pas accepté sous bénéfice d'inventaire ; car ils reçoivent, comme dans le cas précédent, parce qu'ils sont héritiers. — Toutefois, si la donation était faite à titre particulier les créanciers ne pourraient leur réclamer les dettes ; mais alors ils feraient annuler le partage comme fait en fraude de leurs droits.

N'y a-t-il pas lieu, quelquefois, à un partage supplémentaire après le décès des ascendants ?

Oui. Ainsi il y a lieu à un partage supplémentaire :

1º Lorsque le partage ne comprenait que les biens

présents et que le patrimoine du disposant s'est augmenté depuis qu'il a été fait; c'est ce qui arrive lorsqu'il a eu lieu en la forme d'une donation.

2° Lorsque, depuis le partage, certains enfants sont décédés, sans laisser de descendants qui puissent recueillir leur part par représentation. (Art. 1077, 1078.)

Quelles sont les causes de nullité des partages faits par les ascendants ?

Ce sont :

1° La composition défectueuse des lots. — Le disposant réglant lui-même les droits de succession *ab intestat* de ses enfants, doit, autant que possible, se conformer aux règles établies pour les partages, et donner à chacun de ses enfants la même quantité de meubles et d'immeubles.

2° L'omission de l'un des enfants ou descendants qui devaient être compris dans le partage.

3° La lésion éprouvée par l'un des héritiers, lorsqu'elle se monte à plus du quart de ce qu'il aurait reçu si l'ascendant était mort *intestat.*

4° Les avantages faits à l'un des enfants au delà de ce qui est permis par la loi, c'est-à-dire au-delà de sa part de réserve plus toute la quotité disponible. — Dans ce cas, les autres enfants, peuvent attaquer ce partage comme contenant une violation des règles sur la réserve, même lorsqu'ils n'ont pas individuellement éprouvé une lésion supérieure au quart de leur portion *ab intestat.* (Art. 1078, 1079.)

A quelle condition les enfants peuvent-ils attaquer le partage fait par leurs ascendants ?

Ils ne peuvent attaquer le partage, qu'à la condition de faire l'avance des frais de l'estimation. Ces frais, ainsi que ceux auxquels la contestation pourrait donner lieu, resteront définivement à leur charge si la demande est repoussée. Dans le cas contraire, ils pourront être compensés entre les parties, car le Code de procédure admet cette compensation entre frères et sœurs. (Art. 1080.)

CHAPITRE HUITIÈME.

Dés Donations faites par contrat de mariage aux époux et aux enfants à naître du mariage.

Articles 1081 à 1090.

Qu'est-ce qui distingue les donations faites par contrat de mariage des donations ordinaires ?

Les donations faites par contrat de mariage se distinguent des donations ordinaires, en ce que le législateur, pour les favoriser, et pour encourager par là le mariage, les a affranchies de certaines règles qui sont imposées aux premières.

Quelles sont les règles dont les donations faites par contrat de mariage ont été affranchies ?

1° Elles ne sont point soumises à la formalité de l'acceptation expresse.

2° Elles peuvent être faites sous des conditions protestatives de la part du donateur.

3° Elles peuvent comprendre des biens à venir.

4° Elles peuvent être faites au profit de personnes qui ne sont pas encore conçues.

5° Elles ne sont point révocables pour cause d'ingratitude. (Art. 1081, 1082, 1086, 1087.)

Quelles sont les règles dont les donations faites par contrat de mariage n'ont pas été affranchies ?

1° Elles sont révocables pour cause d'inexécution des conditions, ou de survenance d'enfant au donateur.

2° Elles sont soumises à la réduction et au rapport.

3° Elles doivent être faites par des personnes capables de disposer à des personnes capables de recevoir. (Art. 1090.)

Combien y a-t-il d'espèces de donations faites par contrat de mariage ?

Il y en a quatre espèces, savoir :

1° Les donations de biens présents.

2° Les donations de biens à venir.

3° Les donations cumulatives de biens présents et à venir.

4° Les donations faites sous des conditions protestatives de la part du donateur.

En établissant ces quatre espèces de donations le législateur a voulu offrir au donateur toutes les facilités possibles pour faire des dispositions gratuites, en employant suivant ses convenances, la forme qu'il lui plaît d'adopter.

Qu'est-ce que la donation de biens présents ?

La donation de biens présents est celle par laquelle le donateur se dépouille actuellement et irrévocablement des biens donnés.

Cette donation est celle qui se rapproche le plus des donations ordinaires. Toutefois, elle en diffère sous trois rapports :

1° Parce qu'elle est dispensée de la formalité de l'acceptation expresse.

2° Parce qu'elle n'est pas révocable pour cause d'ingratitude.

3° Parce qu'elle est faite sous la condition tacite que le mariage aura lieu. (Art. 1081, 1088.)

Qu'est-ce que la donation de biens à venir ?

La donation de biens à venir est celle par laquelle le

donateur donne au donataire tout ou partie des biens qu'il laissera à son décès, en se dépouillant du droit d'en disposer dans l'avenir à titre gratuit en faveur d'autres personnes.

La donation de biens à venir est aussi appelée *institution contractuelle*. Institution, parce qu'elle se rapproche du testament en conférant au donataire un droit sur la succession ; contractuelle, parce qu'elle se rapproche du contrat, par le concours de volontés qu'elle suppose chez les deux parties. Toutefois, elle présente avec le testament, une différence considérable, c'est qu'elle ne peut pas être révoquée par un simple changement de volonté. D'où cette conséquence qu'il ne suffit pas d'être capable de tester pour pouvoir faire cette donation.

Quels sont les effets de la donation de biens à venir ?

La donation de biens à venir a pour effet d'enlever au donateur la faculté de disposer à titre gratuit de ses biens. En conséquence, il reste propriétaire des biens donnés et il peut en disposer à titre onéreux et les grever de charges ; mais d'un autre côté, le donataire est à l'abri de toutes donations et legs postérieurs qui lui seraient préjudiciables. Sa situation est semblable à celle d'un héritier réservataire. (Art. 1083.)

La donation de biens à venir n'est-elle pas présumée faite aux enfants et descendants à naître du mariage ?

Oui. Il y a ici une grave dérogation au droit commun, qui ne permet pas de faire des donations au profit de personnes non encore conçues. Mais cette dérogation s'explique. D'abord, le donateur ne se dépouille pas actuellement de ses biens en faveur de personnes incertaines ; lorsqu'il s'en dépouillera, les enfants qui doivent les recueillir seront nés ; ensuite, la donation est faite en faveur du mariage et elle n'atteindrait pas son but si les enfants qui en proviennent en étaient privés lorsque leurs parents sont décédés avant le donateur. Enfin, il convient d'observer que la donation doit être faite principalement aux époux et ne s'adresser qu'accessoirement aux enfants à naître du mariage, qui ne sont appelés à en profiter que par substitution à leurs père et mère.

Cette substitution n'a pas besoin d'être formulée dans le contrat. Elle est présumée faite, toutes les fois qu'elle n'est pas expressément contredite par une déclaration contraire. C'est, d'ailleurs, une substitution vulgaire et non une substitution fidéicommissaire, et les époux ne sont pas obligés de conserver les biens donnés jusqu'à leur mort pour les transmettre aux enfants. (Art. 1082.)

Qu'est-ce que la donation cumulative de biens présents et de biens à venir ?

La donation cumulative de biens présents et de biens à venir est une espèce de donation de biens à venir, par laquelle le donateur donne au donataire, soit tous les biens qu'il laissera à son décès et dont il peut comme précédemment disposer à titre onéreux, soit certains biens déterminés qu'il ne peut grever d'aucun droit, et qu'on appelle *biens présents*. Au moment du décès du donateur, le donataire choisira. S'il opte pour les biens à venir, il devra respecter tous les droits réels consentis à titre onéreux par le donateur. S'il opte pour les biens présents il pourra, au contraire, faire rescinder tous les droits réels dont ces biens auraient été grevés.

Cette donation a sur la précédente l'avantage d'assurer irrévocablement au donataire certains biens déterminés, dont le donataire s'interdit de disposer à quelque titre que ce soit. (Art. 1084).

Quel est le parti que le donataire adoptera de préfé-rence ?

Si les biens donnés ont été conservés, il optera pour la donation de biens à venir; ce qui lui permettra de recueillir toute la quotité disponible. — Si, au contraire, ils ont été dissipés, il optera pour la donation de biens présents ; ce qui lui permettra de faire rescinder tous droits réels consentis sur ces biens; et le dispensera de payer aucune dette de la succession, à l'exception de celles existant au moment de la donation qu'il se serait expressément obligé à payer et dont l'état se trouverait annexé à l'acte de donation.

Comment reconnaît-on les biens présents des biens à venir ?

S'ils comprennent des immeubles, on les reconnait par là désignation qui en est faite dans l'acte de donation. — S'ils comprennent des meubles, la loi décide qu'un état estimatif doit en être dressé et que cet état sera annexé à l'acte.

De même que la précédente, la donation cumulative de biens présents et de biens à venir est présumée faite aux enfants à naître du mariage. D'un autre côté elle fait retour au donateur lorsqu'il survit aux époux et aux enfants. (Art 1084, 1085, 1089).

Qu'est-ce que la donation faite sous des conditions protestatives de la part du donateur ?

La donation faite sous des conditions protestatives de la part du donateur est celle par laquelle le donateur se dépouille actuellement et irrévocablement des biens donnés ; mais en se réservant le droit de reprendre un objet, ou en obligeant le donataire à payer ses dettes futures, s'il accepte la donation.

Cette donation contient une grave dérogation au principe des donations ordinaires, *donner et retenir ne vaut.* Mais la faveur du mariage l'a fait admettre. Comme les deux précédentes, elle est présumée faite en faveur des enfants à naître du mariage; et d'un autre côté, elle fait retour au donateur lorsqu'il survit aux époux et à leur postérité.

A qui appartient l'objet que le donataire s'était réservé de reprendre lorsqu'il décède sans l'avoir repris ?

D'après le droit commun, lorsque le donateur s'est réservé de reprendre l'un des biens compris dans la donation, celle-ci est nulle pour le tout. Ici, au contraire, elle est valable même pour les objets que le donateur a la faculté de reprendre. — Si le donateur n'use pas de cette faculté, ces objets appartiennent au donataire ou à ses enfants; mais ils lui font retour s'il leur survit. (Art. 1086, 1089).

Lorsque les donations par contrat de mariage doivent être réduites, la réduction se fait-elle au marc le franc, comme pour les legs; ou en commençant par la donation la plus récente, comme pour les donations ordinaires ?

Elle se fait en commençant par les donations les plus récentes. Il est vrai que les trois dernières espèces de donations sont à certains égards susceptibles de révocation; mais le donataire ne peut pas les révoquer, comme les legs, par un simple changement de volonté, même lorsqu'elles ont été faites sous condition protestative. Pour les faire tomber, il faut qu'il exécute un acte, il faut qu'il accomplisse la condition à laquelle elles sont subordonnées.

CHAPITRE NEUVIÈME.

Des Dispositions entre époux, soit par contrat de mariage, soit pendant le mariage.

Articles 1091 à 1100.

Les donations par contrat de mariage dont nous venons de parler peuvent-elles être faites par un époux à l'autre époux, aussi bien que par les tiers aux époux?

Oui. Les époux peuvent se faire les donations dont nous venons de parler, par contrat de mariage. — Ils peuvent même, comme nous le verrons tout à l'heure, se les faire pendant le mariage. (Art. 1091, 1096).

Les donations par contrat de mariage, faites par un époux à l'autre, diffèrent-elles de celles qui sont faites par des tiers aux époux ?

Il faut distinguer :

Entre les donations de biens présents faites par des tiers et les donations de biens présents faites par les époux l'un à l'autre, il n'y a aucune différence. Dans les deux cas, on suit les mêmes règles et les mêmes formes.

Pour les trois autres espèces de donations, il y a deux différences :

1º Les donations faites par les époux ne sont pas, comme celles faites par des tiers, présumées faites en faveur des enfants à naître du mariage. — Il eut été, en effet, inutile de substituer ici les enfants au donataire pour le cas où il serait décédé avant le donateur, parce que ceux-ci retrouveront les biens donnés dans le patrimoine de l'un ou de l'autre.

2º Les donations faites par les époux ne sont pas, comme celles faites par des tiers, révocables pour cause de survenance d'enfant. — En effet, la donation ne nuit pas ici aux enfants du donateur, puisqu'ils sont en même temps les enfants du donataire. (Art. 1092, 1093),

Les donations par contrat de mariage peuvent-elles être faites par un époux mineur à l'autre époux?

Oui. Mais c'est à la condition qu'il sera assisté de ceux dont le consentement est requis pour le mariage. (Art. 1095).

Les époux peuvent-ils se faire des donations pendant le mariage?

Oui. Ces donations, qui étaient prohibées à Rome et dans un grand nombre de coutumes, ont été autorisées par le Code; mais c'est à la condition d'être essentiellement révocables. (Art. 1096).

En quoi les donations faites par les époux pendant le mariage diffèrent-elles de celles qu'ils se font par contrat de mariage, c'est-à-dire avant le mariage?

Elles en diffèrent de trois manières :

1º Les donations faites par contrat de mariage sont irrévocables. — Celles faites pendant le mariage sont, au contraire, essentiellement révocables. Cette irrévocabilité s'explique. Les époux peuvent être entraînés par la crainte, par l'amour excessif, par l'ascendant qu'ils exercent l'un sur l'autre, à consentir facilement des libéralités. La facilité de les révoquer remédie à cet inconvénient.

2º Les donations par contrat de mariage peuvent être faites réciproquement par les deux époux l'un à l'autre, par un seul et même acte. — Celles faites pendant le mariage, lorsqu'elles sont mutuelles et réciproques, doivent être faites par acte séparé, afin de pouvoir être révoquées plus facilement.

3º Les donations faites par contrat de mariage sont

dispensées de l'acceptation expresse. —. Celles faites pendant le mariage n'en sont pas dispensées. (Art. 1097).

Lorsque les donations faites par les époux, pendant le mariage, doivent être réduites, la réduction se fait-elle au marc le franc, comme pour les legs; ou en commençant par les donations les plus récentes, comme pour les donations ordinaires ?

Elle se fait en commençant par les donations les plus récentes.

Il est vrai que les donations faites pendant le mariage sont révocables, comme les legs, par un simple changement de volonté du disposant; mais elles n'en sont pas moins de véritables donations, puisqu'elles ne peuvent se former que par le concours des deux volontés. C'est ainsi, d'ailleurs que le Code les considère.

Quelle est la quotité disponible entre époux ?

Il faut distinguer :

1º L'époux donateur ne laisse-t-il aucun héritier réservataire, il peut donner toute sa fortune à son conjoint.

2º L'époux donateur laisse-t-il seulement des ascendants, il peut donner à son conjoint toute sa quotité disponible ordinaire, plus l'usufruit de toute la réserve de l'ascendant. — Cette disposition a été justement critiquée. La réserve des ascendants réduite à une nue-propriété sera d'autant plus illusoire qu'ils sont ordinairement plus âgés que l'époux donataire.

3º L'époux donateur laisse-t-il des descendants issus de son mariage avec le donataire, il ne peut donner à son conjoint que le quart de ses biens en propriété, plus un autre quart en usufruit; ou la moitié de ses biens en usufruit.

4º L'époux donateur laisse-t-il des descendants issus

d'un précédent mariage, il ne peut donner à son second époux plus de biens que n'en pourrait recueillir l'enfant légitime le moins prenant; sans que dans aucun cas la donation puisse excéder le quart de ses biens. (Art 1094, 1098).

La quotité disponible entre époux, lorsqu'il existe des descendants issus du mariage, est-elle extensive ou restrictive de la quotité disponible ordinaire ?

Avant de répondre à cette question, il importe de rappeler que la quotité disponible ordinaire est fixée : 1º A la moitié des biens, lorsque le donateur n'a qu'un enfant; — 2º Au tiers, lorsqu'il en a deux; — 3º Au quart, lorsqu'il en a plus de deux. La quotité disponible entre époux sera extensive, si quelque soit le nombre de leurs enfants, les époux peuvent se donner le quart de leurs biens en pleine propriété, plus un quart en usufruit; et s'ils peuvent, dans le cas où ils n'ont qu'un enfant, se donner la moitié de leurs biens en pleine propriété. Elle sera, au contraire, restrictive s'ils ne peuvent jamais se donner plus d'un quart de leurs biens en pleine propriété, plus un autre quart en usufruit; et s'il faut réduire cette limite au quart des biens, lorsqu'ils ont plus de deux enfants.

Ceci posé, examinons la question :

Suivant les uns, la quotité disponible établie entre les époux par l'article 1094 est extensive de la quotité disponible ordinaire. Elle les autorise par conséquent à se donner la moitié de leurs biens, s'ils n'ont qu'un enfant; et dans tous les cas, un quart en pleine propriété et un quart en usufruit. En effet, il serait étrange que les époux ne pussent se donner l'un à l'autre ce qu'ils peuvent donner à des tiers.

Suivant les autres, la quotité disponible établie par

notre article 1094 est, au contraire, restrictive de la quotité disponible. En conséquence, les époux ne peuvent dans aucun cas se donner plus d'un quart des biens en pleine propriété et un autre quart en usufruit; et ils sont réduits à moins lorsqu'ils ont plus d'un enfant. En effet, le législateur a dû craindre davantage les libéralités que les époux pourraient se faire au préjudice des enfants que celles qu'ils pourraient faire à des tiers.

Comment calcule-t-on la part d'enfant le moins prenant?

On la calcule de la manière suivante:

Supposons que le donataire ait laissé trois enfants et que l'un d'eux ait reçu, outre sa part de réserve, toute la quotité disponible. On déduit cette quotité disponible, et on divise la réserve en quatre portions égales. — L'époux donataire et les trois enfants reçoivent chacun une de ces quatre portions. Celui d'entre ces derniers qui a déjà reçu la quotité disponible touche son quart comme les autres. De cette manière l'époux donataire se trouve placé au même rang que les enfants réduits à leur part de réserve.

L'époux donateur qui a contracté successivement plusieurs mariages, peut-il donner à chacun de ses nouveaux conjoints une part d'enfant le moins prenant?

Non. Il fera, s'il lui convient, des donations à chacun de ses conjoints successifs, mais le total des donations qu'il leur a fait ne pourra dépasser une part d'enfant le moins prenant, ni excéder un quart de ses biens.

Telle était la règle de notre ancienne jurisprudence, et les discussions préparatoires nous montrent que le Code l'a suivie.

Qui peut demander la réduction des donations entre époux ?

Elle ne peut être demandée que par les ascendants ou par les descendants. Encore faut-il qu'ils aient conservé la qualité d'héritiers, puisque la réserve n'appartient qu'aux héritiers.

A quel moment la quotité disponible entre époux est-elle fixée ?

La quotité disponible entre époux n'est fixée, comme la quotité disponible ordinaire, qu'au moment du décès de l'époux donateur. Elle est d'ailleurs la même, soit que les libéralités aient été faites avant le mariage et par le contrat, soit qu'elles aient été faites pendant le mariage. Il n'y a pas à considérer non plus si ces libéralités ont été faites en la forme d'une donation entre vifs ou en la forme d'un testament.

Le Code n'a-t-il pas prévu le cas où les époux tenteraient de se faire des libéralités excédant la quotité disponible ?

Oui. L'article 1099 déclare que les libéralités entre époux sont réductibles, lorsqu'elles dépassent la quotité disponible. Il ajoute qu'elles sont même frappées de nullité lorsque l'époux les a déguisées sous la forme de contrats à titre onéreux ou par interposition de personnes.

On conçoit que la loi se soit montrée plus sévère à l'égard de ces dernières, parce que le détour dont a usé le donateur prouve que ce n'est pas par ignorance qu'il a enfreint les prescriptions de la loi.

Dans quels cas la donation est-elle présumée faite par interposition de personnes ?

Elle est présumée faite par interposition de personnes

lorsqu'elle a lieu en faveur d'un enfant du donataire issu
d'un précédent mariage, ou de toute autre personne dont
le donataire était héritier présomptif au moment de la
donation. Cette présomption ne peut pas être combattue
par la preuve contraire. (Art. 1100.)

LIVRE III, TITRE III.

DES CONTRATS OU DES OBLIGATIONS CONVENTIONNELLES
EN GÉNÉRAL

La propriété des biens, dit l'article 711, s'acquiert et se transmet par succession, par donation, et par l'effet des obligations.

Dans les deux premiers titres de ce livre, nous nous sommes occupés des deux premiers moyens d'acquérir. — Nous allons maintenant examiner le troisième qui, à la différence des deux autres, est un moyen d'acquérir à *titre onéreux*.

Les obligations sont produites par les contrats, par les quasi-contrats, par les délits, par les quasi-délits et par la loi. Il suit de là que la théorie des obligations se confond avec la théorie des contrats, ainsi qu'avec celle bien moins étendue des quasi-contrats, des délits et des quasi-délits.

Le titre III contient la théorie générale des contrats ou des obligations conventionnelles.

Le titre IV renferme celle des quasi-contrats, délits et quasi-délits.

Dans les titres suivants, qui feront la matière de notre troisième volume, nous passerons successivement en revue les diverses espèces de contrats nommés, tels que le mariage, la vente, le louage, la société, les privilèges et hypothèques.

Le titre III comprend les six chapitres suivants :

Chapitre I. — Dispositions préliminaires.

CHAPITRE PREMIER.

Dispositions préliminaires.

Articles 1101 à 1107.

Qu'est-ce qu'une obligation ?

L'obligation est un lien de droit par lequel une personne est astreinte envers une autre, à donner, à faire, ou à ne pas faire quelque chose (Art. 1101.)

Elle est un lien de droit, parce que celui au profit duquel elle existe a une action pour contraindre le *débiteur* à remplir son engagement.

Quelle différence y a-t-il entre l'obligation de donner et l'obligation de faire ou de ne pas faire ?

Il y a entre elles une double différence :

1° L'obligation de donner peut, en général, être acquittée par un tiers, tout comme par le débiteur. En effet, lorsque je fais promettre qu'on me donnera une chose, mon but c'est d'avoir la chose ; peu m'importe qui me la remettra. — L'obligation de faire ne peut, au contraire, être acquittée, en général, que par le débiteur. Ainsi lorsque je fais promettre à un artiste d'exécuter pour moi une œuvre d'art, il m'importe beaucoup que cette œuvre soit exécutée par lui-même.

2º L'erreur sur la personne du débiteur n'est, en général, une cause de nullité que pour les obligations de faire. On dit alors que le contrat a été fait *intuitu personæ*, c'est-à-dire en vue de la personne.

Quelles sont les sources des obligations ?

Les sources des obligations sont, comme nous l'avons dit : le Contrat, le Quasi-Contrat, le Délit, le Quasi-Délit et la Loi.

Qu'est-ce que le contrat ?

Le contrat est une espèce de convention par laquelle deux personnes s'accordent pour créer des obligations.

On appelle *convention*, tout accord de volonté. — Cet accord a-t-il pour but de créer des obligations, il prend le nom de contrat. — A-t-il un autre but, par exemple, celui de modifier ou de détruire des obligations déjà existantes, il conserve le nom de convention. La convention est donc le genre et le contrat l'espèce. (Art. 1101).

Le contrat et la convention diffèrent-ils des obligations ?

Oui. Le contrat et la convention diffèrent de l'obligation comme la cause diffère de l'effet. La convention engendre le contrat lorsqu'elle a pour but de créer des obligations ; le contrat donne naissance à l'obligation ; et l'obligation elle-même produit l'action.

La pollicitation est-elle un contrat ?

Non. On entend par *pollicitation* une offre qui n'est pas encore acceptée. La pollicitation n'est pas un contrat parce qu'elle ne suppose pas l'accord de deux volontés.

Qu'appelle-t-on quasi-contrat ?

On appelle *quasi-contrat*, certains faits, volontaires, licites et non dommageables, produisant obligation. —

Ce nom de quasi-contrat leur vient de ce que les obligations qu'ils produisent ont les mêmes caractères que celles qui naissent des contrats.

Qu'appelle-t-on délits ?

On appelle délit, un fait illicite et dommageable, commis avec intention de nuire. — Tout délit oblige celui qui en est l'auteur envers celui qui en a souffert.

Qu'appelle-t-on quasi-délit ?

On appelle *quasi-délit,* un fait illicite et dommageable, commis sans intention de nuire, et produisant obligation de la part de celui qui a commis le fait dommageable envers celui qui en a souffert. Ce nom de quasi-délit leur vient de ce que les obligations qu'ils produisent ont les mêmes caractères que celles qui naissent des délits.

Qu'appelle-t-on obligations qui naissent de la loi ?

On appelle obligations qui naissent de la loi, celles qui ne sont pas produites par un accord de volontés, comme les contrats, ou par un fait de l'homme, comme les quasi-contrats, les délits et les quasi-délits ; mais qui existent uniquement en vertu d'une disposition législative. Telles sont les obligations de mitoyenneté et de partage.

Comment se divisent les contrats ?

Les contrats sont :

1° *Synallagmatiques* ou *unilatéraux.* — Ils sont synallagmatiques, lorsque les contractants s'obligent réciproquement les uns envers les autres. Ils sont unilatéraux, lorsqu'une personne s'oblige envers une autre, sans que cette dernière se soit elle-même engagée.

Certains contrats sont à la fois synallagmatiques et unilatéraux. On les appelle *synallagmatiques imparfaits.* Ce sont ceux, où, dans le principe, il n'y a qu'une obligation, mais où le créancier peut se trouver plus tard obligé lui-même. Tel est par exemple le mandat : au moment du contrat, le mandataire seul est obligé; mais s'il fait des dépenses pour l'exécution de son mandat, le mandant est tenu de les lui rembourser.

2° *Commutatifs* ou *aléatoires*. — Ils sont commutatifs, lorsque chacune des parties reçoit un équivalent actuel et certain, en échange de ce qu'elle fournit. Ils sont aléatoires, lorsque l'équivalent consiste, pour chacune des parties, dans une chance de gain ou de perte.

3° A *titre onéreux* ou à *titre gratuit*. — Ils sont à titre onéreux, lorsque chacune des deux parties y trouve un avantage réciproque. Ils sont à titre gratuit, lorqu'ils ne présentent d'avantages que pour une des deux parties seulement. (Art. 1102, 1103, 1104, 1105, 1106.)

Outre ces divisions qui sont données par le Code, les contrats sont encore :

4° *Nommés* ou *innommés*, suivant qu'ils portent un nom spécial ou qu'ils n'en portent pas.

5° *Consensuels réels* et *solennels*, suivant qu'ils se forment par le seul consentement, par la tradition, ou qu'ils exigent l'emploi de formes spéciales et rigoureuses. — La plupart des contrats sont consensuels.

CHAPITRE DEUXIÈME.

Des Conditions essentielles pour la validité des Conventions.

Aux termes de l'article 1108, il y a quatre conditions essentielles à la validité d'un contrat, savoir : 1° Le consentement des parties; 2° Leur capacité ; 3° Un objet certain formant la matière de l'engagement ; 4° Une cause licite dans l'obligation.

Parmi ces quatre conditions, trois sont nécessaires à l'existence même du contrat, et leur absence le rend absolument nul. La capacité de contracter n'est, au contraire, nécessaire qu'à sa validité, et son absence le rend seulement annulable.

Suivant les divisions du Code nous traiterons.

Section I. — Du consentement.

Section II. — De la capacité des parties contractantes.

Section III. — De l'objet et de la matière des contrats.

Section IV. — De la cause.

SECTION I.

DU CONSENTEMENT.

Articles 1109 à 1122.

Quels sont les vices du consentement ?

Les vices du consentement sont :

1º L'erreur.

2º La violence.

3º Le dol.

Ces trois faits ne détruisent pas toujours le consentement, mais ils le rendent imparfait. Lorsque le consentement est entièrement détruit, le contrat est nul ; lorsqu'il est seulement vicié, le contrat n'est qu'annulable. (Art. 1109, 1117).

Qu'est-ce que l'erreur ?

L'erreur est le fait de croire à une chose qui n'est pas conforme à la vérité. — Tantôt elle rend le contrat radicalement nul ; tantôt elle le rend simplement annulable ; tantôt, enfin, elle n'affecte pas du tout sa validité.

Quand est-ce que l'erreur rend le contrat radicalement nul ?

Elle rend le contrat radicalement nul dans deux cas :

1º Lorsqu'elle porte sur la nature de la convention.

2º Lorsqu'elle porte sur son objet.

Ainsi lorsque celui qui reçoit une chose la reçoit comme chose donnée, tandis qu'elle lui est livrée comme chose vendue ou prêtée, l'erreur empêche la formation du contrat; elle l'empêche parce qu'elle exclut le concours de volontés. — Pareillement, lorsque celui qui achète croit qu'on lui vend la maison A et que celui qui vend entend vendre la maison B, l'erreur empêche encore la formation du contrat parce qu'elle exclut également le concours de volontés.

Ces deux cas ne sont pas, d'ailleurs, prévus par la loi. Elle ne s'occupe ici que des vices et non du défaut absolu de consentement, tel qu'il résulte de l'absence de concours des volontés.

Quand est-ce que l'erreur rend le contrat simplement annulable ?

Elle le rend simplement annulable dans deux cas :

1º Lorsqu'elle porte sur la substance de l'objet.

2º Lorsqu'elle porte sur la personne, dans le cas où on a contracté en vue de la personne, par exemple lorsqu'on a fait une donation.

En droit, on entend par substance d'une chose la qualité principale que les parties ont eu en vue en contractant; en d'autres termes, le rapport principal sous lequel la chose a été envisagée par eux. Or, une chose peut dans un contrat être envisagée principalement sous divers rapports ; par exemple, sous le rapport de sa matière, de la réputation de celui qui l'a confectionnée, de sa forme, de son origine, de son ancienneté.

Ainsi, lorsqu'on achète une montre, qu'on croit en or et qui est en vermeil, il y a erreur sur la substance ; car la chose vendue a été achetée principalement sous le rapport de sa matière. Pareillement, lorsqu'on achète une médaille, qu'on croit antique et qui est moderne, il y a erreur sur la substance ; car la chose vendue a été achetée principalement sous le rapport de son origine. (Art. 1110.)

Quand est-ce que l'erreur n'affecte pas du tout la validité du contrat ?

Elle n'affecte pas du tout la validité du contrat dans trois cas :

1° Lorsqu'elle porte sur des qualités purement accessoires de l'objet du contrat ; par exemple, lorsqu'on achète une maison, qu'on croit solide et qui ne l'est pas.

2° Lorsqu'elle porte sur le motif de la convention ; par exemple, lorsqu'on a acheté une maison, croyant à tort que la sienne a péri.

3° Lorsqu'elle porte sur la personne, quand on n'a pas contracté en vue de la personne ; par exemple, lorsqu'on achète des fournitures en se trompant de fournisseur.

Les tribunaux n'ont-ils pas, relativement à tous ces cas, un certain pouvoir d'appréciation ?

Oui. Ils apprécieront, suivant les circonstances, quand l'erreur a porté sur des qualités substantielles, ou accessoires ; ou, quand le contrat a été fait en vue de la personne, ou sans considération de la personne. Mais ils n'ont pas à distinguer si l'erreur a été grossière, ou si elle est excusable ; si elle est dommageable ou non pour l'autre partie. En principe, le contrat infecté d'une erreur doit être annulé; sauf à la partie qui l'attaque à fournir des dommages-intérêts, lorsque l'erreur provient de sa faute.

Qu'est-ce que la violence ?

La violence est la crainte actuelle d'un mal considérable, de nature à faire impression sur une personne raisonnable.

Elle est une cause de nullité du contrat ; soit qu'elle vienne de la partie adverse ou d'un tiers; soit qu'elle ait été exercée sur la partie, ou sur son conjoint, ses ascendants, ou ses descendants. En effet, elle est une cause de nullité parce qu'elle détruit la liberté du contractant. Or, elle la détruit tout aussi bien par des menaces qui concernent des personnes qui lui sont chères, que par des menaces qui le concerneraient lui-même.

La violence consiste plutôt dans la crainte qui a été inspirée, et qui a détruit la liberté, que dans le mal lui-même. Il en résulte que les juges doivent tenir compte des circonstances pour apprécier si elle a été de nature à vicier le consentement. Ils doivent, notamment, avoir égard à l'âge, au sexe et à la condition des personnes qui ont été violentées. (Art. 1111, 1112, 1113.)

Quand est-ce que la violence n'est pas une cause de nullité du contrat.

Elle n'est pas une cause de nullité du contrat :

1° Lorsqu'elle n'a pas été assez grave pour impressionner la personne qui a contracté de manière à lui enlever sa liberté.

2° Lorsqu'elle n'a pas eu lieu en vue de décider la partie qui l'a souffert à contracter.

3° Lorsqu'elle a pour cause la simple crainte révérentielle qu'inspirent les ascendants, sans qu'elle ait été accompagnée de menaces. (Art. 1114).

Quand est-ce que la nullité résultant de la violence ne peut plus être invoquée?

Elle ne peut plus être invoquée, lorsque depuis qu'elle a cessé le contrat a été approuvé, soit expressément, soit tacitement, soit en laissant passer le temps de la restitution fixé par la loi. (Art. 1115).

La violence exclut-elle absolument le consentement ?

Non. Celui qui se décide à contracter sous l'empire de la violence préfère contracter plutôt que de subir la violence, et par conséquent *veut* contracter. Mais son consentement n'est pas libre. C'est pourquoi le contrat est annulable. Il serait absolument nul si la violence excluait, non la liberté du consentement, mais le consentement lui-même.

Qu'est-ce que le dol ?

Le dol consiste dans les manœuvres frauduleuses employées pour tromper une des parties contractantes.

Pour que le dol soit une cause de nullité des contrats, il faut :

1º Qu'il ait décidé la partie qui l'a souffert à contracter.

2º Qu'il ait été pratiqué par l'autre partie.

Au reste, il ne serait pas une cause de nullité si la partie qui l'a souffert n'avait pas, en fait, été induite en erreur. (Art. 1116).

Quelle différence y a-t-il entre le vice du consentement provenant de l'erreur pure et simple, et le vice du consentement provenant de l'erreur produite par le dol ?

Il y a cette différence que l'erreur pure et simple n'est une cause de nullité du contrat qu'autant qu'elle porte sur les qualités substantielles de l'objet; tandis que l'erreur provenant du dol est une cause de nullité, lors même qu'elle ne porte que sur des qualités accessoires de l'objet, ou sur les motifs du contrat.

Pourquoi le dol n'est-il une cause de nullité qu'au-

tant qu'il a été pratiqué par la partie adverse; tandis que la violence est une cause de nullité, lors même qu'elle émane d'un tiers?

Cette différence se justifie par deux motifs :

D'abord, on peut exercer des violences sans se découvrir, tandis que l'on ne peut pas pratiquer des manœuvres frauduleuses sans se mettre directement en rapport avec la personne que l'on veut tromper. — En second lieu, la partie qui s'est laissé intimider par des menaces n'a aucune faute à se reprocher, tandis que celle qui s'est laissé tromper par des manœuvres est presque toujours en faute de s'être laissé tromper.

Dans quel cas le dol n'est-il pas une cause de nullité du contrat?

Il n'est pas une cause de nullité du contrat :

1º Lorsque n'ayant été pratiqué que dans le cours d'une négociation, il n'est pas certain, comme l'exige l'article 1116, qu'il ait déterminé l'une des parties à contracter.

2º Lorsqu'il ne consiste que dans ces vanteries exagérées que les marchands font ordinairement de leurs marchandises; parce que les acheteurs ont dû connaître la valeur de ces louanges intéressées.

3' Enfin, comme nous l'avons dit, lorsqu'il n'émane pas de la partie adverse.

Outre les trois vices du consentement dont nous venons de parler, n'y a-t-il pas encore une quatrième cause d'annulabilité des contrats?

Oui. Les contrats à titre onéreux peuvent encore être attaqués pour cause de lésion.

On entend par *lésion*, le préjudice qu'éprouve l'une des parties dans un contrat à titre onéreux.

Toutefois, la lésion n'est pas, comme l'erreur la violence ou le dol, une cause générale de nullité des contrats, relativement aux majeurs. Elle ne les vicie à leur égard que dans deux cas.

1º Celui où le vendeur d'un immeuble a été lésé de plus des sept douzièmes de sa valeur.

2º Celui où l'un des héritiers a été lésé de plus du quart.

A l'égard des mineurs, la lésion est, au contraire, une cause générale de nullité. (Art. 1118).

Les actions en nullité, pour cause d'erreur, de violence, de dol ou de lésion, sont-elles réelles, c'est-à-dire apposables aux tiers; ou sont-elles simplement personnelles ?

Elles sont réelles. Le vice du consentement produit l'effet d'une condition résolutoire accomplie; il permet à la partie qui le fait valoir de reprendre les biens qu'elle avait livrés, francs et quittes de toutes les charges consenties par la partie adverse et de les revendiquer contre les tiers acquéreurs.

Peut-on promettre pour autrui ?

Non. On ne peut pas, en général, promettre pour autrui, si ce n'est dans les cas où l'on agit comme mandataire ou gérant d'affaires. En d'autres termes, les contrats qu'on fait soi-même ne peuvent obliger que soi-même, à moins qu'on n'agisse comme mandataire ou gérant d'affaires d'un autre.

C'est là le sens qu'il faut donner à l'article 1119. Mais cet article était inutile, car le principe qu'il énonce est tout à fait évident.

Peut-on se porter fort pour un tiers en promettant le fait de celui-ci.

Oui. En effet, se porter fort c'est s'engager soi-même à déterminer un tiers à contracter; c'est par conséquent promettre un fait qui est personnel au promettant.

Ainsi, lorsque je vous promets de faire reconstruire votre maison par Primus, je suis tenu moi-même envers vous d'une obligation de faire, laquelle consiste à déterminer Primus à reconstruire votre maison. (Art. 1120.)

Peut-on stipuler au profit d'un tiers?

On ne peut, en général, stipuler pour autrui qu'en agissant comme mandataire. Toutefois, la stipulation faite au profit d'un tiers serait valable, si elle n'était qu'une des clauses accessoires d'une stipulation faite pour soi; comme, par exemple, lorsqu'un donateur impose au donataire l'obligation de servir une rente viagère à un de ses amis. — Tel serait encore le cas où l'on obligerait la partie avec laquelle on contracte à reconstruire la maison d'un tiers, en stipulant des dommages-intérêts pour soi-même en cas d'inexécution. (Art. 1121).

Les héritiers et ayants-cause des contractants sont-ils tenus à l'exécution des contrats ?

Oui. Les contrats obligent les héritiers ou ayants-cause de ceux qui les ont consentis; à moins que le contraire ne soit exprimé, ou ne résulte de la nature même de la convention.

On appelle *ayants-cause* ceux qui nous succèdent dans nos droits à un titre quelconque. Ainsi notre héritier est notre ayant-cause. Celui à qui nous avons vendu ou donné un fonds l'est pareillement, relativement à ce fonds. (Art. 1122).

SECTION II.
DE LA CAPACITÉ DES PARTIES CONTRACTANTES.
Articles 1123 a 1125.

Toute personne peut-elle contracter ?

Oui. En principe, toute personne peut contracter, à l'exception de celles que la loi en déclare incapables. (Art. 1123).

Quelles sont les personnes que la loi déclare incapables de contracter ?

Ce sont :

1º Les mineurs non émancipés. Toutefois, lorsqu'ils sont âgés de plus de 16 ans, ils peuvent valablement disposer de la moitié de leurs biens par testament.

2º Les mineurs émancipés. — Toutefois, ils ont la faculté de faire certains actes d'administration.

3º Les interdits. — Leur incapacité est même plus grande que celle des mineurs, en ce sens que leurs actes peuvent être attaqués indépendamment de toute lésion.

4º Les personnes pourvues d'un conseil judiciaire.

5º Les femmes mariées. (Art. 1124).

N'y a-t-il pas en outre des personnes à qui la loi interdit certains contrats ?

Oui. Ainsi les époux ne peuvent se vendre ou s'acheter l'un à l'autre; les tuteurs ne peuvent se porter adjudicataires des biens de leur pupille, etc.

Les actes faits par les incapables sont-ils absolument nuls ?

Non. Comme nous l'avons dit, la capacité des parties contractantes est un élément nécessaire à la validité et non à l'existence du contrat. En conséquence, les actes faits par des incapables sont seulement annulables, et ne peuvent être attaqués que par les incapables eux-mêmes et dans les délais déterminés par la loi. (Art. 1125).

SECTION III.

DE L'OBJET ET DE LA MATIÈRE DES CONTRATS,
Articles 1126 à 1130.

Qu'est-ce que l'objet du contrat ?

L'objet du contrat est la chose qu'une partie s'oblige à donner, ou le fait qu'elle s'oblige à exécuter, ou à ne pas exécuter. (Art. 1126.)

Ainsi que nous le savons, l'objet est un des éléments nécessaires à l'existence du contrat.

Quelles sont les choses qui peuvent être l'objet d'un contrat ?

Le simple usage ou la simple possession d'une chose peuvent tout aussi bien que la propriété même être l'objet d'un contrat. Ainsi dans le commodat, l'une des parties concède à l'autre le droit de se servir gratuitement de sa chose, et l'usage de cette chose fait seul l'objet du contrat.

Les choses futures même peuvent être l'objet d'un contrat. Toutefois, le Code prohibe comme immorale toute convention portant sur une succession qui n'est pas encore ouverte, même avec le consentement de celui de la succession duquel il s'agit. (Art. 1127, 1128, 1130.)

Quelles sont les choses qui ne sont pas dans le commerce ?

Ce sont :

1º Les choses du domaine public, telles que les routes, les fontaines, les rivières navigables.

2º Les substances vénéneuses.

3º Les choses dont l'Etat s'est réservé la fabrication ou la vente ; comme le tabac, les cartes à jouer, les poudres.

La convention qui porte sur les choses futures est-elle un contrat commutatif ou aléatoire ?

Cela dépend.

Si elle porte sur les choses futures, pour le cas seulement où elles existeraient, le contrat est commutatif. Le prix promis en échange est à peu près l'équivalent de ces choses. — Si elle porte sur la chance d'avoir ou de ne pas avoir ces choses ; par exemple, si l'on vend une récolte future, quelle qu'elle puisse être, et lors même qu'elle serait absolument nulle, le contrat est aléatoire. Alors le prix promis par l'acheteur doit être inférieur au prix d'une récolte ordinaire, à cause des chances auxquelles il s'expose.

Quelles sont les qualités que doit avoir l'objet d'un contrat ?

L'objet d'un contrat doit être possible, licite et utile.

A quelle condition l'objet d'un contrat est-il utile ?

Il n'est utile qu'à la condition d'être suffisamment déterminé pour que le créancier ait un intérêt appréciable à le recevoir.

Un objet peut être déterminé plus ou moins. Ainsi il peut être déterminé quant à l'individu, — quant à l'espèce, — quant au genre, — et enfin, quant à la quotité.

L'objet du contrat sera utile et par suite le contrat lui-même le sera, s'il est déterminé quant à l'espèce et quant à la quotité ; et à plus forte raison, s'il est déterminé quant à l'individu. — Au contraire, l'objet d'un contrat n'est pas utile et par suite le contrat lui-même n'est pas valable, s'il n'est déterminé que relativement au genre.

Ainsi lorsqu'on vend un animal, sans indiquer de quelle espèce il est, l'obligation est nulle ; elle est, au contraire, valable, lorsqu'on vend un cheval ; le juge peut obliger le débiteur à fournir un cheval de moyenne valeur. — Pareillement, l'obligation est nulle lorsqu'on vend du vin, sans en indiquer la quotité ; elle est valable, au contraire, lorsqu'on vend une quotité de vin, par exemple, 100 litres de vin, ou encore tout le vin que pourra consommer l'acheteur en un mois. Pour suppléer au défaut d'indication de la qualité du vin, le juge condamnera le débiteur à en fournir de moyenne qualité. (Art. 1129).

Qu'appelle-t-on corps certain et objet certain ?

On appelle *corps certain*, l'objet déterminé, quant à l'individu. Par exemple, on vend un corps certain quand on vend tel cheval nommément désigné. — Un genre lui-même devient un corps certain, lorsqu'au lieu de le désigner d'une manière générale, on en désigne une portion individuellement déterminée. Par exemple, lorsqu'on vend tout le vin qu'on a dans sa cave, ou tous les fruits qui se trouvent dans son cellier.

On appelle *objet certain*, l'objet déterminé seulement quant à l'espèce et quant à la quotité; comme, un cheval, telle quantité de blé, de vin.

SECTION IV.

DE LA CAUSE.

Articles 1131 à 1183.

Qu'est-ce que la cause de l'obligation ?

La cause de l'obligation est *ce pourquoi l'on s'oblige*; en d'autres termes, c'est le but immédiat qu'on se propose d'atteindre en s'obligeant.

En quoi la cause diffère-t-elle de l'objet et du motif du contrat ?

L'objet du contrat, c'est la chose qu'une partie s'oblige à donner, à faire, ou à ne pas faire; la cause du contrat, c'est la raison immédiate qui détermine la partie à s'obliger; le motif du contrat, ce sont les considérations qui font prendre la détermination de s'obliger. – En d'autres termes, la chose promise, voilà l'objet; l'avantage en vue duquel on s'est décidé à promettre, voilà la cause; les considérations d'utilité qui font rechercher cet avantage, voilà les motifs du contrat.

Ainsi l'obligation d'un vendeur a pour objet la chose vendue; elle a pour cause l'engagement de l'acheteur d'en payer le prix ; elle a pour motif l'intention du vendeur de faire emploi du prix de telle ou telle façon.

L'erreur sur la cause fait obstacle à la validité du contrat, mais l'erreur sur le motif ne le vicie pas.

L'obligation sans cause, ou sur fausse cause, est-elle valable ?

Non. Au reste, l'obligation sans cause se confond avec l'obligation sur fausse cause ; car il n'y a pas à proprement parler d'obligation sans cause. Une personne raisonnable ne s'oblige pas sans but ; mais il peut arriver que ce but ne soit pas réalisable et c'est alors que l'obligation est sur fausse cause, ou sans cause réalisable.

L'obligation qui repose sur une cause illicite est-elle valable ?

Non. De même que l'obligation sans cause, elle est radicalement nulle. L'obligation repose sur une cause illicite, toutes les fois qu'on s'oblige pour atteindre un but contraire aux bonnes mœurs, à l'ordre public et aux lois.

Dans les obligations synallagmatiques le même contrat peut contenir une cause licite et une cause illicite ; alors la partie qui a contracté sur cause licite peut seule demander l'exécution de l'obligation. (Art. 1131, 1133.)

La cause de l'obligation doit-elle être formellement exprimée dans l'acte ?

Non. Ainsi on peut valablement souscrire un billet non *causé*, ainsi conçu : *Je vous paierai 100 à telle époque.* Dans les contrats synallagmatiques, la cause se trouve forcément exprimée, puisque l'obligation de chacune des parties sert de cause à l'autre. (Art. 1132.)

CHAPITRE TROISIÈME.

De l'Effet des Obligations.

Suivant l'ordre du Code nous diviserons ce chapitre en six sections, savoir :

Section I. — Dispositions générales.

Section II. — De l'obligation de donner.

Section III. — De l'obligation de faire ou de ne pas faire.

Section IV. — Des dommages-intérêts résultant de l'inexécution de l'obligation.

Section V. — De l'interprétation des conventions.

Section VI. — De l'effet des conventions à l'égard des tiers.

SECTION I.

DISPOSITIONS GÉNÉRALES.

Articles 1134 à 1135.

Quels sont les effets des obligations ?

Les obligations ont pour effet la prestation volontaire ou forcée de ce qui est dû par le débiteur. Elles sont sanctionnées par le droit de les faire exécuter judiciairement. C'est à cette sanction que se réfère l'article 1134, lorsqu'il dit qu'elles tiennent lieu de loi à ceux qui les ont faites.

Elles ne peuvent en principe être révoquées que par le consentement mutuel des deux parties, ou pour des causes énoncées par la loi, comme, l'erreur, la violence ou le dol. (Art. 1134.)

Quels sont à l'égard des tiers les effets de la révocation des conventions ?

Il faut distinguer :

La révocation est-elle opérée par le consentement des

deux parties, elle ne peut nuire aux tiers : *res inter alios acta, aliis neque nocet neque prodest.* Ainsi dans le cas de révocation d'une vente par consentement mutuel des deux parties, tous les droits dont l'acheteur aurait pu grever la chose vendue sont maintenus.

La révocation est-elle opérée pour les causes énoncées par la loi, elle a, au contraire, un effet rétroactif et elle fait considérer le contrat comme n'ayant jamais existé. Ainsi, dans le cas de révocation d'une vente pour cause de dol ou de violence, tous les droits dont l'acheteur aurait pu grever la chose vendue sont anéantis.

N'y a-t-il pas certains contrats qui peuvent être annulés par le fait d'une seule des deux parties ?

Oui : tels sont le mandat, le dépôt, la société. A l'inverse, il y a des contrats que les parties, lors même qu'elles sont d'accord, ne peuvent pas révoquer. Tel est le contrat de mariage.

Comment les conventions doivent-elles être exécutées ?

Elles doivent être exécutées de bonne foi. Ainsi elles obligent non-seulement à ce qui y est exprimé, mais encore à toutes les suites que l'équité, l'usage, ou la loi, donnent à la convention d'après sa nature. (Art. 1135.)

SECTION II.

DE L'OBLIGATION DE DONNER.

Articles 1136 à 1141.

En quoi consiste l'obligation de donner ?

Elle consiste à transférer la propriété d'une chose, ou un démembrement de la propriété.

Quels sont ses principaux effets ?

1° Elle oblige le débiteur à livrer la chose, c'est-à-dire à la mettre à la disposition du créancier ; à lui en procurer la possession.

2° Elle l'oblige à conserver la chose donnée jusqu'à ce qu'il l'ait livrée, et le soumet à tous les soins d'un bon père de famille.

3° Elle emporte transfert de propriété au profit du créancier ; elle le rend propriétaire de la chose donnée, dès le moment du contrat, et par le seul effet du consentement qui y a été exprimé par les deux parties.

4° Elle met les risques à la charge du créancier. (Art. 1036, 1037, 1038.)

Quels sont les soins que le débiteur doit apporter à la conservation de la chose due ; en d'autres termes, quelles sont les fautes qui engagent sa responsabilité ?

Nos anciens auteurs, notamment Pothier, distinguaient à cet égard trois espèces de fautes : La faute *lourde*, celle que ne commet pas le débiteur dans la gestion de ses propres affaires ; la faute *légère*, celle que ne commet pas un administrateur diligent et habile : la faute *très-légère*, celle que ne commet pas un administrateur très-diligent et très-habile.

- Le contrat était-il dans l'intérêt exclusif du créancier, le débiteur n'était responsable que de sa faute lourde ; — était-il dans l'intérêt réciproque des deux parties, le débiteur était responsable de sa faute légère ; — N'était-il que dans l'intérêt du débiteur, il était responsable de sa faute très-légère.

Cette théorie a été, du moins en principe, abrogée par l'article 1137, qui oblige le débiteur à donner à la chose due les soins d'un bon père de famille ; c'est-à-dire qui le rend responsable de sa faute légère dans tous les cas, soit que le contrat ait été fait dans l'intérêt exclusif de l'une des deux parties, soit qu'il ait été fait pour leur utilité commune. Néanmoins, cette abrogation n'est pas absolue et le second alinéa du même article fait pressentir relativement à certains contrats, des exceptions qui seront indiquées plus loin. Il n'en est pas moins vrai qu'en principe il n'y a plus aujourd'hui qu'une faute, la faute légère ; il n'y a plus qu'un terme de comparaison pour les soins que le débiteur doit à la chose, les soins d'un bon père de famille.— Ce sera au juge à apprécier quels doivent être ces soins.

Comment la propriété est-elle transférée entre les parties contractantes ?

Aux termes de l'article 1138, l'obligation de livrer la chose est parfaite par le seul consentement des parties contractantes ; elle rend le créancier propriétaire, et met la chose à ses risques dès l'instant où elle a dû être livrée, encore que la tradition n'ait pas été faite.

Ce texte demande quelques explications.

Dans notre ancien droit, le consentement des parties ne suffisait pas à transférer la propriété. Il fallait la tradition. Mais cette tradition pouvait avoir lieu fictivement. Le vendeur n'avait qu'à déclarer dans le contrat qu'il se *dessaisissait* de la chose vendue et qu'il en *saisissait* l'acheteur.

L'article 1138 ne supprime pas directement la nécessité de cette tradition feinte, mais il supprime la nécessité de la clause de *dessaisine* et de *saisine* ; en d'autres termes, il suppose la tradition faite par le seul effet de la convention. Ainsi le législateur ne dit pas que la tradition n'est plus nécessaire, mais il décide que l'obligation de livrer, qui naît de la convention, tient lieu de tradition. Au fond, cela revient à dire que la convention suffit pour transférer la propriété, sans qu'il soit besoin d'aucune tradition réelle ni fictive. (M. Valette.)

N'y a-t-il pas certains cas exceptionnels où la propriété ne se transfère pas par le seul effet de la convention de donner ?

Oui. La propriété ne se transfère pas par le seul effet de la convention de donner :

1º Lorsque celle-ci a pour objet une chose déterminée seulement quant à son espèce. L'acheteur en est seulement créancier au moment de la convention, il n'en deviendra propriétaire que lorsqu'elle aura été individualisée par la tradition. Ainsi, lorsqu'on achète 100 hectolitres de vin, on n'en devient propriétaire que lorsqu'ils sont livrés et qu'ils sont déterminés distinctement et individuellement.

2º Lorsque la convention a pour objet une chose appartenant à autrui.

3º Lorsque les parties ont renvoyé à une époque antérieure la mutation de propriété.

4º Lorsqu'enfin la convention de donner est faite sous condition suspensive.

La propriété est-elle transférée à l'égard des tiers par le seul effet du consentement ?

Il faut tout d'abord distinguer s'il s'agit de meubles ou d'immeubles.

Relativement aux immeubles, l'article 1140 dit que les effets de l'obligation de donner, en ce qui concerne les tiers, sont réglés au titre de la Vente et au titre des Hypothèques.

Or, ces titres ne font pas mention de la translation de propriété à l'égard des tiers; ils ne décident pas, si la propriété des immeubles est transférée ou non vis-à-vis d'eux, par le seul effet du consentement. Cette question ne s'est trouvée résolue que trois ans après la promulgation du Code civil, par l'article 834 du Code de procédure, qui décide que la propriété est transférée à l'acheteur dès le moment de la vente, même à l'égard des tiers.

Antérieurement au Code civil, une loi de brumaire an VIII avait, au contraire, décidé qu'un acte emportant aliénation d'immeubles ne serait opposable aux tiers que s'il avait été transcrit au bureau des hypothèques dans l'arrondissement duquel l'immeuble vendu était situé ; et que tant que cette transcription n'aurait pas été accomplie, le vendeur conserverait vis-à-vis d'eux sa qualité de propriétaire, et pourrait en conséquence aliéner au profit d'une autre personne l'immeuble qu'il avait déjà vendu à un premier acheteur.

La nécessité de la transcription présentait un avantage considérable, celui de faire connaître aux tiers la transmission de la propriété et de les empêcher de confondre les détenteurs d'immeubles avec le véritable propriétaire. On s'explique difficilement les motifs qui l'ont fait rejeter du Code de procédure. Quoiqu'il en soit, une loi postérieure au Code, la loi de 1855, revenant à la législation de Brumaire, a rendu de nouveau la transcription obligatoire.

Actuellement, le consentement des parties ne suffit donc pas à transférer la propriété à l'égard des tiers. Il faut, de plus, la transcription ; et cette transcription est nécessaire, non-seulement pour le transfert de la propriété, mais encore pour la constitution de tous les droits réels immobiliers, tels qu'usufruit, usage, habitation.

La propriété des meubles est-elle transférée à l'égard des tiers par le seul effet du consentement ?

Oui. La translation de propriété des meubles s'opère par le seul effet du consentement ; mais elle n'est irrévocable que lorsque la tradition a été faite, à cause de la règle *en fait de meubles, la possession vaut titre.* Ainsi supposant qu'un meuble ait été successivement vendu par la même personne à deux acheteurs, l'article 1141 donne la préférence à celui des deux qui a reçu de bonne foi la possession réelle, encore que son titre soit postérieur en date.

Quels sont les effets de la convention relativement aux risques ?

L'obligation de donner, qui naît de la convention, met, avons-nous dit, les risques à la charge du créancier. Cela signifie que si la chose vendue périt après le contrat, par cas fortuit, le vendeur est libéré de son obligation de livrer, tandis que l'acheteur est toujours tenu de payer le prix.

Cette règle que les risques sont à la charge du créancier, ou en d'autres termes de l'acheteur, est-elle bien équitable ?

Oui. Elle est à la fois rationnelle et équitable.

Elle est rationnelle. Il est, en effet, logique que le vendeur qui est en même temps débiteur de la chose, se trouve, comme tout autre débiteur, libéré de son obligation par la perte fortuite de l'objet qu'elle avait en vue.

Elle est équitable. En effet, si la chose vendue augmentait de valeur depuis le contrat, l'acheteur n'aurait pas à payer un prix plus élevé. Il est donc juste qu'il paie le même prix, si elle vient à diminuer de valeur, ou à perdre toute sa valeur.

Par exception, les risques ne sont-ils pas quelquefois à la charge du débiteur ?

Oui. Les risques sont, par exception, à la charge du débiteur :

1º Lorsqu'il s'en est chargé par une clause expresse.

2º Lorsque la perte est arrivée par sa faute, ou après qu'il avait été mis en demeure de livrer. (Art. 1138.)

Comment le débiteur est-il constitué en demeure ?

Il peut être constitué en demeure par une sommation ou par un autre acte équivalent, tel qu'une assignation, une citation en conciliation; ou même par la seule échéance du terme, lorsque la convention porte que cette seule échéance suffira à produire la mise en demeure. Art. 1139)

SECTION III.

DE L'OBLIGATION DE FAIRE OU DE NE PAS FAIRE.

Articles 1142 à 1145.

Comment le créancier peut-il contraindre le débiteur à exécuter son obligation ?

Il faut distinguer :

S'agit-il de l'obligation de donner une somme d'argent ou corps certain, le créancier peut exiger l'exécution de l'obligation même qui a été contractée. Ainsi lorsque le débiteur lui doit un corps certain et n'exécute pas son engagement, il peut s'en faire remettre en possession.

Mais s'agit-il de l'obligation de donner une chose indéterminée, ou de l'obligation de faire ou de ne pas faire, le créancier n'a aucun moyen direct de forcer le débiteur à exécuter son obligation, et alors sa seule ressource est de le poursuivre en payement de dommages-intérêts. Art. 1142.

La règle que toute obligation de faire doit se résoudre en dommages-intérêts en cas d'inexécution de la part du débiteur, ne souffre-t-elle pas des exceptions ?

Oui. Elle souffre exception dans tous les cas où le fait qui devrait être exécuté par le débiteur peut l'être par une autre personne, avec la même utilité pour le créancier. Ainsi, lorsqu'on m'a promis de construire une maison, je puis, si le débiteur n'exécute pas son obligation, la faire construire par un tiers à ses dépens ou le poursuivre en dommages-intérêts. (Art. 1144).

La règle que toute obligation de ne pas faire se résout en dommages-intérêts, en cas d'inexécution de la part du débiteur souffre-t-elle également des exceptions ?

Elle souffre également exception toutes les fois que le créancier peut obtenir l'exécution de l'obligation, sans recourir à des violences sur la personne du débiteur. Ainsi, lorsqu'on m'a promis de ne pas bâtir un mur et qu'on l'a néanmoins bâti, je puis, à ma volonté, faire démolir le mur par les agents de l'autorité publique, aux dépens de mon débiteur, ou poursuivre celui-ci en dommages-intérêts.

En un mot, la règle que toute obligation de faire ou de ne pas faire se résout en dommages-intérêts en cas d'inexécution, souffre exception dans tous les cas où l'on peut obtenir l'exécution du contrat, sans exercer de violences physiques sur la personne du débiteur. (Art. 1143 - 1145).

SECTION IV.

DES DOMMAGES-INTÉRÊTS RÉSULTANT DE L'INEXÉCUTION
DE L'OBLIGATION

Articles 1146 à 1155.

Qu'entend-on par dommages-intérêts ?

On entend par dommages-intérêts l'équivalent de la perte que l'on éprouve, ou du gain que l'on manque de réaliser. (Art. 1149).

Quand est-ce que le débiteur peut être condamné à des dommages-intérêts ?

Il peut y être condamné :

1º Lorsqu'il a manqué d'exécuter son obligation, ou qu'il ne l'a exécutée qu'en partie ou tardivement.

2º Lorsque cette inexécution provient de sa négligence

ou de son fait, et qu'elle a été préjudiciable au créancier. (Art. 1146, 1147, 1148).

Le montant des dommages-intérêts n'est-il pas déterminé de diverses manières ?

Oui. Il peut être déterminé: soit par la justice; soit par les parties elles-mêmes au moyen d'une clause pénale; soit par la loi, lorsqu'il s'agit de dettes d'argent.

Comment le montant des dommages-intérêts est-il déterminé par la justice ?

Pour le déterminer, les juges ont à distinguer si l'inexécution provient du dol ou de la simple faute du débiteur.

L'inexécution provient-elle de sa faute ou de son fait, il est simplement tenu des dommages-intérêts que les parties ont prévu, ou qu'elles ont pu raisonnablement prévoir au moment du contrat.

L'inexécution provient-elle de son dol, il peut être tenu de dommages intérêts plus élevés que ceux qui pouvaient être raisonnablement prévus au moment du contrat.

Ainsi, vous m'avez construit une maison peu solide, j'ai fait sur cette maison des dépenses voluptuaires, puis elle s'est écroulée. Les dommages-intérêts que je vous demande pourront-ils comprendre ces dépenses? Non, s'il y a eu simplement faute de votre part dans l'inexécution; Oui, s'il y a eu dol.

Pourquoi distingue-t-on si l'inexécution provient du dol ou de la faute du débiteur ?

En voici la raison. Au moment du contrat, le débiteur est présumé s'obliger à indemniser le créancier de tout le préjudice qu'il pourra lui causer en n'exécutant pas la convention. Mais cette obligation tacite ne va pas au-delà du préjudice, qui suivant toute prévision résulterait de l'inexécution des engagements pris.

Lorsqu'au contraire l'inexécution provient du dol du débiteur, il n'y a pas à rechercher si les parties ont pu prévoir le dommage qui en résultérait, car ce n'est pas en vertu d'un engagement tacite que le débiteur est tenu. (M. Marcadé).

Au reste, dans tous les cas, même dans celui où l'inexécution provient du dol du débiteur, les dommages-intérêts ne comprennent que les préjudices qui sont la suite directe et immédiate du défaut d'exécution. Autrement, on ne saurait plus où s'arrêter, et à propos d'une maison mal bâtie, on pourrait demander des dommages-intérêts illimités. (Art. 1150, 1151).

Comment le montant des dommages-intérêts est-il déterminé par les parties ?

Il est déterminé par les parties au moyen des clauses pénales.

On appelle *clauses pénales*, les clauses par lesquelles les parties fixent elles mêmes d'avance le montant des dommages-intérêts que devra payer le débiteur en cas d'inexécution de son obligation.

Les dommages-intérêts fixés par les parties ne peuvent être augmentés ni diminués par les juges; à moins qu'ils n'aient été stipulés pour le cas d'inexécution totale et que le débiteur n'ait manqué qu'en partie à ses engagements. (Art. 1152).

Comment le montant des dommages-intérêts est-il déterminé par la loi en matière d'argent ?

Il a été déterminé par la loi de septembre 1807, qui a fixé à 5 pour 100 en matière civile, et à 6 pour 100 en matière commerciale, le taux légal de l'intérêt.

Suivant le droit commun, le montant des dommages-intérêts quand il n'a pas été fixé par les parties est déterminé par les juges à un chiffre plus ou moins élevé, selon les circonstances. Mais, en matière de dettes d'argent, la loi le fixe, comme on le voit, d'une manière invariable, quelque soit le dommage éprouvé par suite de l'inexécution de l'obligation. Le débiteur doit l'intérêt légal, même lorsque le défaut de paiement à l'échéance n'a causé aucun préjudice au créancier; il le doit à partir de sa mise en demeure jusqu'au jour où il effectue le pàiement. (Art 1153.)

Les intérêts qu'on peut ainsi exiger du débiteur à titre de dommages-intérêts pour le retard qu'il a mis à effectuer son payement, prennent le nom d'intérêts *moratoires*. On appelle *compensatoires*, ceux qui ne peuvent être exigés qu'en vertu d'une stipulation expresse.

Comment fait-on courir les intérêts moratoires?

Aux termes de l'article 1153, les intérêts moratoires ne commencent à courir par la mise en demeure du débiteur, qu'à partir de la demande en justice; sauf les cas exceptionnels où la loi elle-même les fait courir de plein droit.

A la demande en justice on convient généralement qu'il faut assimiler le commandement et la citation en conciliation, pourvu qu'elle soit suivie dans le mois de la demande en justice. Ces actes prouvent, en effet, aussi énergiquement que la demande en justice elle-même, le droit du créancier et son intention de se faire rembourser son capital.

Quant à la simple sommation, elle ne fait courir les intérêts que dans des cas exceptionnels.

Qu'appelle-t-on anatocisme ?

On appelle anatocisme, les intérêts des intérêts. Lorsqu'une somme est prêtée sous la condition que l'intérêt échu chaque mois ou chaque semaine se capitalisera, s'adjoindra au capital, pour devenir comme lui productif d'intérêts, la dette s'accroît vite dans des proportions considérables. Aussi le Code n'a pas voulu permettre d'une manière absolue la convention ayant pour objet de rendre les intérêts productifs d'intérêts.

A quelles conditions le Code a-t-il permis la conven-tion d'anatocisme ?

Il ne l'a permis qu'à deux conditions: Il faut:

1º Que les intérêts qu'on veut capitaliser soient échus, qu'ils soient actuellement dus.

2º Qu'ils soient dus pour une année entière (Art. 1154).

Quels sont les revenus qui, par exception, peuvent être rendus productifs d'intérêts, quoiqu'ils ne soient point dus pour une année entière ?

Ce sont :

1º Les loyers des maisons, les fermages des biens ru raux, les arrérages de rentes perpétuelles ou viagères. — Ainsi, en vous louant ma maison moyennant 1000 fr. par an, je puis, à la fin de chaque année, con-venir avec vous, qu'au lieu de me payer le terme échu, vous le garderez à titre de prêt.

2º Les fruits dus par un possesseur de mauvaise foi.

3º Les intérêts qu'un tiers paie pour le débiteur. — Dans ces deux cas, les fruits et intérêts sont, au fond, de véritables capitaux. (Art. 1155).

SECTION V.

DE L'INTERPRÉTATION DES CONVENTIONS.

Articles 1146 à 1164.

Comment doit-on interpréter les conventions ?

On doit, dans les conventions, rechercher quelle a été

la commune intention des parties contractantes, plutôt que de s'arrêter au sens littéral des termes.

Lorsqu'une clause est susceptible de deux sens, on doit l'entendre dans le sens avec lequel elle produit quelque effet, plutôt que dans celui avec lequel elle n'en produirait aucun. — On ne peut pas admettre, en effet, que les parties aient voulu faire un contrat inutile. (Art. 1156, 1157).

Comment faut-il interpréter les termes susceptibles de deux sens ?

Il faut les interpréter dans le sens qui convient le plus à la matière du contrat. — Ainsi lorsque je loue une maison et que je conviens de prendre à ma charge les réparations, ce mot de *réparations* ne s'entendra que des réparations locatives, auxquelles les locataires sont en général tenus, et non des grosses réparations qui sont à la charge du propriétaire.

Ce qui est ambigu s'interprète par ce qui est d'usage dans le pays où le contrat est passé.

On doit suppléer dans le contrat les clauses qui y sont d'usage, quoiqu'elles n'y soient pas exprimées.

Toutes les clauses des conventions s'interprètent les unes par les autres, en donnant à chacune le sens qui résulte de l'acte entier. (Art. 1158, 1159, 1160, 1161).

Dans le doute comment faut-il interpréter la convention ?

Il faut l'interpréter contre le créancier. Mais cette règle doit être limitée au cas où le doute porte sur l'existence d'une convention. Lorsque, au contraire, la convention est certaine, lorsque l'engagement du débiteur est établi, et qu'il n'y a de doute que sur sa libération, le doute s'interprète en faveur du créancier ; c'est au débiteur à prouver sa libération. (Art. 1162.)

Comment faut-il interpréter une convention, lorsqu'elle est conçue en termes généraux ?

Quelques généraux que soient les termes employés, la convention ne comprend que les choses sur lesquelles il paraît que les parties se sont proposées de contracter. (Art. 1163.)

Lorsque dans un contrat on a exprimé un cas pour l'explication de l'obligation, est-on censé avoir voulu par là limiter à ce cas l'étendue que l'engagement reçoit de droit pour les cas non exprimés ?

Non. En s'expliquant sur un point les parties n'ont pas entendu exclure les autres cas. Ainsi, en énonçant que le vendeur sera garant des servitudes non apparentes qui pourraient grever le fonds vendu, les parties n'ont pas entendu restreindre à ce seul cas la garantie du vendeur, qui existe indépendamment de toute convention. ((Art. 1164.)

SECTION VI.

DE L'EFFET DES CONVENTIONS A L'ÉGARD DES TIERS.

Articles 1165 à 1167.

Les conventions ont-elles quelque effet à l'égard des tiers ?

Non. En principe, les conventions n'ont d'effet qu'entre les parties contractantes ; elles ne nuisent ni ne profitent aux tiers. (Art. 1165.)

Cette règle souffre-t-elle des exceptions ?

Oui. Ainsi les conventions profitent aux tiers : 1° Dans le cas prévu par l'article 1121, lorsqu'en faisant une donation on stipule au profit d'un tiers ; 2° Dans le cas de substitutions et de donations de biens à venir, où les enfants non encore conçus sont appelés à profiter de la convention.

Les deux hypothèses prévues par les articles 1166 et 1167 peuvent-elles être comprises parmi ces exceptions?

Non. La loi semble, il est vrai, les y comprendre en les plaçant sous la rubrique *de l'effet des conventions à l'égard des tiers;* mais il y a là une double inexactitude. En effet, les biens d'un débiteur étant le gage de ses créanciers, ceux-ci sont intéressés à tous les actes qui tendent à les augmenter ou à les diminuer; et par conséquent on ne peut les considérer comme des tiers étrangers à ces actes. Au contraire, c'est à cause de l'intérêt qu'ils y ont, que la loi leur permet d'exercer, au nom de leur débiteur, les droits qu'il néglige d'exercer, ou d'attaquer, en leur propre nom, les actes par lesquels il dissipe frauduleusement son patrimoine. Ils en assurent ainsi la conservation, et par là ils assurent en même temps la garantie sur laquelle reposent leurs créances.

Quelle est la faculté accordée aux créanciers par l'article 1166?

Aux termes de l'article 1166, les créanciers peuvent exercer tous les droits et actions de leur débiteur, à l'exception de ceux qui sont exclusivement attachés à sa personne. Ainsi mon débiteur néglige-t-il de poursuivre un de ses débiteurs, je puis poursuivre ce dernier en son lieu et place et faire ainsi rentrer dans son patrimoine ce qui lui était dû, ou ce qui lui appartenait.

Quels sont les droits que les créanciers ne peuvent exercer au lieu et place de leur débiteur, comme étant exclusivement attachés à sa personne?

Ce sont:

1° Certains droits ayant surtout un caractère moral; comme le droit de demander une séparation de corps et de biens, de former une action en désaveu, en réclamation ou en contestation d'état, etc.

2° Certains droits purement pécuniaires, qui seraient modifiés si un tiers les exerçait ; comme les droits d'usufruit, d'usage et d'habitation.

Quelle est la faculté accordée aux créanciers par l'article 1167 ?

Aux termes de l'article 1167, les créanciers peuvent, en leur nom personnel, attaquer les actes faits par leur débiteur en fraude de leurs droits.

Cette action est connue sous le nom d'action *Paulienne*. Elle a son origine dans le droit romain.

Quelle est la principale différence entre l'action Paulienne établie par l'article 1167, et l'action que l'article 1166 confère également aux créanciers ?

Dans l'action Paulienne de l'article 1167, les créanciers agissent en leur nom personnel, et en vertu d'un droit qui leur est propre. Dans l'action de l'article 1166, ils agissent, au contraire, comme nous l'avons vu, au nom de leur débiteur et comme exerçant ses droits. C'est là une différence bien caractéristique entre ces deux actions.

A quelles conditions les créanciers peuvent-ils exercer l'action Paulienne ?

Les créanciers ne peuvent exercer l'action Paulienne pour demander la révocation d'un acte fait par leur débiteur qu'à trois conditions. Il faut :

1° Que cet acte leur ait causé un préjudice ; c'est-à-dire qu'il ait rendu le débiteur insolvable, ou qu'il ait augmenté son insolvabilité.

2° Qu'il ait été fait en fraude de leurs droits ; c'est-à-dire que le débiteur ait su qu'en l'accomplissant il se rendait insolvable, ou qu'il augmentait son insolvabilité.

3° Que le tiers avec lequel le débiteur a contracté ait

participé à la fraude ; c'est-à-dire qu'il ait su que l'acte qu'il faisait avec le débiteur était préjudiciable à ses créanciers. — En d'autres termes, il faut que le tiers qui a contracté avec le débiteur soit de mauvaise foi.

Cette troisième condition est-elle toujours nécessaire ?

Non. Elle ne l'est pas lorsque l'acte attaqué est à titre gratuit. L'action Paulienne se donne dans ce cas, même contre les donataires de bonne foi. En effet, la révocation de l'acte ne leur fait subir aucune perte, elle ne fait que les priver d'un avantage ; tandis que le maintien de cet acte serait pour les créanciers du débiteur une cause de préjudice, elle les priverait d'un gage sur lequel ils avaient compté en contractant.

Les créanciers peuvent-ils faire rescinder toute espèce d'actes faits par leurs débiteurs ?

En droit romain, les créanciers ne pouvaient attaquer que les actes par lesquels leur débiteur s'était appauvri, avait diminué son patrimoine. Il ne leur était pas permis d'attaquer ceux par lesquels il avait manqué de s'enrichir, d'augmenter son patrimoine.

Ce principe n'a pas été abrogé par le Code. Ainsi lorsqu'un débiteur refuse d'accepter une donation afin de nuire à ses créanciers, ces derniers ne peuvent pas attaquer son refus d'acceptation. Ils peuvent bien, il est vrai, attaquer la renonciation qu'il ferait à une succession ; mais c'est parce que cette renonciation constitue en réalité un acte par lequel il s'appauvrit, l'héritier étant, comme nous le savons, investi de plein droit.

Les créanciers qui attaquent la renonciation que leur débiteur a faite à un droit d'usufruit ou de succession, doivent-ils prouver tout à la fois que cette renonciation leur est préjudiciable et qu'elle est frauduleuse ; ou doivent - ils seulement prouver qu'elles leur est préjudiciable ?

Suivant quelques auteurs, ils doivent prouver seulement qu'elle leur est préjudiciable, car les articles 622 et 788 n'exigent pas d'autres conditions. Mais le plus grand nombre décident, et avec raison, qu'ils doivent ici, comme dans tous les autres cas de l'action Paulienne, établir et la fraude du débiteur et le préjudice qu'ils ont souffert. En effet, si les articles précités ne mentionnent pas cette seconde condition, c'est parce que les conditions auxquelles devait être subordonnée plus tard l'action Paulienne n'avaient pas encore été arrêtées. (MM. Valette, Marcadé).

Qui peut exercer l'action Paulienne ?

Elle peut être exercée par tous les créanciers dont la créance est antérieure à l'acte préjudiciable et frauduleux. Ceux dont la créance est postérieure, ne peuvent alléguer que l'acte ait été fait en fraude de leurs droits, puisqu'au moment où il a été accompli ils n'avaient encore aucun droit.

Contre qui l'action peut-elle être exercée ?

Elle peut être exercée :

1° Contre les acquéreurs à titre gratuit.

2° Contre les acquéreurs à titre onéreux, mais seulement lorsqu'ils ont été complices de la fraude du débiteur.

3° Contre les héritiers ou successeurs universels des acquéreurs.

4° Contre leurs sous-acquéreurs, c'est-à-dire contre ceux aux mains desquels les acquéreurs ont ensuite fait passer les biens frauduleusement aliénés. — Seulement, on observe à l'égard de ces sous-acquéreurs la même distinction que l'on observe à l'égard des acquéreurs, et l'action n'est donnée contre eux, s'ils ont acquis à titre onéreux, qu'autant qu'ils se sont rendus coupables de la fraude. (M. Marcadé.)

Quels sont les effets de l'action Paulienne ?

L'action Paulienne a pour effet de faire révoquer l'acte argué de fraude, et par suite de faire considérer les biens sortis du patrimoine comme n'en étant jamais sortis.

Les biens ainsi recouvrés serviront au payement des créanciers antérieurs; et comme ce n'est qu'à leur profit que la révocation a eu lieu, l'excédant du prix de ces biens, s'il y en a, fera retour aux tiers détenteurs, et ne profitera pas aux créanciers postérieurs à l'acte frauduleux. — En effet, les biens aliénés n'ont pas été frauduleusement aliénés à l'égard de ces derniers ; ils n'ont pas pu servir de gage à leurs créances, puisqu'ils étaient déjà sortis du patrimoine du débiteur au moment où ils traitaient avec lui.

L'exercice de l'action Paulienne n'est-il pas modifié dans certains cas ?

Oui. L'article 1167 énonce en termes généraux que des modifications peuvent y être apportées. Le Code nous en présente plusieurs exemples. Ainsi les créanciers ne peuvent plus attaquer le partage fait en dehors de leur présence, lorsqu'ils ont négligé d'y former opposition.

Pareillement, les créanciers ne peuvent pas attaquer la renonciation que ferait leur débiteur à une action en révocation de donation pour cause d'ingratitude. — Mais c'est à tort que notre article renvoie au titre du contrat de mariage. Ce titre ne renferme aucune dérogation au droit commun.

CHAPITRE QUATRIÈME

Des diverses espèces d'obligations.

Les obligations sont susceptibles de plusieurs modalités qui font l'objet de ce chapitre. Conformément à l'ordre du Code, nous traiterons.

Section I. — Des obligations conditionnelles.

Section II. — Des obligations à terme.

Section III. — Des obligations alternatives.

Section IV. — Des obligations solidaires.

Section V. — Des obligations divisibles et indivisibles.

Section VI. — Des obligations avec clause pénale.

SECTION I.

DES OBLIGATIONS CONDITIONNELLES.

Articles 1168 à 1184.

Pour nous conformer à l'ordre suivi par le Code, nous divisons cette section en trois paragraphes relatifs :

1º A la condition en général; — 2º A la condition suspensive; — 3º A la condition résolutoire.

§ I. De la condition en général.

Quand est-ce que l'obligation est pure et simple, conditionnelle, ou à terme ?

L'obligation est *pure et simple*, lorsqu'elle prend naissance et devient exigible au moment même du contrat.

Elle est *conditionnelle*, lorsque son existence dépend d'un événement futur et incertain; c'est-à-dire lorsqu'elle est subordonnée à un événement qui arrivera peut-être, mais qui peut être n'arrivera pas.

Elle est à *terme*, lorsqu'elle prend naissance au moment même du contrat, mais que son exigibilité est retardée jusqu'à un événement futur, mais certain; c'est-à-dire jusqu'à une époque qu'on connait ou qu'on ne connait pas encore au moment du contrat, mais qui doit certainement arriver. (Art. 1108, 1185).

L'article 1181 ne donne-t-il pas une autre définition de l'obligation conditionnelle ?

Oui. Suivant cet article, l'obligation conditionnelle est celle qui dépend, soit d'un événement futur et incertain; — soit d'un événement *actuellement arrivé, mais encore inconnu des parties.*

La seconde partie de cette définition ne s'accorde pas avec la première. En effet, un événement incertain est un événement qui arrivera peut-être, ou qui peut-être n'arrivera pas. Un événement qui est arrivé n'est donc pas, quoique inconnu des parties, un événement incertain. (M. Marcadé).

Quelles sont les diverses espèces de conditions ?

Les conditions sont :

1° *Suspensives ou résolutoires.* — La condition suspensive est celle qui suspend l'existence même de l'obligation. La condition résolutoire est celle qui produit l'anéantissement d'une obligation déjà née. (Art. 1168).

2° *Positives ou négatives.* — La condition est positive, lorsqu'elle consiste en un événement qui doit arriver; elle est négative lorsqu'elle consiste en un événement qui ne doit pas arriver.

3° *Casuelles, potestatives et mixtes.* — La condition est casuelle, lorsqu'elle ne dépend ni du créancier ni du débiteur. Elle est potestative, lorsqu'elle dépend d'un événement qu'il est au pouvoir de l'une ou de l'autre des parties de faire arriver ou d'empêcher ; par exemple,

lorsqu'on dit : *je vous donnerai 100 si vous allez à Paris.*
Elle est mixte, lorsqu'elle dépend tout à la fois de la volonté d'une des parties et de la volonté d'un tiers, par exemple, lorsqu'on dit : *je vous donnerai 100 si vous allez à Paris avec ma sœur.* (Art. 1169, 1170, 1171).

4° *Possibles* ou *impossibles.* — La condition est possible, lorsque l'événement peut arriver; elle est impossible, lorsqu'il ne peut pas arriver. Dans ce dernier cas, l'obligation n'est valable qu'autant que les parties l'ont subordonnée à l'inaccomplissement de la condition; elle devient alors pure et simple. (Art. 1173).

5° *Licites* ou *illicites.* — La condition est licite, lorsqu'elle est permise par les lois et les bonnes mœurs. Toute condition illicite est nulle, et rend nul le contrat dans lequel elle est insérée. Elle le rend nul, même lorsque la condition est de ne pas faire une chose illicite, parce qu'il y a immoralité à s'abstenir d'une action condamnable pour en obtenir un avantage. (Art. 1172).

Ne faut-il pas distinguer deux sortes de conditions potestatives?

Oui. Il faut distinguer celles qui dépendent d'un événement qu'il est au pouvoir de l'une des parties de faire arriver ou d'empêcher, et celles qui dépendent uniquement de la volonté du débiteur. Les premières seules peuvent être valablement insérées dans un contrat. Ainsi *quand je vous promets 100 si vous allez à Paris,* la condition potestative est valable, parce qu'il y a de votre part un fait à accomplir, dont l'accomplissement pourra à la rigueur être entravé par des circonstances de force majeure. Au contraire, quand je dis : *je vous donnerai 100 si je veux;* ou *je vous donnerai 100 si je lève la main,* le contrat est nul, parce que je suis libre d'être ou de ne pas être engagé. (Art. 1174).

Comment faut-il interpréter les conditions ?

À cet égard, le Code a tracé quelques règles :

D'abord, aux termes de l'article 1175, les conditions doivent être accomplies de la manière dont les parties ont vraisemblablement voulu qu'elles le fussent. Ainsi les juges ont à rechercher leur intention plutôt qu'à s'attacher aux termes mêmes du contrat.

Quand une obligation est contractée sous la condition *positive* qu'un événement arrivera dans un temps *fixe*, cette condition est défaillie lorsque le temps est expiré sans que l'événement soit arrivé, ou lorsque l'événement est arrivé avant l'époque fixée. S'il n'y a pas de temps fixé, la condition *positive* n'est défaillie que lorsqu'il est devenu certain que l'événement n'arrivera pas.

Pareillement, quand une obligation est contractée sous la condition *négative* qu'un événement n'arrivera pas dans un *temps fixe*, cette condition est accomplie lorsque le temps est expiré sans que l'événement soit arrivé. S'il n'y a pas de temps fixé, la condition *négative* n'est accomplie que lorsqu'il est devenu certain que l'événement n'arrivera pas. (Art. 1176, 1177).

Que doit-on décider lorsque, la condition étant casuelle, c'est le débiteur qui en a empêché la réalisation ?

On doit regarder la condition comme accomplie. En effet, les parties n'ont pas vraisemblablement entendu que le débiteur ferait obstacle à son accomplissement. (Art. 1178)

Ces règles générales exposées, nous allons examiner les effets particuliers de la condition suspensive, en reportant ici les articles 1179 et 1180, qui n'étaient pas à leur place dans le paragraphe précédent. — Nous étudierons dans notre troisième paragraphe les effets de la condition résolutoire.

§ 11. De la condition suspensive.

Quel droit l'obligation contractée sous une condition suspensive confère-t-elle au créancier?

La condition suspensive suspend, avons-nous dit, l'existence même de l'obligation. Avant qu'elle ne soit accomplie, le créancier n'a donc pas un droit de créance. A proprement parler, il n'est même pas un créancier; d'où il suit, que si le débiteur payait avant cette époque, il pourrait répéter son payement comme indû.

Toutefois, dès l'instant du contrat et avant même que la condition ne soit accomplie, il se forme un certain lien entre les parties. Ce lien n'est pas encore celui de l'obligation; mais il est suffisant, d'un côté pour permettre au créancier de faire des actes conservatoires de sa créance, et d'un autre côté pour interdire au débiteur de faire obstacle à l'accomplissement de la condition. (Art. 1180.)

La condition suspensive a-t-elle un effet rétroactif?

Oui. Lorsque la condition suspensive est accomplie, non seulement l'obligation prend naissance, mais, de plus, elle est considérée comme ayant existée dès le moment du contrat. En conséquence, tous les droits réels dont la chose due aurait été grevée par le débiteur, dans l'intervalle qui s'est écoulé entre le contrat et l'avènement de la condition, s'évanouissent. Ce dernier ayant, dès le moment du contrat, cessé d'être propriétaire de cette chose, n'a pu la grever; il doit par conséquent la livrer dans l'état ou elle se trouvait au moment de l'obligation. (Art. 1179.)

La rétroactivité de la condition oblige-t-elle le débiteur à restituer tous les fruits qu'il a perçus?

Rigoureusement il devrait en être ainsi. Mais comme la rétroactivité de la condition n'a été introduite que pour mettre le créancier à l'abri des droits réels dont le débiteur aurait pu grever la chose due, on admet généralement qu'elle ne s'applique pas à la restitution des fruits perçus par ce dernier dans l'intervalle du contrat à l'avènement de la condition.

A la charge de qui sont les risques de la chose due sous condition suspensive ?

Il faut distinguer si la chose a péri en totalité par cas fortuit, ou si elle a seulement subi des détériorations partielles.

Lorsque la chose due a péri en totalité par cas fortuit, dans l'intervalle du contrat à l'avènement de la condition, a perte est pour le débiteur. D'abord, l'obligation n'étant pas née au moment de la perte, les risques n'ont pu passer à la charge du créancier futur. — En second lieu, la condition ne venant à se réaliser qu'au moment où l'obligation a cessé d'exister par suite de la perte de son objet, elle ne peut plus produire aucun effet. Elle est rétroactive, il est vrai, mais sa rétroactivité est impuissante pour faire revivre une obligation qui s'est éteinte définitivement et qui n'a laissé subsister aucun lien, quelque faible qu'il soit, entre les parties.

Lorsque la chose due a seulement subi des détériorations partielles, survenues par cas fortuit, les risques sont encore à la charge du débiteur. Le créancier a le choix, ou de résoudre l'obligation, ou d'exiger une diminution de prix.— Cette solution a été critiquée avec raison. En effet, le débiteur n'étant pas autorisé à réclamer une augmentation de prix lorsque la chose due s'est améliorée, il eut été préférable de ne pas autoriser le créancier à réclamer une diminution lorsqu'elle s'est détériorée. Puis, l'accomplissement de la condition devrait produire ici son effet rétroactif, puisque l'objet de l'obligation existe toujours quoique diminué. (Art. 1182, MM. Valette, Marcadé.)

*Que peut exiger le créancier lorsque la chose a péri
en totalité ou en partie, par la faute du débiteur ?*

Il peut alors, suivant le droit commun, exiger la
résolution du contrat, ou bien demander à ce qu'il soit
exécuté, s'il est possible. De plus, il a dans ces deux cas
le droit de sefaire payer des dommages-intérêts. (Art. 1182.)

§ III. De la Condition résolutoire.

*Quel droit l'obligation contractée sous une condition
résolutoire confère-t-elle au créancier ?*

La condition résolutoire produit, avons-nous dit, l'a-
néantissement d'une obligation déjà née. — Avant qu'elle
ne soit accomplie, l'obligation existe ; aussitôt qu'elle
survient, l'obligation n'existe plus. (Art. 1183.)

*La condition résolutoire a-t-elle, comme la condi-
tion suspensive, un effet rétroactif ?*

Oui. Dès qu'elle s'accomplit elle remet les choses au
même état que si l'obligation n'avait jamais existé. En
conséquence, tous les droits réels dont la chose livrée
au créancier aurait été grevée par lui, dans l'intervalle
du contrat à l'avènement de la condition, s'évanouissent.

*A la charge de qui sont les risques de la chose due
sous condition résolutoire ?*

Ils sont à la charge de l'acquéreur. En effet, celui-ci
est placé dans la position d'un débiteur sous condition
suspensive, puisqu'il n'a reçu la chose que sous la condition de la restituer si un évènement survient. En conséquence, il faut décider, qu'en cas de perte totale ou partielle, il doit néanmoins payer intégralement le prix, sauf
à pouvoir conserver la chose détériorée si la perte n'est
que partielle. (Art. 1183.)

*La condition résolutoire n'est-elle pas sous entendue
dans certains contrats ?*

Oui. Aux termes de l'article 1184, les contrats synallagmatiques renferment toujours une condition résolutoire tacite. Chacune des deux parties est présumée avoir subordonné l'exécution de son engagement à l'exécution de l'engagement de la partie adverse. Toutefois, en principe, le contrat n'est pas résolu de plein droit par cela seul que l'un des contractants ne satisfait point à son obligation. La résolution doit en être prononcée judiciairement.

Les parties peuvent-elles convenir expressément qu'à défaut d'exécution à une époque déterminée le contrat sera résolu de plein droit ?

Oui. Mais cette clause, qu'on connaît sous le nom de *pacte commissoire*, ne produit pas tous les effets qu'elle est destinée à produire. Elle entraîne bien une résolution de plein droit en cas d'inexécution ; mais cette résolution n'a lieu qu'après une sommation faite par le créancier au débiteur d'avoir à exécuter le contrat. (Art. 1656.)

SECTION III.

DES OBLIGATIONS A TERME.

Articles 1185 à 1188.

Qu'est-ce qu'une obligation à terme ?

Une obligation à terme est celle qui naît dès l'instant du contrat, mais dont l'exécution est renvoyée à une autre époque.

On appelle *terme* l'intervalle qui s'écoule entre le contrat et le moment fixé pour son exécution. (Art. 1185.)

Dans l'intérêt de qui le terme est-il stipulé ?

Il peut être stipulé, soit au profit du débiteur, soit au profit du créancier, soit même quelquefois au profit de l'un et de l'autre. Ainsi il est au profit du débiteur dans le commodat; au profit du créancier dans le dépôt ; au profit de l'un et de l'autre dans le prêt à intérêt. —

Lorsque la convention ne s'explique pas à cet égard, il est présumé stipulé en faveur du débiteur. (Art. 1187.)

Le paiement fait avant l'échéance du terme est-il valable ?

Il faut distinguer :

Le paiement fait avant l'échéance du terme est valable, lorsqu'il a été fait sciemment, en connaissance du terme. Le débiteur y a alors renoncé volontairement. C'est à cette hypothèse que se réfère l'article 1186.

Le paiement fait avant l'échéance du terme peut, au contraire, être répété lorsqu'il a été effectué dans l'ignorance du terme. En effet, on ne peut pas dire alors que le débiteur y ait volontairement renoncé. — Cette distinction n'a pas été faite par le Code, mais elle est généralement admise. (MM. Valette, Marcadé.)

Comment le débiteur perd-il le bénéfice du terme ?

Il perd le bénéfice du terme et sa dette devient aussitôt exigible :

1º Lorsqu'il tombe en faillite.

2º Lorsqu'il tombe en déconfiture. — La déconfiture est l'état d'un non-commerçant dont l'insolvabilité est prouvée.

3º Lorsque, par son fait, il diminue les sûretés qu'il avait dans le contrat données à son créancier ; par exemple, en détruisant la maison sur laquelle il lui avait constitué une hypothèque.

4º Lorsque, sans son fait, les sûretés qu'il avait donné à son créancier périssent en tout ou en partie, et qu'il ne fournit pas à leur place des sûretés nouvelles. (Art. 1188, 2131.

Quelles sont les diverses espèces de terme ?

Le terme est :

1º *Certain* ou *incertain*, suivant qu'il doit arriver à

une époque déterminée ou indéterminée. Il est certain, lorsque je dis : *Je vous paierai le 1ᵉʳ janvier prochain.* Il est incertain, quand je dis : *Je vous paierai à la mort de Primus.* Au reste, dans les deux cas l'événement doit nécessairement arriver ; c'est ce qui distingue le terme incertain de la condition.

2° *Exprès* ou *tacite*, suivant qu'il a été stipulé dans le contrat ou qu'il résulte seulement des circonstances ; comme, par exemple, lorsque me trouvant à *Paris*, je promets de payer à *Alexandrie.*

3° De *droit* ou de *grâce*, selon qu'il résulte de la convention des parties ou d'un jugement. Comme nous le verrons plus loin, les juges ont, en effet, le pouvoir d'accorder des délais de grâce au débiteur.

SECTION III.

DES OBLIGATIONS ALTERNATIVES.

Articles 1189 à 1196.

Qu'est-ce qu'une obligation alternative ?

Une obligation *alternative* est celle qui comprend deux ou plusieurs objets qui sont également dus, mais dont un seul doit être définitivement payé. — Telle est l'obligation de livrer, soit le fond A, soit le fond B. En livrant l'un des deux fonds, le débiteur est libéré de l'obligation de livrer l'autre. (Art. 1189.)

A qui appartient le choix dans les obligations alternatives ?

Le choix appartient au débiteur, s'il n'a pas été expressément accordé au créancier.

Il peut être exercé par lui, non seulement jusqu'à ce qu'il ait offert l'une des choses dues, mais encore jusqu'à ce que son offre ait été acceptée par le créancier ; et réciproquement le créancier, lorsqu'il s'est réservé le choix reste maître de réclamer celle des choses qui lui convient, tant que le débiteur n'a pas adhéré à sa demande.

Au reste, ni le débiteur, ni le créancier, ne peuvent offrir ou réclamer partie d'une chose et partie d'une autre. (Art. 1190, 1191.)

L'obligation est-elle nulle, lorsque l'une des deux choses dues est hors de commerce ou illicite ?

Non. Comme les deux choses qui sont l'objet de l'obligation sont aussi bien dues l'une que l'autre, comme elles sont dues l'une à défaut de l'autre, l'obligation devient alors pure et simple, et le débiteur doit livrer celle qui reste. (Art. 1192.)

Quel est l'effet de la perte des choses dues alternativement ?

Il faut, avant tout, distinguer si le choix appartient au débiteur ou s'il appartient au créancier.

1º Lorsque le choix appartient au débiteur, trois hypothèses peuvent se présenter : Ou une seule des deux choses a péri, et alors il doit celle qui reste ; — Ou bien les deux choses ont péri, mais l'une a péri par sa faute, et alors il doit le prix de celle qui a péri la dernière ; — Ou bien, enfin, les deux choses ont péri sans sa faute, et alors il est libéré.

2º Lorsque le choix appartient au créancier, quatre hypothèses peuvent se présenter : Ou une seule des deux choses a péri, et elle a péri sans la faute du débiteur, alors celui-ci doit celle qui reste ; — Ou bien une seule des deux choses a péri, mais elle a péri par sa faute, alors il doit celle qui reste ou le prix de l'autre ; — Ou bien les deux choses ont péri, mais l'une au moins a péri par sa faute, alors il doit le prix de l'une ou le prix de l'autre ; — Ou bien, enfin, les deux choses ont péri sans sa faute, alors il est libéré.

Les mêmes principes s'appliquent au cas où il y a plus de deux choses comprises dans l'obligation alternative. (Art. 1193, 1194, 1195, 1196.)

Lorsque les deux choses qui ont été promises alternativement sont des corps certains, le créancier en devient-il propriétaire dès l'instant du contrat et avant que le choix ait été fait; ou n'a-t-il au moment du contrat qu'un simple droit de créance?

Cette question a un intérêt considérable. En effet, le créancier n'a-t-il qu'un simple droit de créance sur les choses dues alternativement, lorsqu'on n'a pas encore choisi celle qui sera payée, le débiteur peut les grever de droits réels. Le créancier a-t-il, au contraire, dès l'instant du contrat, et avant que le choix n'ait été fait, un droit de propriété sur ces choses, le débiteur n'a pu valablement les grever de droits réels.

Suivant certains auteurs, le créancier n'a dès l'instant du contrat qu'un simple droit de créance, et ce n'est qu'au moment où la chose qu'il doit définitivement recevoir aura été déterminée qu'il en deviendra propriétaire. En effet, le seul effet du consentement des parties ne transfère la propriété qu'autant qu'il porte sur des choses parfaitement déterminées.

Suivant le plus grand nombre des auteurs, au contraire, le créancier devient, dès l'instant du contrat, propriétaire des choses dues, sous la condition suspensive qu'il les recevra en payement. Comme en réalité il n'en reçoit qu'une seule, on le considérera comme étant propriétaire de cette chose dès l'instant du contrat, et comme n'ayant jamais été propriétaire de l'autre. En conséquence, les droits réels consentis par le débiteur sur la première, seront anéantis; mais ceux qu'il aurait consenti sur la seconde seront maintenus.

Quelle différence y a-t-il entre l'obligation alternative et l'obligation facultative ?

Il y a entre ces deux espèces d'obligations les différences suivantes :

1º Dans l'obligation facultative, le débiteur ne doit qu'une seule chose ; seulement, il a la faculté de se libérer de son obligation en donnant une autre chose à la place. Cette autre chose n'est pas *in obligatione,* mais bien *in facultate solutionis.* — Dans l'obligation alternative, le débiteur doit réellement deux choses, puisque l'une peut être demandée à défaut de l'autre ; seulement, il est libéré par le payement de l'une.

2º Dans l'obligation facultative, le débiteur est libéré par la perte de la chose qu'il doit. — Dans l'obligation alternative, il n'est libéré que par la perte des deux choses, parce qu'il les doit toutes les deux ; l'une à défaut de l'autre.

3º Dans l'obligation facultative, on connaît dès le principe le caractère mobilier ou immobilier de l'obligation. Une seule chose étant due on n'a qu'à voir si elle est mobilière ou immobilière. — Dans l'obligation alternative, lorsque l'une des deux choses dues est mobilière et l'autre immobilière, on ne connaît pas *a priori* si l'obligation est mobilière et immobilière. On ne le saura qu'au moment où le choix aura été fait.

4º Dans l'obligation facultative, lorsque la chose due est hors de commerce ou illicite, la convention est nulle. — Dans l'obligation alternative, lorsque l'une des choses dues est hors de commerce ou illicite, l'obligation devient pure et simple.

SECTION IV.

DES OBLIGATIONS SOLIDAIRES.

Articles 1197 à 1216.

Conformément à l'ordre suivi par le Code, nous traiterons sous deux paragraphes distincts de la solidarité entre créanciers et de la solidarité entre débiteurs.

§ I. De la solidarité entre créanciers.

Qu'est-ce que la solidarité entre créanciers ?

La solidarité entre créanciers est le lien qui unit plusieurs créanciers et qui permet à chacun d'eux d'exiger du débiteur le payement intégral de la chose due. — Ainsi il y a solidarité entre créanciers, lorsque trois personnes se réunissent pour me prêter 30,000; en stipulant que chacune d'elle pourra recevoir le payement de la créance commune, et que le payement fait à l'une d'elles me libérera envers les autres. (Art. 1197.)

La solidarité entre créanciers est-elle de droit commun ?

Non. Elle déroge, au contraire, au droit commun. En principe, lorsque trois personnes se réunissent pour me prêter 30,000, en fournissant chacune 10,000, il naît trois obligations distinctes. Ce n'est qu'en s'associant, en se donnant expressément mandat de se représenter les uns les autres, que les créanciers établissent entre eux le lien de la solidarité, qui permet à chacun d'eux de recevoir le paiement intégral de la créance et de faire tous les actes nécessaires à sa conservation.

Quels sont les éléments de la solidarité entre créanciers ?

La solidarité entre créanciers suppose, comme on le voit : 1° Plusieurs créanciers; — 2° Un seul objet dû; 3° Cet objet dû pour le tout, par une seule et même personne. Si l'objet était dû à chacun des créanciers par fraction et non pour le tout, ces derniers seraient des créanciers *conjoints* et non des créanciers solidaires.

Quels sont les effets de la solidarité entre créanciers ?

Du principe que les créanciers sont mandataires les uns des autres il résulte :

1º Que chacun d'eux peut recevoir le payement intégral ; sauf à en partager le bénéfice avec ses co-créanciers, suivant les arrangements qui ont été pris entre eux.

2º Que le débiteur peut payer, à son gré, celui des créanciers qu'il lui plaît de choisir ; sauf le cas où il a déjà été poursuivi par l'un d'eux. Alors il doit payer celui qui le poursuit.

3º Que les poursuites de chaque créancier interrompent la prescription, font courir les intérêts, et mettent le débiteur en demeure par rapport à tous.

Aucun des créanciers ne peut, d'ailleurs, faire des actes qui puissent nuire aux autres. (Art. 1198, 1199).

§ II. De la solidarité entre débiteurs.

Qu'est-ce que la solidarité entre débiteurs ?

La solidarité entre débiteurs est le lien qui unit plusieurs débiteurs de telle façon que chacun d'eux puisse être poursuivi pour la totalité, et que le payement fait par un seul libère tous les autres. Ainsi il y a solidarité entre débiteurs, lorsque trois personnes se réunissent pour m'emprunter 30,000 ; en consentant expressément à ce que chacune d'elles puisse être poursuivie pour la totalité de la somme, et procure la libération de ses co-débiteurs en la remboursant. (Art. 1100.)

La solidarité entre débiteurs est-elle de droit commun ?

Non. Elle déroge, au contraire, au droit commun. En principe, lorsque trois personnes se réunissent pour m'emprunter 30.000, il naît trois obligations distinctes ; 10,000 me sont dus par chacun des débiteurs, qui sont alors des débiteurs *conjoints*. Ce n'est qu'en s'associant pour emprunter, en se donnant réciproquement mandat de se représenter les uns les autres pour faire le payement intégral de la dette, que les débiteurs établissent entre eux le lien de la solidarité. Toutefois, ce lien unit quelquefois de plein droit, en vertu d'une disposition législative, et indépendamment de tout accord entre les débiteurs ; il s'établit alors entre eux une solidarité *légale*. (Art. 1202)

Quels sont les éléments de la solidarité entre débiteurs ?

La solidarité entre débiteurs suppose :

1º Plusieurs dettes. — Nous voyons, en effet, dans l'article 1201, que la dette de l'un peut être pure et simple, et celle des autres à terme ou sous condition.

2º Un seul objet dû. — En effet, le payement fait par l'un des débiteurs libère tous les autres.

3º Cet objet dû pour le tout à une seule et même personne.

Quelles sont les diverses espèces de solidarité entre débiteurs ?

La solidarité entre débiteurs est :

1º *Conventionnelle* ou *légale*, selon qu'elle résulte d'une clause expresse, ou d'une disposition législative.

2º *Parfaite* ou *imparfaite*.

Quels sont les principaux cas de solidarité légale ?

Il y a solidarité légale, notamment :

1° Entre la veuve, tutrice des enfants de son premier lit, qui se remarie, et son nouvel époux.

2° Entre plusieurs exécuteurs testamentaires, relativement au compte du mobilier de la succession.

3° Entre plusieurs locataires d'une maison, pour le cas d'incendie.

4° Entre plusieurs emprunteurs de la même chose.

5° Entre plusieurs individus, condamnés pour un même crime ou pour un même délit, relativement aux amendes, dommages et intérêts, restitutions et frais, auxquels ils sont condamnés.

Quand est-ce que la solidarité est parfaite ?

La solidarité est parfaite, lorsque les actes de poursuites, ayant pour but d'interrompre la prescription ou de faire courir les intérêts, produisent leurs effets à l'égard de tous les débiteurs solidaires, lors même qu'ils ne sont dirigés que contre un seul.

La solidarité parfaite suppose que les débiteurs se sont donnés mandat, expressément ou tacitement, pour se représenter les uns les autres. Elle existe dans tous les cas de solidarité conventionnelle, et dans les cas de solidarité légale où les débiteurs sont unis par un intérêt commun; par exemple entre la femme tutrice et son nouvel époux, entre les exécuteurs testamentaires, entre plusieurs emprunteurs de la même chose. (Art. 1206, 1207)

Quand est-ce que la solidarité est imparfaite ?

La solidarité est imparfaite, lorsque les actes de poursuites, ayant pour but d'interrompre la prescription ou de faire courir les intérêts, ne produisent d'effets qu'à l'égard du débiteur contre lequel ils sont dirigés.

La solidarité imparfaite suppose que les débiteurs ne se sont pas donnés mandat pour se représenter les uns les autres, et qu'ils n'ont pas un intérêt commun. Elle n'existe par conséquent que dans certains cas de solidarité légale ; par exemple entre les locataires d'une maison, entre les individus condamnés pour un même crime ou pour un même délit.

On voit par là, que plusieurs personnes peuvent être contraintes de payer la totalité de la dette, sans être cependant de véritables débiteurs solidaires. Ces personnes ne jouissent pas, d'ailleurs, comme les cautions des bénéfices de discussion et de division. (Art. 1203.)

Les poursuites faites contre l'un des débiteurs solidaires empêchent-elles le créancier d'en exercer de pareilles contre les autres?

Non. Il n'en était pas de même à Rome, avant Justinien. Une fois que le créancier avait poursuivi l'un des débiteurs solidaires, son action était épuisée et il avait perdu le droit de poursuivre les autres. Afin de ne laisser subsister aucun doute à cet égard, le Code décide expressément que le créancier peut poursuivre successivement chacun des débiteurs. (Art. 1204.)

La perte de la chose due libère-t-elle les débiteurs solidaires?

Il faut distinguer ;

1º La chose a-t-elle péri sans qu'il y ait eu faute de leur part et sans qu'aucun d'eux ait été mis en demeure, ils sont libérés, puisque suivant le droit commun les risques sont à la charge du créancier.

2º La chose a-t-elle péri par la faute ou pendant la demeure de l'un d'eux, les autres demeurent tenus d'en fournir la valeur. Mais on ne peut leur réclamer des dommages-intérêts à raison de cette perte, parce qu'ils ne se représentent les uns les autres que pour conserver et non pour aggraver l'obligation *ad perpetuandam non ad augendum obligationem*.

Notons, cependant, que si des dommages-intérêts avaient été fixés par une clause pénale, tous les débiteurs solidaires en seraient tenus, bien que la chose n'ait péri que par la faute de l'un d'eux, En effet, ils auraient alors adhéré à deux obligations, l'une principale et l'autre accessoire. Ils seraient tenus de la seconde, comme de la première, par suite de leur consentement, et non par le fait d'un co-débiteur. (Art. 1205.)

Quelles sont les exceptions que le débiteur solidaire poursuivi peut opposer au créancier ?

Il peut en opposer trois sortes:

1º Celles qui résultent de la nature de l'obligation.

2º Celles qui sont personnelles à l'un des débiteurs.

3º Celles qui sont communes à tous les débiteurs. (Art. 1208)

Quelles sont les exceptions qui résultent de la nature de l'obligation ?

Ce sont toutes celles qui viennent de l'inexistence ou de la nullité de l'obligation; telles que l'absence de consentement, de cause licite ou d'objet certain.

Comme nous le verrons plus loin, ces exceptions ne diffèrent des exceptions communes que par leur origine. Elles viennent de la nature de l'obligation, tandis que les dernières résultent d'un fait postérieur au contrat; mais les unes et les autres peuvent être proposées par tous les débiteurs.

Quelles sont les exceptions personnelles à l'un des débiteurs ?

Ce sont celles qui proviennent d'une cause particulière à l'un d'eux; par exemple de sa minorité, de la violence ou du dol dont il a souffert, du terme ou de la condition qui ont été exclusivement stipulés à son profit.

Ces exceptions ne peuvent être invoquées *pour le tout*, que par celui des co-débiteurs auquel elles sont propres. Les autres ne peuvent les invoquer, que pour se faire exonérer de la part que celui-ci devait supporter dans la dette commune.

Lorsqu'un débiteur solidaire oppose au créancier une exception personnelle, ses co-débiteurs peuvent-ils toujours se faire exonérer de la part que celui-ci devait supporter dans la dette commune ?

Non. Ils ne peuvent s'en faire exonérer que lorsqu'ils ont dû ignorer, au moment du contrat, la circonstance qui permettait à leur co-débiteur d'opposer une exception. — Ainsi ils ne sont pas admis à demander la déduction de la part du co-débiteur qui invoque sa minorité. Au contraire, ils ont droit à cette déduction, lorsque le débiteur invoque la violence ou le dol, parce qu'ils ne sont pas en faute d'avoir ignoré cette circonstance.

Quelles sont les exceptions communes ?

Ce sont celles qui proviennent d'une cause d'extinction de la dette. Mais les causes d'extinction de la dette sont de deux sortes. Les uns l'éteignent entièrement, les autres ne l'éteignent que dans certains cas et par rapport à certains débiteurs.

Quelles sont les exceptions communes, qui éteignent entièrement la dette ?

Ce sont :

1º Le paiement de la dette par l'un des débiteurs.

2º La prescription de la dette.

3º La perte par cas fortuit de la chose due.

Quelles sont les exceptions communes, qui n'éteignent la dette que dans certains cas et par rapport à certains débiteurs?

Ce sont :

1º La compensation. — Elle a lieu lorsqu'un débiteur devient créancier de son créancier.

2º La remise de la dette faite par le créancier.

3º La remise de la solidarité également faite par le créancier.

4º Enfin la confusion, c'est-à-dire la réunion sur la même personne des qualités de créancier et de débiteur. (Art. 1209.)

Quand est-ce que la compensation éteint la dette solidaire tout entière, et quand est-ce qu'elle ne l'éteint pas?

Elle éteint la dette solidaire, lorsque la poursuite du créancier s'adresse, en premier lieu, à celui des débiteurs en qui elle s'est opérée.

Elle ne l'éteint pas, au contraire, lorsque le créancier a poursuivi, tout d'abord, un débiteur en qui elle ne s'est pas opérée. Celui-ci ne peut pas, en effet, opposer la compensation du chef de son co-débiteur, parce que la loi prohibe une semblable immixtion.

Quand est-ce que la remise de la dette éteint la dette tout entière, et quand est-ce qu'elle ne l'éteint qu'en partie.

La remise de la dette éteint la dette tout entière, quoique faite au profit d'un seul débiteur solidaire, toutes les fois que le créancier n'a pas expressément réservé ses droits contre les autres. Les a-t-il réservés, la dette n'est pas entièrement éteinte; mais il ne peut en exiger le paiement, que déduction faite de la part de celui auquel il a fait la remise.

Cette part sera une part *réelle*, si le créancier connaissait dans quelle proportion celui des débiteurs à qui il a consenti la remise devait supporter la dette. Ce sera, au contraire, une part *virile*, s'il ne connaissait pas la portion de passif mise à sa charge par le contrat. (Art. 1285.)

Quand est-ce que la remise de la solidarité éteint entièrement la solidarité, et quand est-ce qu'elle ne l'éteint qu'en partie ?

La remise de la solidarité n'éteint jamais la dette elle-même, mais elle en éteint la solidarité par rapport à tous les débiteurs solidaires, et elle la convertit en autant de dettes partielles et distinctes, lorsqu'elle est faite expressément au profit de tous.

Elle n'éteint, au contraire, la solidarité de la dette que par rapport à celui des débiteurs au profit duquel elle est faite, lorsqu'elle ne s'adresse qu'à lui seul. Celui-ci n'est plus alors tenu que de sa part, soit réelle soit virile, suivant la distinction précédente. Quant aux autres débiteurs, ils restent toujours tenus de la totalité de la dette, mais ce n'est que déduction faite de la part du débiteur déchargé.

La remise de la solidarité faite à l'un dés débiteurs solidaires n'est pas, d'ailleurs, présumée faite en faveur de tous, comme la remise de la dette. (Art. 1210.)

La remise de la solidarité peut-elle avoir lieu tacitement ?

Oui. Elle a lieu tacitement dans deux cas :

1º Lorsque le créancier recevant un paiement partiel d'un des débiteurs, il lui en donne quittance *pour sa part* dans la dette.

2º Lorsque le créancier poursuivant un des débiteurs *pour sa part*, celui-ci déclare acquiescer à sa demande.

Dans toute autre hypothèse, la remise de la solidarité doit être expresse. Ainsi, lorsque le créancier reçoit divisément les intérêts de la dette solidaire, il ne perd la solidarité que pour les intérêts échus. Mais il la conserve pour les intérêts à échoir, ainsi que pour le capital, à moins que ce paiement divisé n'ait continué pendant dix ans consécutifs. (Art. 1211, 1212.)

Le débiteur qui paie la dette entière n'a-t-il pas un recours contre les autres ?

Oui. Il a un recours contre ses co-débiteurs pour leur part et portion.

Si l'un d'eux se trouve insolvable, la perte qu'occasionne son insolvabilité se répartit sur tous les autres débiteurs solvables, en y comprenant celui qui a fait le paiement, et même ceux des débiteurs qui auraient été déchargés de la solidarité par le créancier.

Si la dette avait été contractée dans l'intérêt d'un seul des débiteurs, celui-ci serait tenu de toute la dette vis-à-vis de ses co-débiteurs, lesquels ne seraient considérés par rapport à lui que comme des cautions. (Art. 1214, 1215, 1216.)

Au moyen de quelles actions le débiteur, qui a payé toute la dette, exerce-t-il son recours contre ses co-débiteurs ?

Il peut l'exercer au moyen de deux actions : Par l'action de mandat et par l'action en subrogation aux droits du créancier qu'il a désintéressé. Seulement, tandis que ce dernier pouvait agir pour la totalité contre chacun des débiteurs, le débiteur qui a payé la dette ne peut agir contre ses co-débiteurs, que pour leur part et portion. (Art. 1213.)

SECTION V.

DES OBLIGATIONS DIVISIBLES ET INDIVISIBLES.

Articles 1217 à 1225.

Conformément à l'ordre du Code, nous diviserons cette section en trois paragraphes.

§ I. Des obligations divisibles et indivisibles.

A quelle règle faut-il référer la division des obligations, en obligations divisibles et indivisibles?

En principe, cette division des obligations n'existe pas. Toutes les obligations sont également indivisibles, en ce sens que le débiteur est tenu de fournir en totalité la chose qu'il doit, quelle qu'elle soit. — La division des obligations, en obligations divisibles et indivisibles, se réfère uniquement à la règle *que les créances et les dettes du de cujus se divisent de plein droit entre ses héritiers.* (Art. 1220.)

Combien y a-t-il d'espèces d'indivisibilités?

Les obligations peuvent être indivisibles de trois manières : *naturâ, obligatione* ou *solutione tantum.*

Elles sont indivisibles *naturâ*, lorsqu'elles ont pour objet une chose qui n'est susceptible d'aucune division matérielle ou intellectuelle : telles sont, par exemple, les servitudes de vue ou de passage. Il n'y a pas de milieu entre voir et ne pas voir, passer et ne pas passer.

Elles sont indivisibles *obligatione*, lorsqu'elles ont pour objet une chose qui n'est pas susceptible de division, par suite du rapport sous lequel on l'a considérée dans l'obligation; mais qui aurait pu être promise par parties, si on l'avait considérée sous un autre rapport. Telle est, par exemple, une maison à construire. Du moment que l'obligation comporte une maison entièrement exécutée, il n'y a pas de milieu entre la construire et ne pas la construire. Mais on aurait très-bien pu convenir, qu'au lieu d'une maison parachevée, on construirait seulement les gros murs.

Elles sont enfin indivisibles *solutione tantum*, lorsqu'elles ont pour objet une chose qui est divisible en elle-même, sous quelque rapport qu'on la considère; mais qui d'après une clause expresse insérée dans la convention, ne peut pas être fournie par fractions. Tel est le cas où je me fais promettre une somme de 20,000 francs, pour cautionnement d'une charge. Cette somme ne se divisera pas entre les héritiers de mon débiteur. En vertu de la clause d'indivisibilité, je pourrai me la faire payer en totalité par l'un d'eux. (Art 1217, 1218, 1221).

Quel intérêt y a-t-il à distinguer l'indivisibilité solutione tantum *des deux autres espèces d'indivisibilité ?*

C'est que l'indivisibilité *solutione tantum* n'existe réellement que par rapport au débiteur. Le créancier vient-il à mourir, chacun de ses héritiers peut réclamer divisément sa part dans la créance. — Au contraire, la force même des choses fait que les deux autres espèces d'indivisibilité existent, tant par rapport au créancier que par rapport au débiteur. En effet, le créancier vient-il à mourir, chacun de ses héritiers ne peut pas réclamer une portion de la servitude de passage qui était due, ou une fraction de la maison qui devait être construite.

La situation du débiteur d'une obligation indivisible est-elle la même que celle d'un débiteur solidaire?

Non. A la vérité, le débiteur qui est tenu d'accomplir une obligation indivisible doit, comme le débiteur solidaire, la totalité de la dette. Mais là s'arrête l'analogie de leur situation. Ainsi les héritiers d'un débiteur solidaire ne sont pas, comme leur auteur, tenus de la totalité de la dette; elle se divise de plein droit entre eux, tandis que les héritiers du débiteur d'une obligation indivisible sont, comme leur auteur, tenus d'accomplir intégralement l'obligation. La servitude qu'ils doivent laisser exercer, la maison qu'ils doivent construire, la somme même qu'ils doivent fournir en totalité pour procurer au créancier le bénéfice qu'il attendait du contrat, ne sont pas susceptibles d'être acquittées par eux par fractions.

§ II. Des effets de l'obligation divisible.

Quels sont les cas d'indivisibilité solutione tantum *énumérés par l'article 1221?*

Aux termes de cet article, la dette, quoique facilement divisible par elle-même, ne se divisera pas entre les héritiers du débiteur dans les cinq cas suivants :

1º Lorsqu'elle est hypothécaire. — L'héritier détenteur de l'immeuble hypothéqué peut être contraint de l'acquitter tout entière.

2º Lorsqu'elle consiste en un corps certain tombé tout entier au lot d'un héritier.

3º Lorsqu'elle est alternative de choses, au choix du créancier, dont l'une est indivisible.

4º Lorsque l'un des héritiers est chargé par le titre de la payer intégralement.

5º Enfin, lorsqu'il résulte de la nature de l'engagement, ou de la fin des contractants, que leur intention a été que la dette ne pût être partiellement acquittée.

Ces cinq cas sont-ils bien tous des cas d'indivisibilité solutione tantum ?

Non. Le premier cas, celui où la dette est indivisible parce qu'elle est hypothécaire, ne constitue pas une véritable exception à la règle que les dettes se divisent de plein droit entre les héritiers. Si un héritier peut être poursuivi pour le tout, ce n'est pas comme héritier, c'est comme détenteur d'un immeuble hypothéqué. En d'autres termes, ce n'est pas la dette, c'est l'hypothèque qui est indivisible.

Le troisième cas, celui où la dette est alternative de choses, au choix du créancier, dont l'une est indivisible, n'est pas davantage un cas d'indivisibilité *solutione tantum*. C'est une dette divisible, si parmi les choses qui lui sont dues le créancier choisit celle qui peut être divisée; c'est une dette indivisible, mais indivisible *naturâ* ou *contractu*, s'il choisit celle qui n'est pas susceptible de l'être.

En conséquence, ces deux cas étant rejetés, l'article 1221 ne contient plus que trois exceptions à la règle que les dettes se divisent de plein droit entre les héritiers.

§ III. Des Effets de l'obligation indivisible.

Quels sont les effets de l'indivisibilité naturâ *ou* contractu ?

Les effets de ces deux espèces d'indivisibilité consistent à empêcher le fractionnement de la dette, non seulement entre les héritiers du débiteur, mais encore entre les héritiers du créancier.

De là il résulte :

1º Que chacun des héritiers du créancier peut agir pour le tout contre le débiteur, recevoir le paiement intégral de la dette, et en donner quittance, tant au nom de ses co-créanciers qu'en son propre nom.

2º Que les poursuites, faites par un des héritiers du créancier, interrompent la prescription pour la totalité de la dette, et par rapport à tous les héritiers du débiteur.

3º Que la suspension de la prescription à l'égard d'un des créanciers profite aux autres créanciers.

Malgré l'indivisibilité de la dette, l'article 1224 n'accorde-t-il pas à chacun des créanciers la faculté de faire la remise de sa part dans la dette?

Oui. Mais comme l'indivisibilité de la chose due empêche qu'on ne puisse en déduire la part qui a été remise au débiteur par l'un des héritiers, les autres héritiers pourront, comme par le passé, exiger l'acquittement intégral de l'obligation. Seulement, ils devront tenir compte au débiteur de la *valeur* de la portion qui lui a été remise. Ainsi la dette consiste-t-elle en une maison, valant 30,000. Si l'un des trois héritiers du créancier a fait remise de sa part au débiteur, les autres pourront exiger la maison toute entière, mais ils devront rembourser 10,000 au débiteur.

L'héritier du débiteur, poursuivi pour la totalité, n'a-t-il pas un recours en garantie contre ses cohéritiers?

Oui. Aux termes de l'article 1225, il peut demander un délai, pour les mettre en cause et obtenir qu'ils soient tous conjointement condamnés avec lui à l'accomplissement de l'obligation. Si cette obligation est telle que lui seul puisse l'accomplir, il conserve néanmoins la faculté de mettre en cause ses cohéritiers, pour faire prononcer par un seul et même jugement, sur la demande formée contre lui, et sur sa demande en garantie contre ses cohéritiers.

Que peut faire le créancier lorsque les débiteurs se refusent à exécuter l'obligation indivisible?

Il peut les faire condamner à l'exécuter ou à lui fournir des dommages-intérêts. Mais ces dommages-intérêts ne seront mis à leur charge que dans la proportion de leur part héréditaire, parce qu'ils consistent en argent et qu'ils peuvent ainsi être facilement divisés.

L'indivisibilité naturlou contractu *n'existe-t-elle pas
quelquefois dès le principe ?*

Oui. Elle. existe quelquefois dès le principe ; par
exemple lorsque plusieurs débiteurs ont contracté conjointement une dette indivisible, sans établir entre eux
aucun lien de solidarité. Mais elle a lieu bien plus souvent, par rapport aux héritiers des contractants, et
comme nous l'avons fait observer, elle forme alors exception à la règle *que les créances et les dettes se divisent entre les héritiers.* (Art 1222, 1223.)

SECTION VI.

DES OBLIGATIONS AVEC CLAUSES PÉNALES.

Articles 1226 à 1233.

Qu'entend-on par clauses pénales ?

On entend par clauses pénales, le réglement anticipé,
l'estimation faite par les parties elles-mêmes, des dommages-intérêts qui devront être payés, si le débiteur
n'exécute pas son obligation, ou s'il ne l'exécute que tardivement.

Les clauses pénales tiennent lieu de dommages-intérêts et constituent ainsi un véritable forfait entre les
parties. (Art. 1226, 1229.)

*Quelles conséquences faut-il tirer de ce que les clau-
ses pénales sont un forfait entre les parties ?*

Il faut en conclure qu'elles forment la loi des parties,
et que les juges ne peuvent pas les augmenter ou les diminuer, en considération du dommage éprouvé, si ce n'est
dans le cas où l'obligation a été exécutée en partie.
(Art. 1231.)

*Quelles conséquences faut-il tirer de ce que les clau-
ses pénales tiennent lieu de dommages-intérêts ?*

Il faut en conclure :

1º Que la nullité de l'obligation principale entraine

celle des clauses pénales. — L'obligation n'existant pas, il ne peut être question de dommages-intérêts.

2° Que la clause pénale est encourue de la même façon que les dommages-intérêts, c'est-à-dire seulement dans le cas où le débiteur a été mis en demeure.

3° Que le créancier peut, s'il le préfère, poursuivre l'exécution de l'obligation principale, au lieu de réclamer le montant des clauses pénales. (Art. 1227, 1228, 1230.)

Lorsque l'obligation n'a pas été accomplie par le fait d'un des héritiers du débiteur, les autres héritiers peuvent-ils être contraints au payement des clauses pénales ?

Il faut distinguer :

Si l'obligation était indivisible, le créancier peut réclamer le payement de la clause pénale, soit en totalité contre celui des héritiers du débiteur qui s'est mis en état de contravention, soit pour leur part et portion contre les autres héritiers du débiteur.

Si l'obligation était divisible, le créancier ne peut, au contraire, réclamer le payement de la clause pénale, qu'à celui-là seul qui y a contrevenu, et seulement pour la part qu'il devait supporter dans l'obligation. (Art. 1232, 1233.)

CHAPITRE CINQUIÈME.

De l'extinction des Obligations.

Aux termes de l'article 1234, les obligations s'éteignent: — Par le paiement, — par la novation, — par la remise volontaire, — par la compensation, — par la confusion, — par la perte de la chose due, — par la nullité ou rescision, — par l'effet de la condition résolutoire accomplie, — et enfin par la prescription.

Conformément à l'ordre du Code, nous diviserons ce chapitre en sept sections, dans lesquelles nous examinerons séparément chacun de ces modes d'extinction ; en en exceptant toutefois l'effet de la condition résolutoire, qui a été expliqué au chapitre précédent, et la prescription, qui fait l'objet d'un titre particulier.

SECTION I.

DU PAIEMENT.

Articles 1235 à 1271.

Suivant l'ordre du Code, nous diviserons cette section en cinq paragraphes, où nous traiterons successivement : Du paiement en général, — du paiement avec subrogation, — de l'imputation des paiements, — des offres de paiement et de la consignation, — de la cession de biens.

§. I Du Paiement en général.

Qu'est-ce que le paiement ?

Entendu dans un sens général, le mot *paiement* signifie extinction de l'obligation d'une manière quelconque. — Dans le sens spécial que le Code lui donne ici, il signifie exécution de l'engagement même qui a été contracté par le débiteur.

Que faut-il entendre par ces mots de l'article 1235 que tout paiement suppose une dette ?

Il faut entendre par là, que le paiement ne peut être valablement fait, s'il n'a pas pour objet l'acquittement d'une dette; et qu'en conséquence celui qui a payé, dans le cas où l'obligation était purement imaginaire, peut reprendre la chose dont il s'est dessaisi.

La répétition n'est pas adm   , au contraire, à l'égard

des obligations naturelles qui ont été volontairement acquittées. (Art. 1235.)

Qu'est-ce qu'une obligation naturelle ?

Une obligation naturelle est une obligation que le débiteur n'est pas contraint d'acquitter, mais qu'il peut valablement acquitter, s'il lui convient de le faire. — En
d'autres termes, ce sont des obligations qui ne sont pas
munies d'actions, et que le droit civil ne reconnait que si
le débiteur lui-même veut bien les reconnaitre. Parmi les
cas d'obligations naturelles, on peut citer : Celui de l'interdit qui a contracté dans un intervalle lucide, du débiteur
qui a prescrit sa dette, de l'héritier à qui les légataires
opposent un testament irrégulier. L'interdit, le débiteur,
l'héritier, ne peuvent être contraint à s'exécuter ; mais
s'ils y consentent, le payement qu'ils font est parfaitement valable et ne donne lieu à aucune répétition de leur
part.

Par qui le paiement peut-il être fait ?

Il peut être fait :

1° Par le débiteur lui-même. — La dette est alors
éteinte avec tous ses accessoires.

2° Par un tiers intéressé à payer, tel qu'une caution,
un débiteur solidaire. — La dette n'est alors éteinte que
par rapport au créancier. Ce paiement est, en effet, accompagné de plein droit de subrogation, et le tiers, qui
l'a fait, a deux actions pour exercer son recours contre
le débiteur : une action de gestion d'affaires et l'action
qu'avait le créancier primitif.

3° Par un tiers non intéressé à payer, *agissant au
nom et en l'acquit du débiteur.* — La dette est alors
éteinte, car ce paiement n'emporte pas subrogation de
plein droit. Toutefois la subrogation pourrait être consentie expressément, et dans le cas où elle le serait, la

dette ne se trouverait éteinte que par rapport au créancier originaire, et le tiers qui l'aurait payé pourrait, comme précédemment, exercer son recours contre le débiteur, soit par l'action de gestion d'affaire, soit par l'action du créancier originaire.

4° Par un tiers non intéressé, agissant en son propre nom, pourvu, dit l'article 1236, *qu'il ne soit pas subrogé aux droits du créancier*.

Comment explique-t-on ces derniers mots de l'article 1236 ?

Ces mots ont fait le désespoir des commentateurs. Ils ont cru comprendre que la loi interdisait au créancier de subroger à ses droits le tiers non intéressé qui le paie en son propre nom; mais ne trouvant pas de trace de cette prohibition dans la matière de la subrogation, ils ont accusé le législateur d'obscurité et d'inexactitude. Les derniers mots de l'article 1236 ne sont cependant pas inexplicables.

D'abord, ils ne renferment aucune interdiction pour le créancier, de subroger à ses droits le tiers non intéressé qui le paye. Il pourra donc le subroger. Mais s'il le subroge; comme le tiers subrogé paye la dette en son propre nom, comme il la paye dans son intérêt personnel, la subrogation a un effet particulier. Elle implique une cession de créance à son profit; et par là elle empêche le paiement qu'il a fait d'éteindre la dette. En effet, ce paiement est alors considéré comme étant le prix de la créance cédée, et non comme l'acquittement de la dette. (Art. 1236.)

N'y a-t-il pas un cas où le payement ne peut être fait par un tiers ?

En principe, le paiement peut toujours être fait par un tiers, même à l'insu et contre le gré du débiteur.

Toutefois, il existe un cas où il ne peut pas être effectué par un tiers, c'est lorsque le créancier avait intérêt à ce qu'il fût opéré par le débiteur lui-même ; ce qui a lieu principalement dans les obligations de faire, et dans celles de ne pas faire. (Art. 1237).

Quelles actions le tiers qui a payé la dette peut-il exercer contre le débiteur ?

Il peut exercer :

1° L'action qui compétait au créancier originaire qu'il a désintéressé, lorsqu'il lui a été subrogé.

2° Une action en gestion d'affaires, lorsqu'il a payé dans le but de gérer utilement les affaires du débiteur.

3° Une action *de in rem verso*, lorsqu'il a payé uniquement dans son intérêt personnel. Dans ce dernier cas, le juge devra accorder au débiteur des délais très-étendus, s'il prouve qu'il les eut facilement obtenus de son ancien créancier.

Si le tiers avait payé uniquement dans le but de faire une libéralité au débiteur, il n'aurait aucune action contre lui. Mais comme les libéralités ne se présument pas, c'est au débiteur à établir que le paiement a été fait *animo donandi*.

Quelle capacité faut-il avoir pour payer ?

Aux termes de l'article 1238, il faut pour payer valablement : 1° Etre propriétaire de la chose donnée en paiement; 2° Etre capable d'aliéner.

Nous remarquerons toutefois qu'on peut très-bien donner en paiement un corps certain sans en être propriétaire. Tel est le cas du vendeur qui, après avoir transféré à l'acheteur la chose vendue, par l'effet du contrat de vente, en effectue ensuite la livraison et exécute ainsi un véritable payement. Il en est de même du dépositaire, de l'emprunteur ou du locataire. La règle de l'article

1238 est donc trop absolue. Il faut la limiter aux obligations de donner des choses qui ne sont pas individuellement déterminées, parce qu'alors c'est en effectuant le paiement qu'on transfère la propriété.

Quel est l'effet d'un paiement qui devait être translatif de propriété, lorsque ce paiement est fait a non domino ?

Si celui qui paie n'est pas propriétaire, le créancier ne peut le devenir. Il a dès lors le droit de faire annuler le paiement, encore qu'il se trouve protégé par la maxime *en fait de meubles, possession vaut titre;* car il peut lui répugner de se couvrir de cette maxime. — Quant au débiteur qui a payé par erreur la chose d'autrui, il peut la répéter contre le créancier, à moins que celui-ci ne l'ait consommé de bonne foi. (Art. 1238).

Quel est l'effet d'un paiement émané d'un incapable ?

Ce paiement n'est pas absolument nul et la nullité ne peut en être demandée que par l'incapable ou ses représentants, et seulement dans le cas où il a payé plus qu'il ne devait. Encore ne pourrait-il exercer utilement son droit de répétition, si le créancier avait consommé de bonne foi la chose donnée en paiement. (Art. 1238,)

A qui peut-on payer ?

On peut payer :

1° Au créancier.

2° A son mandataire.

3° Au possesseur de la créance.

A quelles conditions peut-on payer valablement au créancier ?

On ne peut payer valablement au créancier qu'à la condition qu'il soit capable de recevoir. Le paiement fait au créancier incapable de recevoir ne libère le débiteur que dans deux cas : 1º Lorsque le créancier le ratifie après qu'il est devenu capable; 2º Lorsqu'il en retire un profit, c'est-à-dire lorsqu'il en fait un usage aussi utile qu'il l'eut fait s'il avait été capable. (Art. 1239, 1241.)

Le paiement fait par le débiteur à son créancier, nonobstant une saisie-arrêt ou opposition, est-il valable ?

Il est valable pour le créancier qui le reçoit, et le débiteur est libéré vis-à-vis de lui. Mais il est nul vis-à-vis des opposants, qui ont fait défense au débiteur de payer entre ses mains. En conséquence, ces derniers peuvent, en faisant valider la saisie-arrêt par la justice, contraindre le débiteur à payer une seconde fois entre leurs mains. (Art. 1242.)

Quels sont les différents mandataires que peut avoir le créancier ?

Le créancier peut avoir un mandataire conventionnel, légal, ou judiciaire.

Le mandataire conventionnel est celui qui a reçu du créancier des pouvoirs réguliers et suffisants. S'il les a reçus dans le contrat même d'où est née la dette, il devient, ce qu'on appellait à Rome, un *adjectus solutionis gratia*, un mandataire que le créancier ne peut révoquer sans le consentement du débiteur.

Le mandataire légal du créancier est celui qui le représente en vertu de la loi; tels sont les maris, et les tuteurs. — Son mandataire judiciaire est celui qui le représente en vertu d'un jugement; tels sont les curateurs donnés à un absent, et les administrateurs nommés pour gérer provisoirement les biens de ceux dont l'interdiction est demandée.

A quelles conditions peut-on payer au possesseur de la créance ?

On entend par possesseur de la créance celui qui, aux

yeux du public, passe pour en être le véritable créancier ; tel est, par exemple l'héritier apparent du créancier originaire. Pour que le paiement fait au possesseur de la créance soit valable, il faut que le débiteur ait pu légitimement croire que la créance lui appartenait. (Art. 1240.)

Quelle chose doit-on payer ?

On doit payer la chose due, dans l'état où elle se trouve lors de la livraison, pourvu que les détériorations ne viennent pas du fait du débiteur. Si cette chose n'est déterminée que par son espèce, le débiteur n'est pas tenu de la fournir de la meilleure espèce, mais il ne peut l'offrir de la plus mauvaise.

Quelquefois, le créancier consent à recevoir une autre chose à la place de celle qui était due. Alors c'est une *dation en paiement.* La dation en paiement n'éteindrait pas la dette, si le créancier venait plus tard à être évincé de l'objet qu'il a consenti à recevoir au lieu et place de ce qui lui était dû. (Art. 1243, 1245, 1246).

Le créancier peut-il être contraint à recevoir des paiements partiels ?

En principe, il a le droit de recevoir la chose tout entière. Toutefois l'article 1244 autorise les juges à accorder plusieurs délais au débiteur ; d'où on conclut qu'il peut être autorisé par eux à effectuer des paiements partiels.

L'article 1244 ne faisant, d'ailleurs, aucune distinction, il faut décider que les juges peuvent accorder ces délais de grâce, lors même que le débiteur est muni d'un titre exécutoire, pourvu que ce titre exécutoire soit la grosse d'un acte notarié, et non pas un jugement. Dans ce dernier cas, les juges ne pourraient, en effet, accorder de délais sans infirmer le premier jugement.

Dans quels cas les juges ne peuvent-ils accorder des délais de grâce?

Par exception, les juges ne peuvent accorder des délais de grâce au débiteur, lorsqu'il est en faillite ou en déconfiture, lorsqu'il a diminué par son fait les sûretés qu'il avait promises à son créancier et enfin lorsqu'il est contumace.

Où doit se faire le paiement?

Le paiement doit se faire au lieu désigné par la convention. Si la convention n'en a pas désigné et que la dette ait pour objet un corps certain, il doit se faire au lieu où ce corps était au moment du contrat. Dans tous les autres cas, il doit avoir lieu au domicile du débiteur. (Art. 1247).

Aux frais de qui se fait le paiement?

A défaut de convention, le débiteur supporte les frais de délivrance. Ceux d'enlèvement, s'il y en a, sont supportés par le créancier. (Art. 1248).

§ II. Du paiement avec subrogation.

Qu'est-ce que la subrogation?

La subrogation est la substitution au créancier originaire d'un tiers qui a payé la dette à la place du débiteur.

Ce tiers a déjà, comme nous l'avons vu, une action de gestion d'affaires; mais l'action qu'avait le créancier désintéressé étant ordinairement plus avantageuse à cause des sûretés qui la garantissent, le législateur a décidé que le tiers qui paie la dette pourrait au moyen de la subrogation exercer cette action. Il a introduit par là un puissant élément de crédit pour le débiteur.

Quel rapport y a-t-il entre la subrogation et la cession de créance?

Ainsi que nous l'avons vu, le paiement fait par un tiers

éteint la dette et par conséquent l'action du créancier. Mais cette action étant éteinte, comment supposer que le tiers qui a payé puisse en user? Pour cela, on a dû imaginer une fiction. Le créancier, dit-on, est censé avoir vendu sa créance au subrogé, qui est réputé l'avoir achetée. C'est par cette fiction que la subrogation se rapproche de la cession de créances, mais elle en diffère sous plusieurs rapports.

En quoi la subrogation diffère-t-elle de la cession de créances ?

Elle en diffère de trois manières :

1° La vente de la créance consentie par le créancier au tiers qui paie, n'est qu'une fiction dans la subrogation; elle est au contraire une réalité dans la cession de créance. Or, une fiction peut n'être pas absolue, et ici elle ne l'est pas; elle n'est pas notamment opposable au créancier subrogeant. S'il n'a pas reçu la totalité de ce qui lui était dû, il conserve son action toute entière, sans que le tiers puisse se prévaloir à son égard de ce qu'il a payé, pour concourir avec lui. C'est ce qu'exprime la règle *nemo censetur subrogâsse contra se.* — Au contraire, le cessionnaire qui a acheté une partie de la créance, vient en concours avec le cédant pour la portion de créance qu'il a acquise.

2° Le subrogé ne peut exercer l'action du créancier originaire que jusqu'à concurrence de ses déboursés, car il n'a pas payé dans un esprit de spéculation, mais pour venir en aide au débiteur. Le cessionnaire peut au moins l'exercer pour le montant intégral de la créance, lorsqu'il l'a acquise toute entière, et cela lors même qu'il l'aurait achetée à vil prix.

3° Outre l'action du créancier originaire le subrogé a l'action de gestion d'affaires. — Le cessionnaire n'a pas d'autre action qué celle qui était attachée à la créance qu'il a acquise.

Quels sont les effets de la subrogation ?

À cet égard nous trouvons deux systèmes :

Suivant quelques auteurs, le payement fait avec subrogation éteint la dette et donne naissance au profit du tiers qui paye à une nouvelle action, laquelle est seulement garantie par toutes les sûretés spéciales, telles que priviléges, hypothèques, qui compétaient à l'ancienne. L'action primitive étant éteinte, et ses accessoires seuls demeurant attachés à la nouvelle, il en résulte que celle-ci peut avoir un caractère tout différent de la première ; par exemple qu'elle sera commerciale tandis que la précédente était civile, et qu'ainsi la compétence du tribunal qui doit autoriser les poursuites sera changée, de même que la procédure et les voies de contrainte à employer. (M. Marcadé.)

Suivant le plus grand nombre des auteurs, au contraire, le payement accompagné de subrogation fait passer sur la tête du subrogé, non seulement les accessoires de la créance originaire, mais encore cette créance elle-même, avec tous les avantages de preuve, de compétence et d'exécution qui lui compètent. En faveur de ce système on invoque d'abord l'autorité historique. En effet, l'ordonnance de 1609 dit expressément que le subrogé acquiert les droits, actions, priviléges et hypothèques de l'ancien créancier, c'est-à-dire la créance elle-même. En second lieu, on s'appuie sur le texte même de l'article 1250, qui reproduit les termes de cette ordonnance. (M. Valette.)

Combien y a-t-il d'espèces de subrogation ?

Il y a deux espèces de subrogation : la subrogation conventionnelle et la subrogation légale.

La première résulte de la volonté des parties ; elle peut.

avoir lieu au profit de toute personne qui paie le créancier, mais elle doit être déclarée expressément — La seconde s'opère de plein droit, mais elle n'a lieu qu'au profit de certaines personnes déterminées. (Art. 1249.)

La subrogation conventionnelle peut émaner, soit du créancier, soit du débiteur.

A quelle condition la subrogation consentie par le créancier est-elle valable ?

Aux termes de l'article 1250, cette subrogation doit pour être valable réunir deux conditions, savoir: Être expresse; et de plus, être consentie au moment même où le paiement s'effectue. Au reste, il n'est pas nécessaire que les parties emploient le mot *subroger*. Tout ce que la loi exige c'est que leur volonté soit clairement exprimée.

A quelles conditions la subrogation consentie par le débiteur est-elle valable?

Le débiteur ne peut consentir subrogation au profit du tiers qui lui prête les fonds avec lesquels il paie sa dette, qu'aux deux conditions suivantes, il faut :

1º Que l'acte qui constate l'emprunt et celui qui constate le paiement soient l'un et l'autre notariés.

2º Qu'il soit exprimé dans l'acte d'emprunt, que les deniers sont prêtés sous la condition que le débiteur les emploiera à payer son créancier ; et qu'il soit exprimé dans la quittance, que le paiement a été effectué avec les deniers provenant du prêt. (Art. 1250.)

Dans quel but la loi exige-t-elle que l'acte d'emprunt et la quittance soient notariés ?

C'est dans le but de prévenir, autant que possible, des subrogations frauduleuses, au moyen desquelles un débiteur pourrait frustrer ses créanciers des sûretés qui leur étaient légitimement acquises. Supposons, par exemple qu'un débiteur ait désintéressé un de ses créanciers, et qu'ayant besoin de faire un emprunt, il manque de crédit. Il n'aurait qu'à s'entendre avec ce créancier, pour faire revivre fictivement sa créance, y subroger un prêteur, et donner ainsi à ce dernier un rang de préférence sur d'autres créanciers inscrits avant lui. L'obligation qui est ici imposée au créancier déjà désintéressé, de déclarer dans un acte public qu'il vient d'être payé avec les deniers fournis par le prêteur, lui donnera à réfléchir, et l'empêchera souvent de manquer par imprudenc° aux lois sévères de la probité.

Quels sont les cas de subrogation légale ?

Aux termes de l'article 1251, la subrogation a lieu de plein droit.

1° Au profit du créancier qui a désintéressé un autre créancier, qui lui était préférable à raison de ses priviléges ou hypothèques. — Tous les créanciers indistinctement ont le droit de faire vendre les biens de leur débiteur ; mais ils ne sont pas tous payés en même temps sur le prix. Si donc un créancier, placé en rang utile pour être payé, vient à poursuivre la vente des biens du débiteur dans un moment inopportun, le créancier placé dans un rang inférieur est intéressé à payer le premier créancier, s'il y a à craindre que le prix de la vente ne soit absorbé par les créances préférables à la sienne. Il empêchera par là une vente qui, faite dans de mauvaises conditions, lui serait préjudiciable.

2° Au profit de l'acquéreur d'un immeuble, qui emploie le prix de son acquisition au paiement des créanciers auxquels cet héritage était hypothéqué. — Les créanciers hypothécaires peuvent faire vendre l'immeuble hypothéqué à leurs créances, non seulement lorsqu'il se trouve entre les mains de leur débiteur, mais encore lorsqu'il est passé entre les mains d'un acquéreur. D'un autre côté la loi autorise ce dernier à employer le prix qu'il doit à son vendeur à désintéresser les créanciers hypothécaires ; mais comme ce prix peut se trouver in - suffisant, il agira sagement en payant les premiers ins- crits, auxquels il sera subrogé de plein droit. Par l'effet de cette subrogation, il est assuré d'être remboursé de ce qu'il a payé, au cas où les derniers créanciers inscrits qu'il n'a pas désintéressé, viendraient à faire vendre l'im- meuble.

3º Au profit de celui, qui étant tenu avec d'autres ou pour d'autres au payement de la dette, avait intérêt à l'acquitter.— Ainsi les débiteurs solidaires et les cautions ont le bénéfice de la subrogation légale quand ils paient le créancier commun.

4º Au profit de l'héritier bénéficiaire qui a payé de ses deniers les dettes de la succession. (Art. 1251.)

A qui la subrogation est-elle opposable ?

La subrogation est opposable au débiteur, et aux créanciers postérieurs à celui aux droits duquel elle a eu lieu.

Comment faut-il entendre la règle: nemo censetur subrogasse contrà se ?

Cette règle se rattache au cas où un créancier n'a été payé qu'en partie, et où la subrogation n'a eu lieu que pour la partie de sa créance qui lui a été remboursée. La subrogation ne lui est alors pas opposable, et le subrogé ne vient pas en concours avec lui. Soit, par exemple, une créance de 100, garantie par une hypothè- que sur un immeuble de 80. Supposons qu'un tiers payé 50 au créancier, avec subrogation pour ces 50. Le créan- cier originaire n'en conservera pas moins toute son hy- pothèque pour les 50 qui lui restent encore dûs, et dans

le cas où l'immeuble hypothéqué serait vendu 80, il pré
lèvera d'abord tout ce qui lui reste dû sur sa créance.
(Art. 1252.)

§ III. De l'imputation des Paiements.

Qu'est-ce que l'imputation des paiements ?

On entend par imputation des paiements l'indication
de la dette qui est payée.

Cette indication est nécessaire, lorsqu'un débiteur est
tenu de plusieurs dettes envers la même personne, et que
la somme qu'il donne n'est pas suffisante pour les acquitter toutes.

Comment se fait l'imputation ?

En principe, le débiteur a le droit d'indiquer la dette
qu'il entend payer la première. — Néanmoins ce droit
est soumis à deux restrictions ; 1° D'abord, il doit diri-
ger l'imputation sur les intérêts, de préférence au capital;
en second lieu, il ne peut faire l'imputation sur une dette
supérieure à la somme payée, parce que ce serait faire
un paiement partiel.

Quand le débiteur n'indique pas la dette qu'il entend
payer la première, l'imputation est faite par le créancier. Le débiteur ne peut alors en demander la rectifica-
tion qu'autant qu'il y a eu dol ou surprise de la part du
créancier.

A défaut du débiteur et du créancier, la loi fait elle-
même l'imputation. (Art. 1253, 1254, 1255.)

Comment la loi fait-elle l'imputation ?

S'il y a des dettes échues et des dettes qui ne sont
pas encore échues, la loi dirige d'abord l'imputation sur
les dettes échues.

Si toutes les dettes sont échues, elle la dirige de préférence sur les plus onéreuses.

Si toutes les dettes sont échues, et, de plus, si elles

sont toutes également onéreuses, elle la dirige sur la plus ancienne.

Enfin, si elles sont toutes échues et de plus également onéreuses et également anciennes, elle la dirige sur toutes proportionnellement. (Art. 1256.)

Quelles sont les dettes les plus onéreuses ?

Ce sont : 1º Les dettes emportant contrainte par corps; 2º Celles qui sont garanties par un privilége; 3º Celles qui sont garanties par une hypothèque. En dernier lieu viennent les dettes chirographaires.

Quant aux dettes les plus anciennes, ce sont celles qui sont échues les premières.

§ IV. Des offres de paiement et de la consignation.

Que doit faire le débiteur lorsqu'un créancier refuse le paiement qui lui est offert ?

Il doit lui faire des offres réelles de la chose due par ministère d'huissier ou de notaire; et, en cas de refus, déposer la chose due dans un lieu déterminé par la loi ou par le juge. — Le paiement est alors réputé valablement fait, et les choses consignées deviennent aux risques et périls du créancier, pourvu que les offres et la consignation soient elles-mêmes déclarées valables par la justice. (Art. 1257.)

Mais elles ne peuvent être reconnues valables que si elles réunissent plusieurs conditions.

Quelles sont les conditions exigées pour la validité des offres réelles ?

Disons d'abord que lorsque la dette a pour objet un corps certain, ou un genre autre qu'une somme d'argent, le débiteur peut se libérer sans faire suivre de consignation les offres réelles. — Lorsque la dette a pour objet une somme d'argent, il faut, pour que les offres réelles soient valables :

1º Qu'elles soient faites au créancier, ayant la capacité de recevoir, ou à son représentant.

2º Qu'elles soient faites par une personne capable de payer.

3º Qu'elles soient de la totalité de la somme exigible, en y comprenant les intérêts et les frais.

4º Que le terme soit échu, s'il a été stipulé en faveur du créancier.

5º Que la condition soit arrivée, si la dette est conditionnelle.

6º Que les offres soient faites au lieu dont on est convenu pour le paiement; et à défaut de convention, qu'elles soient faites à la personne du créancier, ou à son domicile, ou au domicile élu pour l'exécution de la convention.

7º Que les offres soient faites par un officier ministériel ayant caractère pour ces sortes d'actes. (Art. 1258.)

Quelles sont les conditions nécessaires à la validité de la consignation en matière de dettes d'argent ?

Pour que la consignation soit valable lorsque la dette a pour objet une somme d'argent, il faut :

1º Qu'elle ait été précédée d'une sommation signifiée au créancier et contenant indication du moment et du lieu où la somme offerte sera consignée.

2º Que le débiteur se soit dessaisi de la somme offerte, en la remettant dans le dépôt indiqué par la loi, avec les intérêts échus. — Le lieu où doit s'effectuer le dépôt est connu sous le nom de *caisse des dépôts et consignations.*

3º Qu'il y ait un procès-verbal dressé par l'officier ministériel, de la nature des espèces offertes, du refus qu'a fait le créancier de les recevoir, ou de sa non-comparution, et enfin du dépôt.

4° Qu'en cas de non-comparution de la part du créancier, le procès-verbal de dépôt lui ait été signifié, avec
sommation de retirer la somme déposée. (Art. 1259).

*Quels sont les effets des offres réelles et de la consi-
gnation ?*

Les offres réelles suivies de consignation libèrent le
débiteur, lorsqu'elles sont valablement faites. Il est généralement admis que la libération n'est effectuée qu'à
partir de la consignation. En effet, aux termes de l'article 1257, les choses offertes ne passent aux risques et
périls du créancier *qu'après qu'elles ont été consignées.*
Toutefois, l'article 816 du Code de procédure semble introduire une distinction, en déclarant que les intérêts
cesseront de courir à partir du jour de la *réalisation.* Si
par ce mot de réalisation il faut entendre, ainsi que l'entendent un certain nombre d'auteurs, la *réitération* à
l'audience des offres faites par le débiteur, on arrive à
cette conséquence, que lorsque le débiteur a fait ses
offres en présence de la justice, il est libéré dès ce moment. (M. Valette.)

*La libération que les offres réelles procurent au dé-
biteur est-elle irrévocable ?*

Non. Elle ne devient irrévocable que lorsque le créancier a accepté les offres, ou qu'un jugement passé en force
de choses jugée les a déclaré valables. — Jusque là le
débiteur peut retirer la somme consignée et se replacer
sous le coup de l'ancienne obligation.

Les frais des offres réelles et de la consignation sont à
la charge du créancier, si elles sont valables. (Art. 1260.
1261, 1262, 1263.)

*Comment le débiteur peut-il se libérer, lorsque la
dette consiste en un corps certain ?*

Lorsque la dette consiste en un corps certain, le débiteur est affranchi de la nécessité de faire des offres réelles. Il doit seulement faire sommation au créancier d'enlever la chose. — A défaut d'enlèvement par ce dernier, il peut se faire autoriser par la justice à la déposer dans un lieu qu'elle désignera. (Art. 1264.)

Comment le débiteur peut-il se libérer, lorsque la dette consiste en un genre autre qu'une somme d'argent ?

Le Code ne s'est pas expliqué à cet égard. On décide généralement qu'il faut suivre les règles établies pour les corps certains et non celles admises pour les sommes d'argent. En effet, on ne peut guère obliger un débiteur à faire transporter au domicile de son créancier, qui est peut-être très-éloigné, le blé ou le vin que celui-ci se refuse à retirer. En conséquence, le débiteur pourra se libérer en faisant simplement sommation au créancier d'enlever ce qui lui est dû.

§ V. De la cession de biens.

Qu'est-ce que la cession de biens ?

La cession de biens est l'abandon qu'un débiteur fait de tout ou partie de ses biens à ses créanciers. Cet abandon peut être volontaire ou judiciaire. (Art. 1265, 1266.)

Quels sont les effets de la cession volontaire ?

Les effets de la cession volontaire sont déterminés par les parties elles-mêmes.

Le débiteur peut abandonner tous ses biens, ou en abandonner seulement une partie; il peut donner à ses créanciers la propriété même des biens qu'il leur abandonne, ou leur céder simplement la faculté de les vendre; ce qui exemptera les créanciers des formalités longues et coûteuses, qu'entraînent la saisie et l'expropriation forcée. (Art. 1267.)

Qu'est-ce que la cession de biens judiciaire ?

La cession de biens judiciaire est celle que le débiteur fait prononcer par la justice, sans le consentement de ses créanciers.—Elle implique l'abandon de tous les biens, et n'est accordée qu'au débiteur insolvable et de bonne foi.

Quels sont les effets de la cession judiciaire ?

Ils consistent à permettre aux créanciers de faire vendre les biens, sans employer les formes de la saisie, et à libérer le débiteur jusqu'à concurrence du prix que cette vente produit.

Elle le libérait aussi de la contrainte par corps, avant que cette voie d'exécution n'eût été abolie. (Art. 1268, 1269, 1270.)

SECTION II.

DE LA NOVATION.

(Articles 1271 à 1281).

Qu'est-ce que la novation ?

La novation est la substitution d'une dette nouvelle à une ancienne dette qui se trouve ainsi éteinte.

Comment s'opère la novation ?

Aux termes de l'article 1271, la novation s'opère de trois manières :

1° *Par changement d'objet*, lorsque le débiteur et le créancier conviennent qu'une chose sera payée au lieu et place de celle qui est due.

2° *Par changement de débiteur*, lorsque le débiteur et le créancier conviennent qu'un tiers deviendra débiteur à la place du débiteur actuel.

3° Par changement de créancier, lorsque le créancier renonce à ses droits, à la condition que le débiteur s'engage envers une autre personne qu'il lui désigne.

A ces trois manières d'opérer la novation, les auteurs en ajoutent une quatrième, la novation par changement de cause. Elle a lieu, par exemple lorsque le créancier consent à laisser au débiteur, à titre de prêt, ce qu'il lui doit à titre de dépôt.

Ces différents modes d'opérer la novation peuvent-ils se rencontrer dans la même opération ?

Oui. La novation peut s'opérer tout à la fois par changement d'objet, de débiteur, et de créancier. Cela arrivera, par exemple lorsque nous convenons, mon créancier et moi, que je serai déchargé des *mille francs* que je lui dois, si *Primus* mon débiteur consent à fournir à *Secundus* dix hectolitres de *blé.*

Les simples changements, tels que la concession de délais pour le paiement ou l'engagement de fournir hypothèque, ne suffisent pas à produire novation, puisque la novation suppose l'extinction de la dette.

La novation par changement de débiteur n'a-t-elle pas lieu de deux manières ?

Oui. Elle a lieu par expromission ou par délégation.

Elle a lieu par *expromission*, lorsque le créancier accepte le nouveau débiteur, sans que l'ancien l'ait présenté. Ce dernier ne répond point alors de l'insolvabilité du nouveau débiteur.

Elle a lieu par *délégation*, lorsque le créancier n'accepte, au contraire, le nouveau débiteur que sur la présentation de l'ancien. Ce dernier répond alors de l'insolvabilité du nouveau débiteur, lorsqu'il était en faillite ou en déconfiture au moment où la novation s'est opérée. Il répond même de son insolvabilité future, à moins que le créancier ne l'ait expressément déchargé de toute responsabilité sans faire aucune réserve. (Art. 1274 1275, 1276.)

Quelle capacité faut-il avoir pour opérer une novation ?

Pour opérer une novation, il faut être capable de s'obliger. En effet, l'une des deux parties dispose de sa créance et l'autre prend un nouvel engagement. (Art. 1272.)

La novation se présume-t-elle?

Non. Elle ne se présume pas, parce qu'elle contient de la part du créancier une renonciation à ses droits, et que les renonciations de droits ne se présument pas. Il n'est pas nécessaire, il est vrai, qu'elle soit expressément stipulée; mais il faut que la volonté de l'opérer résulte clairement de l'acte, ou des circonstances qui l'ont accompagné. Ainsi, la simple indication faite par le débiteur d'une personne qui doit payer à sa place, ou l'énonciation faite par le créancier d'une personne qui doit recevoir pour lui, n'opèrent point novation. (Art. 1273, 1277).

Quelles sont les dettes susceptibles de nover ou d'être novées?

La novation a deux effets, elle éteint une obligation ancienne et lui substitue une obligation nouvelle. Mais pour qu'il y ait ainsi substitution d'une obligation à une autre il faut nécessairement qu'elles soient valables toutes les deux. Il n'y a donc que les dettes valables qui soient susceptibles de nover ou d'être novées.

Une dette annulable peut-elle être novée par une dette valable?

Oui. En effet, une dette annulable existe civilement, lorsque le débiteur au lieu d'en demander la nullité la reconnaît et consent à la payer. Or, c'est précisément ce qu'il fait en acceptant qu'elle soit novée. Il s'acquitte de la dette et il donne en paiement le nouvel engagement qu'il consent.

Une dette valable peut-elle être novée par une dette annulable?

Oui, mais c'est à la condition que la dette annulable sera ratifiée expressément ou tacitement par le débiteur.

Aussi la novation n'a-t-elle lieu qu'à partir de la ratification.

Toutefois, il en serait autrement et la novation serait de suite effectuée, si le créancier qui l'a consentie avait voulu courir les risques d'annulabilité de la nouvelle créance.

Une dette pure et simple peut-elle être novée par une dette conditionnelle ?

Oui. Mais la novation n'aura lieu irrévocablement qu'autant que la condition se réalisera, à moins que les parties n'aient entendu substituer, *à tout événement*, la dette conditionnelle à la dette pure et simple.

Une dette conditionnelle peut-elle être novée par une dette pure et simple ?

Oui. Mais, comme dans le cas précédent, la novation n'aura lieu irrévocablement qu' autant que la condition se réalisera; à moins que les parties n'aient entendu faire une convention aléatoire.

Quels sont les effets de la novation quant aux accessoires de l'ancienne dette ?

En principe, en éteignant l'ancienne dette, la novation éteint par cela même tous ses accessoires, toutes les sûretés spéciales, telles que priviléges, hypothèques, qui la garantissaient. Toutefois, le créancier, au profit duquel a lieu la novation, peut se les réserver sur les biens de l'ancien débiteur, si celui-ci y consent. Il peut également se faire consentir des hypothèques sur les biens du nouveau débiteur, mais ces hypothèques ne prendront rang qu'à partir de la novation. (Art. 1278, 1279, 1280.)

La novation faite avec le débiteur principal libère-t-elle la caution ?

Oui. En effet, l'obligation accessoire de la caution ne

peut subsister après que l'obligation principale est éteinte.

Si le créancier exige que la caution réponde de la nouvelle obligation, comme elle répondait de l'ancienne, la novation n'aura lieu irrévocablement qu'autant qu'elle y aura expressément consenti. (Art. 1281.)

La novation faite avec l'un des débiteurs solidaires libère-t-elle les autres débiteurs?

Oui. Mais si le créancier exige que tous les débiteurs solidaires répondent de la nouvelle obligation, comme ils répondaient de l'ancienne, la novation ne sera également irrévocable qu'autant qu'ils y auront expressément adhéré. (Art. 1281.)

On voit par là, que le consentement du débiteur ne suffit pas pour que le créancier puisse conserver pour la nouvelle créance les garanties personnelles, telles que cautions, codébiteurs, qui étaient attachées à l'ancienne. Il faut, de plus, le consentement de ces derniers.— Nous avons vu, au contraire, que le consentement du débiteur suffisait pour conserver au créancier les garanties réelles, telles que privilèges, hypothèques, qu'il avait sur l'ancienne créance.

SECTION III.

DE LA REMISE DE LA DETTE.

Articles 1282 à 1288.

Qu'est-ce que la remise de la dette?

La remise de la dette est l'abandon à titre gratuit que le créancier fait de sa créance.

Cet abandon constitue une libéralité indirecte, laquelle, tout en étant dispensée des formes ordinaires des donations, reste néanmoins soumise au rapport, à la réduction, à la révocation pour cause d'ingratitude ou de survenance d'enfant.

Comment a lieu la remise de la dette ?

La remise d'une dette peut être expresse ou tacite. Elle est tacite, lorsqu'elle résulte de certains faits qui la font supposer.

Quels sont les faits qui font présumer la remise ?

Ce sont :

1° La remise volontaire faite par le créancier au débiteur du titre original sous signature privée.

2° La remise volontaire faite par le créancier au débiteur de la grosse d'un titre authentique.

La conséquence que la loi tire de ces deux faits est très-logique. En effet, d'un côté les créanciers n'ont pas l'habitude de confier leurs titres à leurs débiteurs; et d'un autre côté il n'est guère probable que le débiteur ait trouvé ce titre, ou l'ait soustrait à son créancier. — Toutefois, la présomption de remise de la dette qui résulte de ces deux faits n'a pas la même force probante. Lorsque le titre que le créancier a remis au débiteur est un titre original, elle est invincible ; elle ne peut être combattue par aucune preuve. Lorsque, au contraire, le titre remis n'est que la grosse d'un acte authentique, elle peut être combattue, parce que, malgré l'abandon de la grosse, le créancier peut encore prouver son droit par la minute du titre. (Art. 1282, 1283.)

L'abandon du titre fait-il présumer un paiement, ou une remise de dette à titre gratuit ?

Avant de répondre à cette question il importe d'en montrer l'intérêt.

Si l'abandon du titre fait présumer un paiement, le débiteur peut exercer un recours contre ses co-débiteurs solidaires, s'il y en a, ou contre le débiteur principal. Si, au contraire, il fait présumer une libéralité, il est soumis au rapport, à la réduction, à la révocation pour cause de survenance d'enfant.

Ceci posé, il faut décider que le débiteur, à qui l'abandon du titre a été fait, peut, suivant son intérêt, invoquer le paiement ou la libéralité. L'article 1283 déclare, en effet, que la remise de la grosse du titre authentique fait présumer la remise de la dette *ou* le paiement.

La remise de la chose donnée en gage fait-elle présumer la remise de la dette ?

Non. Le créancier qui restitue le gage garantissant sa créance n'est pas présumé pour cela y renoncer. C'est simplement une marque de confiance qu'il donne à son débiteur. (Art. 1286.)

La remise de la dette, résultant de l'abandon du titre par le créancier, libère-t-elle tous les débiteurs ?

Oui. La remise de la dette peut être réelle ou personnelle. Elle est *réelle*, lorsqu'elle éteint la dette par rapport à toutes les parties intéressées ; elle est *personnelle*, lorsqu'elle ne l'éteint que par rapport au débiteur en faveur duquel elle a été consentie. Or la remise qui résulte de l'abandon du titre est nécessairement réelle, puisque le créancier se met par là dans l'impossibilité d'agir, non seulement contre le débiteur qui a reçu le titre, mais encore contre les autres débiteurs ou cautions. (Art. 1284.)

La remise de la dette faite expressément par le créancier, sans abandon du titre, libère-t-elle tous les débiteurs ?

Cela dépend :

La remise est *réelle* et libère tous les débiteurs :

1º Lorsqu'elle est accordée à l'un des débiteurs solidaires, sans que le créancier ait fait des réserves expresses à l'égard des autres.

2º Lorsqu'elle est accordée au débiteur principal. —

Les cautions se trouvent alors nécessairement libérées.

Au contraire, la remise de la dette est personnelle et ne libère que le débiteur auquel elle est consentie :

1° Lorsqu'elle est faite à une caution. — Elle ne libère alors, ni le débiteur principal, ni même les autres cautions. (Art. 1285, 1287.)

2° Lorsqu'elle est faite à l'un des débiteurs conjoints, mais non solidaires.

Lorsqu'une caution a payé avant l'échéance une partie de la dette, à la condition d'être déchargée de son cautionnement, la dette se trouve-t-elle diminuée de tout ce qu'elle a payé ?

Oui. Mais c'est avec raison qu'on a critiqué ce résultat. En effet, ce que la caution paye au créancier n'est que l'équivalent du risque auquel il s'expose en la déchargeant, et par conséquent la dette devrait continuer d'exister toute entière. (Art. 1288.)

SECTION IV.

DE LA COMPENSATION.

Articles 1289 à 1299.

Qu'est-ce que la compensation ?

La compensation est une disposition de la loi, en vertu de laquelle deux personnes, qui sont réciproquement débitrices l'une de l'autre, peuvent retenir chacune en paiement ce qu'elles doivent. Ainsi lorsque je vous dois 100 et que vous me devez 50, votre dette et la mienne se compensent jusqu'à concurrence de 50, et je n'ai plus à vous fournir que 50.

La compensation repose sur cette idée qu'il vaut mieux tenir que demander. (Art. 1289.)

Comment s'opère la compensation ?

La compensation s'opère de plein droit et par la seule

force de la loi ; mais les dettes à compenser doivent réunir trois conditions, il faut :

1° Qu'elles aient pour objet des sommes d'argent, ou des choses fongibles de la même espèce.

2° Qu'elles soient liquides.

3° Qu'elles soient exigibles. (Art. 1290. 1291.)

Pourquoi faut-il que les dettes à compenser aient pour objet des sommes d'argent, ou des choses fongibles de même espèce ?

C'est parce que la compensation est une espèce de paiement, dans lequel le créancier retient ce qui lui est dû au lieu de le recevoir. Or, on ne peut pas contraindre un créancier à retenir, en payement de sa créance, une chose différente que celle qui lui dûe.

Par exception, la compensation peut avoir lieu entre une dette d'argent et une dette ayant pour objet des grains ou denrées, dont le prix est réglé par les mercuriales. C'est qu'alors les denrées peuvent être facilement converties en argent et réciproquement. (Art. 1291.)

Pourquoi faut-il que les dettes à compenser soient liquides ?

Une dette est liquide, lorsqu'il est certain qu'elle existe et qu'on sait à combien elle se monte. — Lorsque l'une des parties possède une créance liquide, il faut que la créance opposée en compensation soit également liquide, c'est-à-dire certaine; parce que si elle ne l'était pas, on imposerait indirectement par là un terme au premier créancier, en l'obligeant à attendre qu'elle ait pu l'être.

Pourquoi faut-il que les dettes à compenser soient exigibles ?

Une dette est exigible, lorsqu'elle ne contient ni terme ni condition. — Lorsque l'une des parties a une créance exigible, il faut que la créance opposée en compensation soit également exigible ; parce que si elle ne l'était pas, on priverait une des parties de l'avantage du terme.

Par exception, le terme de grâce n'est pas un obstacle à la compensation. N'ayant été accordé au débiteur qu'à cause de l'impossibilité où il se trouvait de payer immédiatement, il disparaît du moment que la compensation fait cesser cette impossibilité. (Art. 1292.)

Suffit-il des trois conditions dont nous venons de parler pour que la compensation ait lieu.

Oui. Aussi elle est admise :

1º Lorsque les dettes étaient inconnues des parties. — En effet, c'est de la loi et non de l'effet des conventions qu'elle provient.

2º Lorsque les dettes étaient d'inégale valeur. — Mais, bien entendu, elle ne s'opère alors que dans la limite de la plus faible.

3º Lorsque les dettes étaient payables dans un lieu différent, sauf à tenir compte au créancier qui devait recevoir son paiement dans un lieu plus commode, des frais de la remise.

4º Lorsque les dettes avaient une cause différente. Par exemple lorsqu'elles étaient nées de contrats différents, ou même lorsque l'une était née d'un contrat et l'autre d'un quasi-contrat.

Au contraire, les dettes ne s'éteindraient pas par compensation, si elles étaient causes l'une de l'autre. Ainsi, quand je vous dois de l'argent parce que vous m'avez vendu du vin, chacun de nous doit exécuter le contrat. En effet, la compensation est fondée sur la volonté présumée des parties. Or, on ne peut pas admettre qu'elles aient eu l'idée de créer des obligations, qui s'éteindraient aussitôt par la compensation. (Art. 1290.)

N'y a-t-il pas certaines créances auxquelles on ne peut pas opposer la compensation?

Oui. Par exception, on ne peut pas l'opposer :

1º Lorsque l'une des parties demande la restitution d'une chose dont elle a été injustement dépouillée.

2º Lorsque l'une des parties demande la restitution d'un dépôt ou d'un prêt à usage.

3º Lorsque l'une des deux dettes a pour cause des aliments déclarés insaisissables. (Art 1293.)

Comment s'opère la compensation, lorsque l'une des parties est tenue de plusieurs dettes exigibles ?

Elle s'opère, conformément aux règles de l'imputation, au profit des dettes les plus onéreuses ou les plus anciennes. (Art 1297.)

Quelles sont les personnes qui peuvent invoquer la compensation ?

La compensation peut être invoquée par la caution, jusqu'à concurrence de ce qui est dû au débiteur cautionné.

Elle ne peut pas être invoquée, au contraire :

1º Par le débiteur principal, lorsqu'elle s'est opérée entre le créancier et la caution.

2º Par le débiteur solidaire, lorsqu'elle s'est opérée entre le créancier et son co-débiteur.

3º Par le débiteur, qui a consenti à la cession de la créance faite par le créancier au profit d'un tiers. — En acceptant le transport, le débiteur a par cela même renoncé au bénéfice de la compensation. (Art. 1294. 1295.)

La compensation peut-elle avoir lieu au préjudice des droits acquis à des tiers ?

Non. Ainsi, lorsqu'une opposition a été faite entre les mains du débiteur, il ne peut plus opposer la compensation de ce qui lui est dû, pour se dispenser de payer. (Art. 1298.)

Quel recours peut-on exercer, lorsqu'on a payé la dette, en ignorant qu'on pouvait opposer la compensation ?

On peut alors répéter comme indu le paiement qu'on a fait. — Mais comme l'action qu'on exerce pour répéter le paiement de l'indu n'est garantie par aucune sûreté spéciale, l'article 1299 permet à celui qui avait une juste cause d'ignorer la compensation, de se prévaloir des privilèges et hypothèques qui étaient attachés à sa créance primitive.

La compensation n'est-elle pas opérée quelquefois par les parties ou par le juge ?

Oui. Outre la compensation légale qui s'opère de plein droit et par la seule force de la loi, il existe une autre compensation. Mais cette dernière a besoin d'être invoquée par l'un des débiteurs, et d'être prononcée par le juge. On l'appelle compensation *facultative*. Il n'est pas nécessaire pour l'opérer, que les dettes à compenser aient pour objet des choses de même nature, ni qu'elles soient liquides et exigibles.

SECTION V.

DE LA CONFUSION.

Articles 1300 à 1301.

Qu'est-ce que la confusion ?

La confusion est la réunion sur la même tête des qualités de créancier et de débiteur de la même chose.

Elle a lieu, soit lorsque le débiteur succède à son créancier, soit lorsque le créancier succède à son débiteur, soit lorsqu'un tiers succède en même temps au créancier et au débiteur. (Art. 1300.)

Quels sont les effets de la confusion ?

La confusion n'est pas un mode proprement dit d'extinction des obligations; elle constitue plutôt une impossibilité matérielle d'exécution.

Aussi, lorsqu'elle vient à cesser, par exemple lorsque le débiteur appelé à la succession de son créancier y renonce, les choses sont remises dans le même état qu'auparavant, et la dette comme la créance revivent. — Bien plus, la confusion n'empêche pas la dette de subsister, dans une certaine limite, au moment même où elle s'accomplit, lorsqu'un tiers y a intérêt; c'est ainsi que la dette d'un héritier envers la succession est comprise dans l'actif héréditaire.

Quelles sont les personnes qui peuvent invoquer la confusion ?

La confusion peut être invoquée par la caution, lorsqu'elle s'opère dans la personne du débiteur principal.

Mais elle ne peut pas être invoquée :

1º Par le débiteur principal, lorsqu'elle s'opère dans la personne de la caution.

2º Par les débiteurs solidaires, lorsqu'elle s'opère dans la personne d'un de leurs co-débiteurs. — Ils ne sont alors déchargés que pour la portion dont ce dernier était tenu. (Art. 1301.)

SECTION VI.

DE LA PERTE DE LA CHOSE DUE.

(Articles 1302 à 1303).

Comment périt la chose due ?

La chose due périt, soit lorsqu'elle est matériellement détruite, soit lorsqu'elle est mise hors du commerce, par exemple par suite d'expropriation pour cause d'utilité publique, soit enfin lorsqu'elle est perdue de manière qu'on en ignore absolument l'existence, par exemple par suite d'un vol. (Art. 1302.)

Quels sont les effets de la perte de la chose due ?

Il faut distinguer :

1° La chose a-t-elle péri par cas fortuit avant que le débiteur n'ait été mis en demeure de la livrer, l'obligation est éteinte, et par conséquent la perte est à la charge du créancier.

2° La chose a-t-elle péri par cas fortuit après que le débiteur a été mis en demeure de la livrer, la perte est à sa charge, et il peut être tenu de payer des dommages-intérêts, parce que le retard qu'il a mis à livrer est une faute dommageable. — Toutefois, il pourra se soustraire à ces dommages-intérêts, en prouvant que le cas fortuit qui a détruit la chose serait également arrivé si elle avait été en la possession du créancier.

3° La chose a-t-elle péri par la faute ou par le fait du débiteur, l'obligation est éteinte; mais le débiteur est passible de dommages-intérêts.

4° La chose a-t-elle péri par cas fortuit, mais le débiteur s'était-il expressément chargé des cas fortuits, il est encore tenu d'indemniser le créancier de la perte de sa créance. — La même responsabilité est encourue par le voleur. (Art. 1302.)

Qui doit prouver l'existence du cas fortuit ?

C'est au débiteur à la prouver; car tout débiteur, qui se prétend libéré, doit prouver sa libération. — Si la chose due avait péri après la mise en demeure, le débiteur aurait ainsi deux preuves à faire, savoir: qu'elle a péri par cas fortuit, et que le cas fortuit serait également arrivé si la chose avait été entre les mains du créancier.

Le débiteur, qui est libéré par la perte de la chose

due, ne reste-t-il pas tenu envers le créancier, à certaines prestations ?

Oui. Il doit restituer au créancier :

1° Ce qui reste de la chose périe. — Par exemple, les matériaux conservés, lorsque la chose qui a péri était une construction.

2° Les actions en indemnité qu'il peut avoir à raison de cette perte.

Au reste, cette seconde disposition de l'article 1303 est. inutile dans notre législation actuelle. En effet, dès l'instant de la convention, le créancier est devenu propriétaire de la chose due, et toutes les actions qui peuvent naître à son occasion lui appartiennent de son chef, sans que le débiteur ait besoin de les lui céder. Il en résulte pour lui un avantage considérable, c'est qu'il n'a pas à concourir avec les autres créanciers du débiteur.

Les obligations, qui ont pour objet des genres, peuvent-elles s'éteindre par la perte de la chose due ?

Non. Il n'y a que les obligations ayant pour objet des corps certains, c'est-à-dire des choses individuellement déterminées, qui soient susceptibles de s'éteindre par la perte de la chose due. En effet, dans les obligations qui ont pour objet des genres, le débiteur est tenu de s'acquitter tant qu'il existera un individu du genre désigné; et comme les genres ne périssent pas, cet individu existera toujours.

SECTION VII.

DE L'ACTION EN NULLITÉ OU EN RESCISION DES CONVENTIONS.

Articles 1304 à 1314.

Ne faut-il pas distinguer les contrats radicalement nuls et les contrats simplement annulables ?

Oui. — Les contrats radicalement nuls sont ceux qui n'ont pas pu se former ; soit parce qu'ils manquent d'une des trois conditions nécessaires à l'existence du contrat, le consentement, l'objet certain et la cause licite ; soit parce qu'ils n'ont pas été faits suivant les formes prescrites pour les contrats solennels. Toutefois, comme ils ont une apparence d'existence, les tribunaux doivent en reconnaître la nullité. Cette nullité peut être invoquée à toute époque et par toute personne intéressée.

Les contrats simplement annulables sont ceux qui ont pu se former, qui existent, mais que l'on peut faire annuler ; soit parce que le consentement donné par l'une des parties était infecté d'un vice ; soit à cause de l'incapacité des contractants. Ils ne peuvent être attaqués que par la partie dont le consentement n'a pas été parfait, ou qui était incapable ; et seulement pendant un certain délai.

Le Code ne traite ici que des contrats simplement annulables, c'est-à-dire des contrats qui ont pu valablement se former, mais où l'une des parties peut alléguer, soit l'erreur, la violence, le dol et quelquefois même la lésion dont elle a souffert, soit son incapacité.

Y a-t-il quelque différence entre l'action en nullité et l'action en rescision ?

Non. A la différence de ce qui avait lieu dans notre ancien droit, ces deux actions sont aujourd'hui soumises aux mêmes règles et produisent les mêmes effets. Toutefois, le Code emploie plus particulièrement le mot *rescision* lorsque le contrat est annulable pour cause de *lésion.*

Pendant combien de temps l'action en nullité ou rescision peut-elle être exercée ?

Elle peut être exercée pendant dix ans. Ce délai court : 1° Dans le cas où elle est fondée sur l'erreur, le dol ou la violence, à partir du jour où l'erreur ou le dol ont été découverts et où la violence a cessé; — 2° Dans le cas où elle est fondée sur l'incapacité de l'une des parties, à partir du moment où cette incapacité a cessé. (Art. 1304.)

Faut-il considérer le délai de dix ans, accordé pour exercer l'action en nullité, comme un délai fixe et invariable, ou comme un délai de prescription ?

En principe, la prescription est suspendue à l'égard des mineurs, des interdits, et, dans certains cas, des femmes mariées. Si donc nous considérons le délai de dix ans, accordé pour exercer l'action en nullité, comme un délai de prescription, il faudra décider qu'il peut être suspendu par une survenance d'incapacité dans la personne contre laquelle il court. — Mais si, au contraire, nous le considérons comme un délai fixe et invariable, indépendant des règles de la prescription, il faudra décider qu'il doit fatalement s'éteindre par l'expiration des dix ans, lors même que la personne contre laquelle il court deviendrait incapable dans l'intervalle, ou mourrait en laissant des héritiers incapables.

Suivant quelques auteurs, le délai de dix ans établi par l'article 1304, doit être considéré comme un délai fixe et invariable, et non pas comme un délai de prescription. En conséquence, les causes de suspension de la prescription ne peuvent s'y appliquer.

Cette opinion est rejetée, et avec raison, par le plus grand nombre des auteurs. En établissant un délai de dix ans, la loi, disent-ils, a simplement voulu déterminer la durée de la prescription de l'action en nullité, et non la manière dont elle doit s'accomplir. Cette durée, il la fixe à dix ans, mais ce n'est pas une raison pour en conclure qu'il ait voulu déroger aux autres règles de la prescription, notamment en ce qui concerne la suspension pour cause d'incapacité; et l'on doit d'autant moins l'admettre que le Code décide ailleurs que les dix ans ne commenceront à courir qu'à partir du jour où l'incapacité aura cessé. (MM. Marcadé, Valette.)

Faut-il accorder un délai plus considérable au débiteur qui, au lieu d'agir par voie d'action pour faire annuler le contrat, oppose l'erreur, la violence ou le dol, comme moyens d'exception, lorsqu'il est actionné par le créancier pour l'exécution du contrat ?

Non. En droit romain, la partie contractante qui pouvait alléguer l'erreur, la violence ou le dol, devait, suivant les cas, agir par voie d'action ou par voie d'exception. Elle devait agir par voie d'action, c'est-à-dire demander la nullité du contrat, lorsqu'elle s'était exécutée et qu'elle voulait recouvrer la chose livrée par elle. Elle devait agir, au contraire, par voie d'exception, c'est-à-dire qu'elle devait attendre d'être actionnée par le créancier pour faire valoir le vice du consentement, lorsqu'elle ne s'était pas encore exécutée. L'action de dol, comme toutes les actions prétoriennes, ne durait qu'un an; l'exception, au contraire, était perpétuelle, c'est-à-dire durait trente ans. C'est ce qu'exprimait la règle : *quæ temporalia ad agendum, perpetua sunt ad excipiendum.*

Mais cette règle, qui tenait essentiellement à la forme de procédure employée chez les Romains, n'a pas été transportée dans notre législation. Abrogée par une ordonnance de Villers-Cotterets elle n'a pas été reproduite par le Code. Chez nous, le débiteur n'a que dix ans pour demander ou pour opposer la nullité du contrat, sans qu'il y ait à distinguer s'il l'a exécuté ou non.

Quels sont les effets du jugement qui prononce la nullité d'un contrat ?

Le jugement qui prononce la nullité d'un contrat produit les mêmes effets qu'une condition résolutoire accomplie. Il rétablit les choses dans l'état où elles seraient si le contrat n'était pas intervenu, et oblige les parties à se faire mutuellement la restitution des objets qu'elles avaient reçus l'une de l'autre. — Toutefois, lorsque la rescision a eu pour cause l'incapacité de l'une des parties, l'incapable ne doit rembourser que ce dont il s'est enrichi. (Art. 1312).

Les contrats faits par les mineurs non émancipés sont-ils annulables, comme ceux qui ont été faits par les interdits et par les femmes mariées non autorisées, par le seul fait de leur incapacité ?

Non. En effet, l'article 1305, en déclarant que toutes les conventions faites par les mineurs sont rescindables pour cause de lésion, fait entendre par là que leurs conventions, lorsqu'elles ont rapport à certains actes, peuvent être maintenues s'ils n'ont pas à se plaindre de lésion. La règle : *resti tutus minor, non tanquam minor, sed tanquam læsus* est donc encore admise aujourd'hui, comme elle l'était dans notre ancien droit.

Quels sont les actes passés par les mineurs qui peuvent être maintenus, lorsqu'ils n'y ont pas subi de lésion ?

Ce sont tous les actes que le tuteur aurait pu faire sans accomplir aucune formalité, tels que ceux qui concernent l'administration des biens. — Quant aux actes de disposition, tels qu'acceptation de successions, aliénations ou emprunts, que le tuteur ne pourrait faire sans accomplir certaines formalités, il sont radicalement nuls pour défaut de forme, lorsqu'ils ont été passés par les mineurs; et par conséquent ils sont nuls par eux-mêmes et indépendamment de toute lésion. (Art. 311.)

Les contrats faits par les tuteurs sont-ils annulables pour cause de lésion ?

Non. Ou bien ils pouvaient être consentis par eux sans

aucune formalité, et alors ils sont inattaquables ; ou bien ils ne pouvaient être passés sans certaines formalités qui n'ont pas été remplies, et alors ils sont nuls pour défaut de forme. En effet, en déclarant que les aliénations d'immeubles ou le partage de succession ne peuvent être attaqués quand toutes les formalités ont été remplies, l'article 314 décide, par cela même, que les actes qui sont exempts de toutes formalités demeurent inattaquables.

Les contrats faits par les mineurs émancipés sont-ils annulables ?

Il faut à cet égard faire la même distinction.

S'agit-il d'un contrat que le mineur émancipé pouvait faire seul, ce contrat est inattaquable.

S'agit-il d'un contrat que le mineur émancipé ne pouvait faire qu'avec l'assistance de son curateur et qu'il a fait seul, le contrat est annulable, mais seulement pour cause de lésion.

S'agit-il d'un contrat pour lequel l'autorisation du conseil de famille ou l'homologation du tribunal étaient nécessaires, le contrat est nul pour défaut de forme et indépendamment de toute lésion, soit qu'il ait été passé par le mineur émancipé, soit qu'il ait été passé par le curateur.

Quelles sont les obligations pour lesquelles les mineurs sont assimilés à des majeurs ?

Comme on vient de le voir, les mineurs peuvent faire annuler :

1º *Pour défaut de forme*, les contrats faits par eux ou par leur tuteur, sans l'accomplissement des formalités prescrites par la loi.

2º *Pour cause de lésion*, les contrats faits par eux,

mais que leur tuteur aurait pu consentir sans l'accomplissement d'aucune formalité.

Ils sont, au contraire, assimilés à des majeurs :

1º Pour les obligations commerciales, quand ils ont été autorisés à faire le commerce.

2º Pour les conventions matrimoniales, lorsqu'ils ont été assistés de ceux dont le consentement est requis pour la validité du mariage.

3º Pour les obligations résultant de délits et de quasi-délits. (Art. 1308, 1309, 1310.)

Les majeurs peuvent-ils être restitués pour cause de lésion ?

Non. En principe, ils ne sont pas restitués pour cause de lésion. Ce n'est que dans certains cas, et sous certaines conditions, qu'ils peuvent demander la nullité du contrat pour cette cause. (Art. 1313.)

CHAPITRE SIXIÈME.

De la Preuve des Obligations et de celle du Paiement.

Suivant l'ordre du Code, nous avons divisé ce chapitre en cinq sections qui traitent :

Section I. — De la preuve littérale.

Section II. — De la preuve testimoniale.

Section III. — Des présomptions.

Section IV. — De l'aveu de la partie.

Section V. — Du serment.

Ces cinq sections sont elles-mêmes précédées d'un paragraphe, destiné au commentaire des articles 1315 et 1316.

§ 1. De la Preuve en général.

A qui incombe la charge de la preuve?

En principe, la charge de la preuve incombe à celui qui allègue un fait nouveau. En conséquence, c'est au demandeur qui réclame l'exécution d'une obligation à prouver qu'elle existe. Cette preuve une fois faite, c'est au défendeur à prouver l'extinction de l'obligation.

Ce principe ne s'applique pas seulement, comme pourrait le faire croire l'intitulé de notre rubrique, à la preuve des obligations ; on l'admet pour la preuve de tous les actes juridiques, en général. Ainsi tout possesseur est présumé propriétaire, et c'est à celui qui produit une allégation tendant à changer cet état de choses à prouver que sa prétention est fondée. (Art. 1315.)

Peut-on prouver un fait négatif?

Oui. En effet, nier un fait, c'est affirmer un fait opposé. En d'autres termes, la preuve d'un fait négatif résulte de la preuve d'un fait positif contraire. Je prouverai, par exemple que Tertius n'est pas l'enfant de Secundus, en établissant qu'il est l'enfant de Primus. Pareillement, je prouverai que je n'ai pas contracté librement, en établissant que j'ai subi une violence.

A l'égard de certains faits négatifs, ce mode de preuve sera, il est vrai, impossible, parce qu'il faudrait établir une série indéfinie de faits positifs contraires. Ainsi pour établir que je n'ai jamais été chez Primus, qui habite la même ville que moi, il me faudrait prouver, qu'à tout instant de ma vie, j'ai été retenu ailleurs. Mais alors l'impossibilité de fournir la preuve vient de ce que le fait qu'on avance est indéfini, et non pas de ce qu'il est négatif. Dans ce cas, il serait tout aussi difficile d'établir un fait positif indéfini. Ainsi il me serait à peu près impossible de prouver que depuis vingt ans je suis allé tous les jours chez Primus.

Combien y a-t-il d'espèces de preuves ?

La loi reconnaît cinq espèces de preuves qui sont : La preuve littérale, la preuve testimoniale, les présomptions, l'aveu de la partie et le serment. (Art. 1316.)

Qu'est-ce que la preuve ?

La preuve est la conséquence que la loi ou le magistrat tirent d'un fait connu à un fait inconnu, lorsque le second résulte *directement* du premier. Ainsi lorsqu'un débiteur a souscrit un billet, ce billet fait preuve de l'existence de l'obligation.

Une preuve peut être écrite ou verbale, résulter d'écrits ou de témoignages.

Qu'est-ce que la présomption ?

La présomption est la conséquence que la loi ou le magistrat tirent d'un fait connu à un fait inconnu, lorsque le fait inconnu résulte *indirectement* du fait connu. Ainsi lorsqu'un débiteur a souscrit un billet sans énoncer la cause de son engagement, comme il a reconnu par là l'existence de la dette, on doit présumer qu'il reconnaît également l'existence de la cause.

Qu'est-ce que l'aveu et le serment ?

L'aveu et le serment sont des moyens d'établir directement un fait déterminé. Ils produisent l'évidence. Mais il faut pour cela qu'ils aient été faits à l'audience, sinon ils ne parviennent aux juges que par la voie des preuves et des présomptions.

SECTION I.

DE LA PREUVE LITTÉRALE.

Articles 1317 à 1340.

La preuve littérale est celle qui résulte des écrits. Ces écrits peuvent être :

1º Des actes authentiques,

2º Des actes sous-seing privé,

3º Des copies de titres.

4º Des actes récognitifs et confirmatifs.

Enfin, ils peuvent simplement consister dans des marques appelées *Tailles*.

Suivant l'ordre du Code, nous diviserons cette section en cinq paragraphes, où nous examinerons successivement chacun de ces modes de la preuve littérale.

§ 1. Du Titre authentique.

Qu'est-ce qu'un titre authentique ?

Le titre authentique est celui qui a été reçu par un officier public, ayant le droit d'instrumenter dans le lieu où l'acte a été rédigé, et avec les solennités requises.

Le mot *titre* a plusieurs significations. Tantôt il signifie une qualité, tantôt il signifie un acte juridique; c'est ainsi que l'on dit *à titre d'héritier, à titre de vente*. D'autres fois il exprime un écrit, et c'est dans ce sens que nous le prenons ici. (Art. 1317.)

Quels sont les officiers publics ayant pouvoir d'instrumenter ?

Ce sont principalement les notaires, avoués, huissiers et greffiers. Ils doivent être compétents, tant à raison du lieu qu'à raison de l'acte.

Quelle est la force probante des actes authentiques ?

Tout acte ayant la forme extérieure d'un acte authentique est réputé l'être réellement. Pareillement, tous les faits rapportés dans l'acte qui a la forme extérieure d'un acte authentique sont réputés vrais. En conséquence, l'acte authentique fait pl ue foi de sa date, ainsi que des conventions et déclarations de toute nature qui y sont insérées.

Pour assurer la force probante des actes authentiques,

la loi punit de la peine des travaux forcés à perpétuité ceux qui ont contrefait la signature du notaire dans un acte public. Elle inflige la même peine au notaire lui-même, lorsqu'il reproduit inexactement les faits qui se sont passés devant lui.

Les actes authentiques ont-ils la même force pro-bante à l'égard des tiers qu'à l'égard des parties ?

Oui. L'article 1319 semble, il est vrai, limiter entre les parties et leurs ayant causes, la force probante des actes authentiques; mais il la confond évidemment avec leur force *efficiente*. Suivant le principe contenu dans l'article 1165, les conventions n'ont d'effet qu'entre les parties contractantes. Les actes qui les contiennent n'ont donc aucune force efficiente à l'égard des tiers, ils ne peuvent ni leur profiter ni leur nuire; mais cela n'empêche pas, qu'ils aient, au contraire, une force probante absolue à leur égard. — En un mot l'acte authentique prouve, à l'égard de tous, les conventions qu'il renferme; mais il n'oblige que les parties. (M. Marcadé)

L'acte authentique a-t-il la même force probante pour toutes ses clauses ?

Il faut distinguer :

Un acte authentique contient des clauses dispositives et des clauses énonciatives.

Les clauses *dispositives* sont celles qui se rapportent à l'opération que les parties ont voulu constater. — Les clauses *énonciatives* sont celles qui se rattachent à des faits accessoires, qui pourraient être retranchées de l'acte, sans altérer la substance de l'opération principale. Ainsi dans un acte de vente, les déclarations relatives au consentement, à l'objet et au prix, sont des clauses dis-positives ; celles relatives aux différents propriétaires qui ont précédemment possédé l'objet vendu sont des clauses énonciatives.

Mais, de plus, parmi les clauses énonciatives, on distingue celles qui ont un rapport direct avec le dispositif, comme par exemple la clause par laquelle un vendeur reconnaît avoir reçu par anticipation une partie du prix; et celles qui lui sont complètement étrangères.

L'acte authentique fait pleine foi entre les parties pour ses clauses dispositives, et même pour ses clauses énonciatives en rapport direct avec le dispositif. — A l'égard des clauses énonciatives qui sont étrangères au dispositif, il ne peut servir que d'un commencement de preuve par écrit. En effet, à cause de leur peu d'importance, ces énonciations n'ont pas dû provoquer toute l'attention des parties. (Art. 1320.)

Les actes authentiques n'ont-ils pas une force exécutoire ?

Oui. Mais il importe de remarquer que ce n'est pas la *minute*, c'est-à-dire l'original de l'acte que le notaire garde dans son étude, mais la copie de cette minute qui a la force exécutoire.

Cette copie qu'on appelle ordinairement *grosse* n'est d'ailleurs exécutoire qu'aux deux conditions suivantes, il faut :

1° Qu'elle soit revêtue de la formule commençant par ces mots ; « *Napoléon* etc. » et finissant par ces autres : « *Mandons et ordonnons* etc. »

2° Qu'elle soit *légalisée*, si on doit la produire hors du ressort de la Cour impériale, ou hors du département où réside le notaire.

Par suite de cette force exécutoire, le créancier peut requérir la force publique de lui prêter main-forte pour saisir et faire vendre les biens de son débiteur.

Comment l'acte authentique peut-il être attaqué?

Il faut distinguer :

Il y a dans un acte authentique deux sortes de déclarations. Celles qui émanent de l'officier public, par lesquelles il affirme avoir vu et entendu lui-même; et celles qui émanent des parties. On peut combattre ces dernières, en leur opposant simplement la preuve contraire. Mais on ne peut, au contraire, attaquer les déclarations de l'officier public que par la voie longue et périlleuse de l'inscription de faux. Alors la partie intéressée a le choix, ou de porter plainte au criminel, ou d'agir au civil. Lorsque, sur la plainte, le ministère public exerce des poursuites, et qu'un arrêt de mise en accusation a été rendu contre l'officier public, la force exécutoire de l'acte est suspendue. (Art. 1319).

L'acte nul, comme acte authentique, peut-il valoir comme acte sous-seing privé ?

Oui. L'acte nul, comme acte authentique, peut valoir comme acte sous-seing privé, lorsque le contrat qu'il constate n'est pas solennel, pourvu qu'il ait été signé par les parties contractantes.

Cet acte est même dispensé de la formalité des doubles, que le Code exige pour les actes sous-seing privés ordinaires. En effet, comme il reste entre les mains de l'officier public qui l'a reçu, chaque partie pourra le retrouver au besoin. (Art. 1318.)

Qu'est-ce qu'une contre-lettre ?

On appelle contre-lettre un écrit qui modifie un acte public, et qui est destiné à rester secret entre les parties.

Les contre-lettres ne produisent leurs effets qu'entre les parties contractantes et leurs successeurs universels ou à titre universel. Elles ne peuvent, en aucun cas, être opposées aux tiers. (Art. 1321.)

§ II. De l'Acte sous-seing privé,

Qu'est-ce qu'un acte sous-seing privé ?

L'acte sous signature privé est celui qui est fait sans l'intervention d'un officier public, et sous la seule signature des parties.

Il peut servir à prouver tous les contrats, autres que les contrats solennels. — Ses formes varient suivant que ces contrats sont synallagmatiques ou unilatéraux,

Quelles sont les formes des actes sous-seing privé, destinés à prouver des contrats synallagmatiques ?

Les actes sous-seing privé, destinés à prouver des contrats synallagmatiques, doivent réunir trois conditions, Il faut :

1° Qu'ils soient faits en autant d'originaux qu'il y a de parties, ayant un intérêt distinct.

2° Que chaque original contienne la mention du nombre des originaux dressés, Ainsi, l'acte a-t-il été dressé en trois originaux, chacun d'eux doit porter la mention qu'il a été fait triple.

3° Qu'ils soient signés par toutes les parties contractantes. (Art. 1325,)

Si l'une de ces trois conditions n'est pas remplie, les actes sous-seing privé conservent-ils quelque force probante ?

Non. Ils ne conservent, en principe, aucune force probante. — Toutefois, aux termes de l'article 1325, le *défaut de mention* que les originaux ont été faits doubles, triples, etc., ne pourrait être opposée par celle des parties qui a exécuté pour sa part la convention. — De plus, on décide, par analogie, que le *défaut même des doubles* bles ne pourrait être opposé par celle des parties qui s'est exécutée. Il y aurait, en effet, une sorte de mauvaise foi pour cette partie à revenir, en prétextant un simple vice de forme, sur un fait qu'elle a volontairement accompli.

La théorie des doubles est-elle applicable aux contrats synallagmatiques imparfaits ?

Non. En effet, l'acte n'est nécessaire qu'au créancier. S'il est fait un double dans les contrats synallagmatiques, c'est parce qu'au moment même où se forme le contrat chacune des parties est créancière. Mais les contrats synallagmatiques imparfaits ne produisant, dans le principe, qu'une obligation unique, un seul acte y suffit.

Quelles sont les formes des actes sous-seing privés, destinés à prouver des contrats unilatéraux ?

Il faut distinguer:

Les actes sous-seing privé sont-ils destinés à prouver des contrats unilatéraux, ayant pour objet une somme d'argent ou une chose appréciable au nombre, au poids ou à la mesure, il suffit qu'ils soient écrits en entier de la main du débiteur et signés de lui; — Ou bien s'ils sont écrits par un tiers, qu'ils portent la signature du débiteur, avec cette mention écrite de sa main en toutes lettres : *Bon* ou *Approuvé pour la somme de..... pour telle quantité de vin, ou de blé.*

Les actes sous-seing privés sont-ils destinés à prouver des contrats unilatéraux, ayant pour objet une obligation de faire ou de livrer un corps certain, il suffit qu'ils soient signés par le débiteur.

Les marchands, artisans, laboureurs, sont dispensés de la formalité du *Bon* ou *Approuvé.* Ces personnes ne savent souvent que signer sans savoir écrire. Telle était du moins l'opinion du législateur. (Art. 1326.)

Que faudrait-il décider si la somme ou la quantité

indiquées dans le corps de l'acte était différente de celle indiquée au Bon ou Approuvé?

Il faudrait décider que le débiteur n'est tenu que jusqu'à concurrence de la somme ou de la quantité la plus faible. En effet, la contradiction de ces deux énonciations fait naître le doute; or, le doute s'interprète en faveur du débiteur. — Toutefois, les parties sont admises à prouver de quel côté est l'erreur, et à faire ainsi cesser le doute. (Art. 1327.)

La nullité, pour défaut de forme, des actes sous-seing privé entraine-t-elle la nullité des obligations qu'ils constatent?

Non. En principe, la nullité des actes, pour défaut de forme, n'entraine la nullité des contrats qu'autant qu'il s'agit de contrats solennels, pour l'existence desquels l'écrit est nécessaire. Dans les autres contrats, l'acte, qu'il soit authentique ou sous-seing privé, n'est destiné qu'à la preuve, et sa nullité oblige seulement le créancier à prouver l'obligation par d'autres moyens. Il peut même, dans le cas où l'acte est irrégulier, s'en prévaloir comme d'un commencement de preuve par écrit, pourvu qu'il soit signé du débiteur.

Quelle est la force probante des actes sous-seing privé?

Les actes sous-seing privé portent en eux-mêmes présomption de vérité, et font foi entre les parties de ce qu'ils contiennent. Mais, à la différence des actes authentiques, si celui auquel on les oppose les dénie, cette présomption de vérité tombe, et le créancier est obligé d'en faire reconnaitre judiciairement la sincérité. Il peut le faire, d'ailleurs, par toutes espèces de preuves; par titres, par témoins, par experts, ou même par des présomptions. (Art. 1323, 1324.)

Quelle est la force probante des actes sous-seing privé reconnus judiciairement ?

Aux termes de l'article 1322, l'acte sous-seing privé reconnu par celui auquel on l'oppose, ou légalement tenu pour reconnu, a, entre les parties, leurs héritiers et ayants cause, la même force probante que l'acte authentique. L'opération qu'il constate est prouvée à l'égard de tous.

Mais si la force probante de l'acte sous-seing privé, reconnu volontairement ou judiciairement, est absolue, si elle existe *erga omnes,* il n'en est pas de même de sa force efficiente. Cette dernière ne peut exister qu'entre les parties et leurs ayants cause, puisqu'il est de principe que les conventions, de même que les jugements, n'ont aucun effet à l'égard des tiers. Il en est de même pour les actes authentiques.

Quels sont les ayant cause des parties, auxquels on peut opposer l'acte sous-seing privé reconnu; et quels sont les tiers, auxquels il n'est pas opposable ?

On appelle, en général, ayants cause d'une personne ceux qui tiennent leurs droits de cette personne. Les ayants cause sont à titre universel ou à titre particulier. Ils sont à titre universel, lorsqu'ils ont succédé à un ensemble de biens ; tels sont les héritiers. Ils sont à titre particulier, lorsqu'ils ont succédé à un bien déterminé ; tels sont les acheteurs, coéchangistes, donataires.

Dans notre article 1322, la dénomination d'ayants cause a un sens plus restreint. On y considère comme ayants cause des parties, ceux qui ont succédé au signataire de l'acte, *mais postérieurement à la convention qui y est relatée;* et l'on ajoute qu'ils sont obligés d'en souffrir les effets. — On y considère, au contraire, comme des tiers, ceux qui avaient déjà succédé au signataire de

l'acte, *antérieurement à la convention qui y est relatée;*
et l'on ajoute avec raison qu'ils ne sont pas obligés d'en
subir les conséquences. En effet, le signataire de l'acte
ayant déjà vendu, échangé, ou donné la chose, il ne pouvait pas la transférer de nouveau.

*Comment peut-on savoir si les ayants-cause du signa-
taire de l'acte lui ont succédé avant, ou après la convention?*

Si l'acte sous seing privé, qui contient cette convention,
faisait foi de sa date *ergà omnes,* comme l'acte authentique, ce serait un point facile à déterminer. Mais l'acte
sous seing privé, même lorsqu'il est reconnu, ne fait foi
de sa date qu'entre les parties et leurs successeurs universels; il n'établit aucun droit de priorité entre les successeurs à titre particulier, tels qu'acheteurs, co-échan-
gistes, donataires, qui sont à cet égard assimilés aux
tiers.

Toutefois, il y a certaines circonstances qui peuvent
lui donner date certaine, et qui permettent ainsi de distinguer deux classes de successeurs à titre particulier
du signataire de l'acte : ceux que le Code assimile à des
ayants-cause, tenus, comme tels, de respecter l'engagement de leur auteur, et ceux qu'il assimile à des tiers
auxquels cet engagement n'est pas opposable.

Mais avant de déterminer quelles sont ces circonstances, il importe d'examiner pourquoi l'acte sous seing
privé ne fait pas foi de sa date d'une manière absolue.

*Pourquoi les actes sous seing-privés, même reconnus,
ne font-ils pas foi de leur date d'une manière, absolue?*

C'est afin de prévenir une fraude qui, sans cela, eut été
trop facile. Supposons, par exemple que j'ai vendu ma
maison à *Primus* à la date du 1er janvier 1860, et que trois

mois après je la vende à *Secundus*, en ayant soin de dater l'acte de vente au 1er décembre 1859. S'il suffisait d'une reconnaissance volontaire ou judiciaire du second acheteur pour donner date certaine à la seconde vente, à l'égard du premier acheteur, celui-ci serait censé ne m'avoir succédé que postérieurement à la seconde convention, et se trouvant dès lors considéré comme mon ayant cause, il serait obligé de la subir. C'est donc avec raison que le législateur a décidé que la reconnaissance volontaire où judiciaire, ne pouvait donner date certaine, *erga omnes*, à l'acte sous seing privé.

Quelles sont les circonstances qui peuvent donner date certaine à l'acte sous seing privé ?

Un acte sous seing privé acquiert date certaine :

1º Par l'enregistrement, c'est-à-dire par la mention qui en est faite sur un registre spécial, tenu à cet effet par un officier public.

2º Par la mort de l'un des signataires, car l'acte ne peut évidemment pas avoir été fait postérieurement à cette époque.

3º Par la mention qui est faite de cet acte sur un autre acte public, tel que procès-verbal de scellé ou inventaire.

Dans tous les cas, ce n'est qu'à partir du jour où l'un de ces trois faits a été accompli que l'acte acquiert date certaine, et qu'il devient ainsi opposable aux successeurs à titre particulier du signataire, qui ont traité postérieurement avec lui, et qui sont alors assimilés à des ayants-cause. (Art. 1328.)

Est-il également nécessaire que les simples quittances aient date certaine, pour être opposables aux tiers ?

L'article 1328 ne fait aucune distinction entre les actes destinés à prouver un paiement, tels que les quittances, et les actes destinés à prouver une obligation. Néanmoins, on admet généralement que les simples quittances peuvent être opposées aux tiers, bien qu'elles n'aient pas été enregistrées. Ainsi, je paie mon créancier et je m'en fais donner quittance. Plus tard, il cède sa créance à un tiers : je puis opposer ma quittance à ce tiers, pour me dispenser de payer, bien que je ne l'aie pas fait enregistrer.

Quelles différences y a-t-il entre l'acte authentique et l'acte sous seing privé ?

L'acte authentique et l'acte sous seing privé présentent les différences suivantes :

1º C'est au débiteur à prouver la fausseté de l'acte authentique qu'on lui oppose. — c'est, au contraire, au créancier à prouver la sincérité de l'acte sous seing privé dès qu'on la dénie.

2º L'acte authentique fait foi de sa date *erga omnes*. — L'acte sous-seing privé n'a date certaine à l'origine, qu'entre les parties et leurs successeurs universels; il n'acquiert date, à l'égard des tiers, que par son enregistrement, sa relation dans un acte public, ou la mort de l'un de ses signataires.

3º L'acte authentique peut seul être revêtu de la forme exécutoire. — Le porteur d'un acte sous-seing privé ne peut obtenir l'exécution de la convention, qui y est relatée, qu'en poursuivant le débiteur devant les tribunaux.

4º L'acte authentique peut seul être employé pour les contrats solennels.

Quelle est la force probante des registres des marchands ?

Il faut distinguer :

1º Sont-ils opposés à d'autres marchands et pour faits de commerce, ils font foi pour et contre celui qui les produit. On ne peut pas, d'ailleurs, en diviser les énonciations, en prenant ce qu'elles ont de favorable et en rejetant ce qu'elles ont de contraire.

2° Sont-ils opposés à des non-commerçants, les registres des marchands font foi contre le marchand, et non pour lui. — Toutefois, ils sont par eux-mêmes un commencement de preuve suffisant pour que le juge puisse déférer le serment supplétoire au marchand qui les invoque. (Art. 1329, 1330.)

Quelle est la force probante des registres et papiers domestiques tenus par les non-commerçants?

Ces registres et papiers domestiques ne peuvent jamais servir de titre à celui qui les a écrit, parce que l'on ne peut se faire un titre à soi-même. Mais ils font foi contre lui dans les deux cas suivants:

1° Lorsqu'ils énoncent formellement un paiement reçu;

2° Lorsqu'ils énoncent une dette, *avec mention expresse que cette énonciation a été faite pour suppléer le défaut du titre de la partie adverse.* — Par exemple, lorsque j'inscris sur mes registres que Primus m'a prêté 1,000 francs, cette note n'a aucune force probante. Mais si je prends la précaution d'ajouter que j'ai mis cette inscription sur mes registres *pour servir de titre* à *Primus,* qui n'en a point exigé, elle fait alors preuve contre moi. (Art. 1331.)

Quelle est la force probante des énonciations, mises par le créancier, sur un titre de créance?

Elles font preuve, bien qu'elles ne soient ni datées ni signées par lui, lorsqu'elles tendent à établir une libération.— Mais cette force probante est subordonnée à deux conditions. Il faut:

1° Qu'elles soient écrites de la main du créancier.

2º Que le titre, sur lequel elles ont été écrites, soit toujours resté en sa possession. (Art. 1332).

Si le titre n'était pas toujours resté en possession du créancier, on pourrait craindre qu'il n'ait mis ces énonciations que pour en obtenir la restitution du débiteur qui les détient.

Quelle est la force probante des énonciations, mises par le créancier, sur le double d'un titre ?

Elles font également preuve de libération, bien qu'elles ne soient ni datées ni signées par lui. Mais il faut :

1º Qu'elles soient écrites de la main du créancier.

2º Que le double soit entre les mains du débiteur.

S'il était resté entre les mains du créancier, on serait fondé à croire que celui-ci, en mettant ces énonciations, avait simplement voulu préparer une quittance ; mais que le débiteur n'a pas encore payé, puisqu'il n'a pas retiré cette quittance. (Art. 1352).

§ III. Des tailles.

Qu'entend-on par tailles ?

On appelle *tailles* les deux parties d'un morceau de bois, fendu dans sa longueur, sur lesquelles certains marchands ont l'habitude de marquer leurs fournitures.

A cet effet, le marchand et son client conservent chacun une des parties du morceau de bois. Celle qui reste entre les mains du fournisseur s'appelle plus particulièrement *taille;* celle qui est remise à la pratique se nomme *échantillon.* Au moment de chaque fourniture, on joint les deux parties du morceau de bois et l'on y fait une marque appelée *coche.* Chaque coche indique une fourniture.

Quelle est la force probante des tailles ?

Les tailles corrélatives à leurs échantillons font foi,

quel que soit le chiffre des fournitures. — Si elles ne s'accordent pas, la preuve n'est acquise que jusqu'à concurrence du nombre le plus faible. (Art. 1333.)

§ IV. Des copies de titres.

Quelle est la force probante des copies d'un titre original qui existe encore ?

Les copies d'un titre original qui existe encore n'ont par elles-mêmes aucune force probante. La partie à laquelle on les oppose peut toujours demander à ce que l'original lui soit représenté. (Art. 1334.)

Quelle est la force probante des copies d'un titre original qui n'existe plus ?

Il faut distinguer trois catégories de copies :

Les unes ont la même force probante que l'original lui-même.

Les autres ne peuvent servir que de commencement de preuve par écrit.

D'autres enfin ne peuvent fournir que de simples renseignements.

Quelles sont les copies qui ont la même force probante que l'original ?

Ce sont :

1° Les grosses ou premières expéditions, qui sont ordinairement délivrées aussitôt après la rédaction de la minute.

2° Les copies tirées en présence des parties et de leur consentement mutuel.

3° Les copies tirées par l'autorité du magistrat, en présence des parties ou elles dûment appelées.

4° Les copies qui ont été tirées depuis plus de trente ans.

Quelles sont les copies qui ne peuvent servir que de commencement de preuve par écrit ?

Ce sont :

1º Les copies qui ont été tirées depuis moins de trente ans.

2º Celles qui ont été tirées par un officier public, qui n'en était pas le dépositaire légal.

Quelles sont les copies qui ne peuvent fournir que de simples renseignements ?

Ce sont les copies des copies. — Toutefois, la copie d'une copie, qui consiste dans la transcription du titre au bureau des hypothèques, peut servir de commencement de preuve par écrit. Mais il faut pour cela établir :

1º Que la minute de cet acte a été perdue chez le notaire, par cas fortuit.

2º Qu'elle se trouve relatée sur un répertoire en règle du notaire. (Art. 1335, 1336.)

N'y a-t-il pas des copies qui n'ont absolument aucune force probante ?

Oui. Ce sont les copies tirées par un simple particulier, ou même celles tirées par un notaire, sur un acte sous seing privé qui n'existe plus.

§ V. Des actes récognitifs et confirmatifs.

Qu'est-ce qu'un acte récognitif ?

On appelle acte *récognitif* celui qui constate à nouveau un droit déjà constaté par un acte dressé au moment de la convention, qu'on nomme acte *primordial.*

L'acte récognitif sert à interrompre la prescription.

Quelle est la force probante de l'acte récognitif ?

En principe, l'acte récognitif n'a par lui-même aucune force probante. La partie à laquelle on l'oppose peut toujours demander à ce que l'original lui soit représenté. —

On a voulu empêcher par là que le créancier ne pût abuser de son influence sur le débiteur, pour exiger dans l'acte récognitif plus que ne contenait l'acte primordial.

N'y a-t-il pas cependant deux cas où l'acte récognitif a force probante par lui-même ?

Oui. Il a force probante par lui-même :

1º Lorsqu'il reproduit la teneur de l'acte primordial.

2º Lorsque, sans en reproduire la teneur, il réunit ces trois conditions : 1ª Qu'il y a plusieurs actes récognitifs conformes l'un à l'autre; 2º Qu'ils sont soutenus de la possession; 3º Et, que l'un d'eux a au moins trente ans de date. (Art. 1337.)

Qu'est-ce qu'un acte confirmatif ?

L'acte confirmatif est celui que les parties dressent pour constater la ratification d'un contrat annulable.

Comme nous le savons, la ratification peut avoir lieu tacitement ou expressément. Elle a lieu tacitement, lorsque la partie qui pouvait faire annuler le contrat a gardé le silence pendant dix ans. Elle a lieu expressément au moyen de l'acte confirmatif.

A quelles conditions l'acte confirmatif est-il valable ?

Pour que l'acte confirmatif soit valable, trois conditions sont nécessaires. Il faut :

1º Qu'il reproduise la substance de l'obligation annulable.

2ª Qu'il mentionne le motif de la nullité.

3º Qu'il contienne l'intention de réparer le vice d'où provient cette nullité. (Art. 1338.)

Quels sont les effets de la ratification expresse ou tacite ?

La ratification expresse ou tacite a pour effet de rendre le contrat inattaquable. Mais elle ne peut jamais préjudicier aux tiers, c'est-à-dire aux personnes à qui la partie qui consent à ratifier avait cédé la chose, antérieurement à la ratification. (Art. 1338.)

Les donations qui sont nulles pour défaut de forme peuvent-elles être ratifiées ?

En principe, les actes absolument nuls ne peuvent être ratifiés, car on les considère comme n'ayant jamais existé. En conséquence, le donateur ne peut ratifier une donation nulle pour défaut de forme. Il doit en faire une nouvelle.

Néanmoins, le législateur autorise, par exception, les héritiers du donateur à faire cette ratification. — Il a pensé, sans doute, qu'en exécutant la volonté de leur auteur, les héritiers ne font qu'accomplir une obligation naturelle et il n'a pas voulu y mettre obstacle. (Art. 1339, 1340.)

SECTION II.

DE LA PREUVE TESTIMONIALE.

Articles 1341 à 1348.

Qu'est-ce que la preuve testimoniale ?

La preuve testimoniale est celle qui résulte des déclarations des témoins.

Cette preuve, qui d'abord pouvait être employée pour établir toute espèce de conventions, fut restreinte, par une ordonnance de Moulins, rendue en 1566 par *Charles IX*, sur la proposition de l'illustre chancelier de *L'hôpital*, aux choses n'excédant pas 100 livres. — Cette disposition restrictive a été maintenue, en principe, par le Code, sauf quelques modifications.

Dans quels cas la preuve testimoniale peut-elle être employée ?

En principe, la preuve testimoniale ne peut être employée que dans le cas où il s'agit d'une chose n'excédant pas la valeur de 150 fr., et cela, dit l'article 1341, même pour *dépôt volontaire*.

Par exception, elle peut être employée, quelque soit la valeur de la chose :

1° Lorsqu'il y a déjà un commencement de preuve par écrit. — On appelle commencement de preuve par écrit, un écrit qui rend vraisemblable le fait allégué et qui émane de celui qui aurait intérêt à le nier.

2° Lorsque le créancier s'est trouvé dans l'impossibilité d'exiger une preuve écrite. — Par exemple dans le cas où sa créance provient de quasi-contrats, de délits ou de quasi-délits, ainsi que de dépôts nécessaires.

3° Lorsque le créancier a perdu, par suite de cas fortuit, résultant d'une force majeure, le titre qui lui servait de preuve. (Art. 1341, 1347, 1348.)

Pourquoi l'article 1341 prend-il soin de dire qu'une preuve écrite est nécessaire, même pour dépôt volontaire ?

C'est afin de prévenir certains doutes qui s'étaient élevés dans notre ancienne jurisprudence. Plusieurs auteurs, touchés par cette considération que le déposant, qui demande service au dépositaire, peut difficilement en exiger un reçu, étaient d'avis de le dispenser de fournir une preuve écrite du dépôt.

Le Code a rejeté cette exception et a assujéti le déposant à la règle commune.

La preuve testimoniale est-elle admissible, lorsque, la convention ayant pour objet une chose excédant 150 fr., le demandeur a soin de restreindre sa demande à une valeur inférieure ?

Non. Ainsi la preuve testimoniale ne doit pas être admise :

1° Lorsqu'on restreint sa demande à 150 fr., après l'avoir formée d'abord pour une somme plus élevée.

2° Lorsque la somme qu'on demande est déclarée être le restant d'une créance supérieure à 150 fr.

3° Lorsque le créancier a le droit d'exiger, outre le capital, des intérêts échus avant la demande, qui, réunis au capital, excèdent la somme de 150 fr.

4° Lorsque, dans la même instance, le créancier fait plusieurs demandes dont il n'y a point titre par écrit, et qui, jointes ensemble, excèdent la somme de 150 fr. — Peu importe que ces créances proviennent de différentes causes; à moins qu'elles ne procèdent par succession, donation ou autrement, de personnes différentes, et qu'on ne puisse ainsi reprocher au créancier d'en avoir négligé la constatation par écrit.

Toutes ces demandes devront être contenues dans un seul et même exploit, afin que le créancier, en ayant soin de les former à diverses époques, ne puisse tromper les juges et se faire admettre à la preuve testimoniale. (Art. 1342 1343, 1344, 1245, 1316).

La preuve testimoniale peut-elle être admise contre *et outre le contenu des actes ?*

Non. Lorsque les parties ont dressé un écrit, aucune preuve par témoins ne peut être reçue contre et outre son contenu; ni sur ce qui est allégué avoir été dit, avant ou depuis les actes, encore qu'il s'agisse d'une somme inférieure à 150 fr. — Ainsi l'une des parties vient-elle à alléguer que la créance produit des intérêts, quand l'écrit n'en fait pas mention, on ne lui permettra pas d'établir sa prétention. (Art. 1341.)

SECTION III.

DES PRÉSOMPTIONS.

Articles 1349 à 1356.

Comme nous l'avons dit, les présomptions sont des conséquences que la loi ou le magistrat tirent d'un fait connu à un fait inconnu. (Art. 1349.)

De là deux sortes de présomptions : les présomptions légales, et les présomptions abandonnées à l'appréciation des magistrats.

§ 1. Des Présomptions légales.

En quoi les présomptions diffèrent-elles des preuves proprement dites ?

Si l'on s'attachait littéralement à la définition des présomptions donnée par l'article 1349, il n'y aurait pas de différences entre les présomptions et les preuves. Cette différence existe cependant. En effet, il y a preuve, lorsque le fait connu rend *certain* le fait inconnu ; et il y a présomption, lorsque le fait connu le rend seulement *probable*. — Ainsi lorsqu'un débiteur représente une quittance émanée de son créancier, le fait connu, la quittance, rend certain le fait inconnu, le payement ; il en est l'affirmation directe. Lorsque, au contraire, le débiteur expose que sa dette est échue depuis plus de trente ans, et qu'il n'a pas été poursuivi dans cet intervalle, le fait connu, les trente ans sans poursuites, rend seulement probable le fait inconnu, le payement.

Logiquement, les preuves, qui produisent la certitude, devaient être préférées aux présomptions, qui n'engendrent que des probabilités. Aussi les présomptions ne sont-elles admises que dans les cas où la preuve serait impossible ou tout au moins difficile à établir.

Qu'est-ce que les présomptions légales ?

Les présomptions légales sont celles qui sont attachées par une loi spéciale à certains actes ou à certains faits. Elles sont par conséquent obligatoires pour le juge. (Art. 1350.)

Quelles sont les présomptions légales indiquées ici par le Code ?

Ce sont :

1º Les présomptions d'interposition de personnes. — Lorsqu'une donation est faite au conjoint, au père, à la mère, ou à l'enfant d'une personne, en faveur de laquelle le donateur ne pourrait pas disposer, elle est présumée faite à l'incapable lui-même et en conséquence elle se trouve annulée.

2º Les présomptions qui permettent d'acquérir ou de se libérer par prescription.

3º Les prescriptions qui résultent de l'aveu ou du serment de la partie. — Mais c'est à tort que l'aveu et le serment sont placés ici au nombre des présomptions. L'article 1316 les classe, avec bien plus de raison, parmi les preuves. Elles établissent, en effet, la certitude, et non la simple probabilité du fait inconnu.

4º Les présomptions qui résultent de l'autorité de la chose jugée. (Art. 1350.)

En quoi consiste l'autorité de la chose jugée ?

L'autorité de la chose jugée consiste à tenir la chose jugée comme incontestablement vraie. C'est ce qu'exprime la règle : *Res judicata pro veritate habetur.*

Toutefois, cette règle n'est pas absolue. Elle ne s'applique qu'à ceux qui ont été parties au procès, car les jugements ne peuvent ni nuire ni profiter aux tiers. De plus, elle ne s'applique pas à tous les jugements, mais seulement à ceux qui sont définitifs. Enfin, elle ne s'applique aux jugements définitifs, même entre les parties plaidantes, que lorsque la demande qui est formée est identique à un jugement déjà rendu.

A quels signes reconnaît-on que la demande qui est formée est identique à un jugement déjà rendu ?

On le reconnaît lorsqu'il y a : 1° Identité d'objet ; — 2° Identité de cause ; — 3° Identité de personnes. — Alors la demande doit être repoussée, comme ayant déjà fait la matière d'un jugement tenu pour vrai, et sur lequel il n'y a 'pas à revenir. (Art. 1351.)

Quand est-ce qu'il y a identité d'objet ?

Il y a identité d'objet, lorsque les deux demandes ont pour objet le même bénéfice, lorsqu'elles tendent au même but, lorsque, en un mot, le jugement à intervenir sur la seconde demande ne peut que confirmer ou contredire le jugement rendu sur la première.

Quand est ce qu'il y a identité de cause ?

Il y a identité de cause, lorsque les deux demandes sont fondées sur le même fait juridique. Par exemple lorsque je revendique contre *Primus*, à titre d'acheteur, la maison A, que j'ai précédemment revendiqué contre lui, au même titre.

Mais il ne faut pas confondre la *cause* avec les *moyens*. La cause, c'est, comme nous l'avons dit, le fait juridique qui donne lieu à la réclamation ; les moyens, ce sont les différentes manières d'établir ce fait juridique. Pour qu'on puisse opposer l'identité de la chose jugée, il n'est pas nécessaire que la seconde demande renferme les *mêmes moyens* que la première. Il suffit que ces différents moyens servent à établir le *même fait juridique*. — Ainsi lorsqu'on a intenté inutilement une action en nullité d'une convention, pour cause d'erreur, on ne peut pas former une nouvelle demande en nullité de la même convention pour cause de dol. L'erreur et le dol ne sont, en effet, que des moyens différents d'établir un même fait juridique, le vice du consentement.

Quand est-ce qu'il y a identité des personnes ?

Il y a identité de personnes, lorsque les deux demandes ont été formées par des personnes qui sont *juridiquement* les mêmes. Il suit de là :

1° Que la même personne peut intenter une nouvelle demande, ayant le même objet et la même cause que la première, pourvu qu'elle n'agisse pas en la même qualité. — Ainsi un tuteur, après avoir revendiqué la maison A pour son pupille, à titre d'achat, peut très-bien la revendiquer, au même titre, pour lui-même.

2° Qu'au contraire, une personne qui, juridiquement, mais non pas physiquement, est la même qu'une autre personne qui a déjà intenté une demande, ne peut pas en former une nouvelle. — Ainsi les héritiers, les créanciers, les ayants cause particulier, ne peuvent pas intenter un procès qui a déjà été intenté par leur auteur, car ils étaient représentés par lui dans le premier jugement.

Les jugements rendus pour ou contre un débiteur sont-ils applicables à ses codébiteurs solidaires ?

Il faut distinguer :

Si le jugement a été rendu en faveur du débiteur et pour des motifs qui ne lui étaient pas purement personnels, il profite à ses codébiteurs.

Si, au contraire, il a été rendu contre lui, il ne nuit pas aux autres, parce que les débiteurs solidaires ne se représentent que pour conserver, et non pour aggraver leur obligation. Ils sont unis *ad conservandam et perpetuendam obligationem, non ad augendam.*

Il faut adopter la même solution à l'égard des cocréanciers solidaires.

Les présomptions légales ne se divisent-elles pas en deux classes ?

Oui. Les unes peuvent être combattues par la preuve contraire, les autres ne peuvent pas l'être. Les premières forment le droit commun ; les secondes sont exceptionnelles et nous devons les indiquer.

Quelles sont les présomptions contre lesquelles la preuve contraire n'est pas admise ?

Ce sont :

1° Celles que la loi a établi pour faire respecter ses dispositions. Elle s'en sert pour annuler les actes qui pourraient les rendre illusoires. — Telle est la présomption d'interposition de personnes.

2° Celles qu'elle a établi pour empêcher certaines demandes d'être produites en justice. — Telles sont les présomptions d'autorité de la chose jugée et de prescription.

Toutefois, quelques-unes de ces présomptions tombent devant l'aveu ou le serment faits en justice par la partie qui peut les invoquer. C'est ce qu'expriment ces derniers mots de l'article 1352 : *sauf ce qui sera dit sur le serment et l'aveu judiciaire.* — Mais cette règle ne doit pas s'appliquer à celles qui ont été établies dans un intérêt d'ordre public, telles que la présomption *is est pater*, ou celle qui résulte de l'autorité de la chose jugée. Ceux-là même en faveur desquels elles existent ne peuvent les empêcher de produire leurs effets, et en détruire la force probante, au moyen de l'aveu ou du serment. (Art. 1352.)

§ II. Des Présomptions qui ne sont point établies par la loi.

Quelles sont les présomptions qui ne sont point établies par la loi ?

Ces présomptions, qu'on appelle aussi présomptions

de fait ou de l'*homme*, par opposition aux présomptions légales, sont celles que les magistrats peuvent tirer de l'appréciation des faits et des circonstances. La loi n'en autorise pas toujours l'emploi, mais lorsqu'elle l'autorise, elle ne le limite pas ; elle abandonne ces présomptions aux lumières des juges, en leur recommandant seulement de n'admettre que celles qui sont graves et concordantes.

Dans quels cas la loi autorise-t-elle l'emploi des présomptions de fait ?

Elle ne l'autorise que dans le cas où la preuve testimoniale elle-même serait admise ; c'est-à-dire lorsque l'objet de la demande n'excède pas la valeur de 150 fr. — En effet, la loi n'atteindrait pas son but, qui est d'obliger les parties à constater leurs conventions par écrit, si elle permettait au créancier qui n'en a pas de prouver sa prétention par d'autres moyens. (Art 1353.)

SECTION IV.

DE L'AVEU DE LA PARTIE.

Articles 1354 à 1356.

Qu'est-ce que l'aveu ?

L'aveu est une déclaration par laquelle une partie reconnaît comme vrais les faits allégués par son adversaire.

L'aveu est judiciaire ou extra judiciaire. (Art. 1354.)

Qu'est-ce que l'aveu judiciaire ?

L'aveu judiciaire est celui qui est fait, soit en présence du juge, soit dans un acte de procédure. Il doit être fait par la partie elle même, ou par son fondé de pouvoir spécial. — Il ne peut émaner que d'une personne capable de disposer.

Quelle est la force probante de l'aveu judiciaire ?

L'aveu judiciaire a une force probante absolue contre celui qui l'a fait. — Toutefois, quel que soit le caractère de certitude qui lui est propre, il n'est pas admis lorsqu'il porte sur un fait dont la loi prohibe la reconnaissance, comme par exemple une filiation adultérine ou incestueuse.

L'aveu peut-il être divisé contre celui qui l'a fait ?

Non. On ne peut se servir de l'aveu de son adversaire, sans le prendre dans son intégrité. — Toutefois, la divisibilité est admise lorsque, l'aveu portant sur deux faits, le fait accessoire n'a aucune connexité avec le fait principal, et ne tend pas à en modifier ou à en détruire les conséquences.

L'aveu peut-il être révoqué ?

Il ne peut être révoqué que lorsque celui qui l'a fourni établit qu'il est le résultat d'une erreur de *fait*. L'erreur de *droit* n'est donc pas une cause de rétractation. En effet, de ce qu'on a ignoré les conséquences juridiques que l'aveu pouvait entraîner, il ne s'en suit pas qu'on n'ait pas dit la vérité. (Art. 1356.)

Qu'est-ce que l'aveu extrajudiciaire ?

L'aveu extrajudiciaire est celui qui est fait hors justice, dans une conversation, ou dans un écrit quelconque.

Lorsqu'il est *verbal*, il ne peut être établi par témoins qu'autant que l'objet de l'obligation n'excède pas 150 francs. (Art. 1355).

Quelle est la force probante de l'aveu extra judiciaire ?

La loi ne la détermine pas. Elle ne s'explique pas davantage sur l'indivisibilité et l'irrévocabilité de l'aveu extrajudiciaire. Elle abandonne aux juges l'appréci-

tion de ces différentes questions. En résumé, l'aveu
extra-judiciaire est loin de présenter les garanties de
l'aveu judiciaire.

SECTION V.

DU SERMENT.

Articles 1357 à 1369.

Suivant l'ordre du Code, nous avons divisé cette section
en deux paragraphes, qui traitent du serment décisoire
et du serment supplétoire.

§ I. Du serment décisoire.

Qu'est-ce que le serment ?

Le serment est l'affirmation d'un fait en prenant la
Divinité à témoin de sa sincérité.

N'y a-t-il pas deux espèces de serments ?

Oui. Le serment est décisoire ou supplétoire.

Le serment décisoire est celui qui est déféré par l'une
des parties à l'autre, pour en faire dépendre la décision
de la cause. — Le serment supplétoire est celui qui est
déféré d'office par le tribunal, à l'une ou à l'autre des
parties, pour suppléer à l'insuffisance des preuves.
Art. 1357.)

*Le serment décisoire n'est-il pas une espèce de tran-
saction ?*

Oui. Le serment décisoire est une transaction par laquelle deux parties en contestation conviennent de s'en
tenir à ce qui sera affirmé sous serment par l'une d'elles.

Bien que la loi ne parle que du serment prêté en justice, on admet qu'il peut, comme l'aveu, être extrajudiciaire, lorsqu'il est déféré par les parties. On lui applique, d'ailleurs, les mêmes règles que lorsqu'il est
prêté judiciairement, sauf cette différence que la partie à
laquelle il est déféré n'encourt aucun danger à le refuser.

A quelles conditions le serment décisoire produit-il ses effets.

Pour que le serment décisoire produise ses effets, il faut :

1º Qu'il soit déféré sur des droits qui puissent faire l'objet d'une transaction. — Ainsi il ne peut être déféré dans les question d'état, ou de séparation entre époux.

2º Qu'il soit déféré sur un fait de nature à déterminer la solution du litige.

3º Qu'il soit personnel à celui auquel il est déféré. On admet cependant qu'il peut être déféré à la veuve ou aux héritiers de celui à qui le fait est personnel; mais alors il n'est déféré que sur la question de savoir s'ils ont connaissance du fait imputé à leur mari ou à leur auteur. (Art. 1359.)

Quels sont les différents partis que peut prendre la personne à qui le serment est déféré ?

Elle peut :

1º Le prêter. — La contestation est alors terminée à son avantage.

2º Refuser purement et simplement de le prêter. — La contestation est alors terminée en faveur de l'adversaire.

3' Refuser de le prêter, mais le référer à son adversaire. — Si celui-ci le prête, on lui donne gain de cause; s'il refuse de le prêter, on le condamne. — Toutefois, le serment ne peut être référé à l'adversaire, lorsqu'il s'agit d'un fait purement personnel à la partie à qui il a tout d'abord été référé. (Art. 1361, 1362.)

A quel moment du procès le serment peut-il être déféré ?

Il peut être déféré en tout état de cause, et encore

qu'il n'existe aucun commencement de preuve du fait sur lequel il doit porter. (Art. 1360.)

Comment se prête le serment?

Il est prêté à l'audience par la partie en personne, en présence de l'autre partie, ou elle dûment appelée. — Celui qui le prête, jure, en levant la main droite, que le fait qu'il avance est vrai.

Entre quelles personnes le serment produit-il son effet?

Le serment ne produit son effet qu'entre les parties, leurs héritiers et ayants cause.

Le serment prêté par un créancier solidaire profite à ses co-créanciers, mais il ne peut pas leur nuire. En effet, les créanciers solidaires ne se représentent les uns les autres que pour les actes qui leur sont avantageux. Ils ne se représentent pas pour ceux qui peuvent leur nuire.

Pareillement, le serment prêté par un débiteur solidaire sur l'existence de la dette, profite à ses co-débiteurs et ne leur nuit pas; car ils ne sont pas unis pour se nuire.

Enfin, et pour les mêmes motifs, le serment prêté par le débiteur principal profite à la caution, mais ne peut pas lui nuire, et réciproquement. (Art. 1365.)

La partie qui a déféré le serment peut-elle se rétracter?

Elle peut se rétracter, tant que l'adversaire n'a pas déclaré être disposé à le prêter. En effet, la délation du serment n'est qu'une offre de transaction; or une offre n'oblige celui qui l'a faite que lorsqu'elle a été acceptée.

Pareillement, la partie à qui on a déféré le serment

mais qui l'a référé, peut retirer l'offre qu'elle a faite à son tour, tant qu'elle n'a pas été acceptée. (Art. 1364).

La partie qui a déféré, ou qui a référé le serment, peut-elle ensuite en établir la fausseté?

Non. En effet, la partie qui défère ou qui réfère le serment déclare qu'elle tiendra le serment prêté par l'adversaire pour conforme à la vérité. Ce n'est qu'à cette condition que le serment décisoire est offert et accepté par les parties. Le ministère public est admis, il est vrai, à exercer des poursuites à raison de la fausseté du serment ; mais la condamnation qu'il obtiendrait n'empêcherait pas le serment de produire son effet entre les contractants. (Art. 1363.)

§ II. Du serment déféré d'office ou serment supplétoire.

Dans quels cas le serment peut-il être déféré par les juges?

Le serment peut être déféré par les juges, soit sur le fonds de la contestation, soit sur le *quantum* de la condamnation. (Art. 1360.)

A quelles conditions peut-il être déféré sur le fond de la contestation?

Il ne peut être déféré sur le fond de la contestation qu'aux deux conditions suivantes. Il faut :

1° Que la demande ou la défense ne soient pas pleinement justifiées.

2° Qu'elles ne soient pas complètement dénuées de preuves.

En d'autres termes, les juges peuvent déférer le serment, soit au demandeur, soit au défendeur, mais c'est à la condition qu'il y ait déjà un commencement de preuve, en faveur de celle des parties à laquelle ils le défèrent. — On admet généralement que ce commencement de preuve doit consister en un écrit lorsque l'objet en litige dépasse 150 fr. (Art. 1367.)

A quelles conditions peut-il être déféré sur le quantum *de la condamnation ?*

Il ne peut être déféré sur le *quantum* de la condamnation qu'aux deux conditions suivantes. Il faut :

1° Qu'on ne puisse pas constater autrement cette valeur.

2° Que le juge détermine la somme jusqu'à concurrence de laquelle le demandeur sera cru sur serment. (Art. 1369.)

Quelles différences y a-t-il entre le serment supplétoire et le serment décisoire ?

Il y a entre le serment supplétoire et le serment décisoire les différences suivantes :

1° Le juge peut déclarer non avenu le jugement par lequel il a ordonné le serment supplétoire, s'il trouve d'autres preuves propres à l'éclairer. — Au contraire, la partie qui a déféré le serment décisoire ne peut pas se rétracter, lorsqu'il a été accepté par l'adversaire.

2° Les parties sont admises à prouver la fausseté du serment supplétoire. — Au contraire, elles ne sont pas admises à prouver la fausseté du serment décisoire.

3° Le serment supplétoire ne peut pas être référé. — Au contraire, le serment décisoire peut l'être. (Art 1368.)

LIVRE III, TITRE IV.

DES ENGAGEMENTS QUI SE FORMENT SANS CONVENTION.

Les obligations ont leur source principale, mais non pas leur source unique, dans les contrats ; elles naissent encore des quasi-contrats, des délits, des quasi-délits et de la loi.

Les obligations, qui naissent des contrats, ont pour cause génératrice le consentement des deux parties. — Celles, qui naissent des quasi-contrats, des délits et des quasi-délits, ont pour cause génératrice un fait de l'homme, un acte licite ou illicite, suivant les cas, qui engendre une action civile. — Enfin, celles qui naissent de la loi, existent indépendamment de tout consentement des parties, et indépendamment de tout fait imputable à l'une d'elles, elles existent par le seul effet de la volonté de la loi. (Art. 1370.)

Ces dernières obligations sont indiquées dans différentes parties du Code. Notre titre ne s'occupe spécialement que des quasi-contrats, des délits et des quasi-délits.

Le titre IV contient seulement deux chapitres qui traitent :

Chapitre I. — Des quasi-contrats.
Chapitre II. — Des délits et des quasi-délits.

CHAPITRE PREMIER.

Des Quasi-Contrats.

Articles 1371 à 1381.

On appelle quasi-contrat un fait licite et volontaire, qui tantôt produit une obligation unilatérale, et tantôt produit une obligation synallagmatique imparfaite. (Art. 1371.)

Le Code ne parle ici que de deux quasi-contrats, la gestion d'affaires et le paiement de l'indu.

§ I. De la Gestion d'Affaires.

Qu'est-ce que la gestion d'affaires?

La gestion d'affaires consiste dans le fait volontaire d'une personne qui, sans avoir reçu mandat, agit pour le compte d'une autre personne. — Cette dernière est obligée envers le gérant d'affaires, lorsqu'elle a ratifié sa gestion, ou même lorsque la gestion lui a été simplement utile.

Quelles sont les différences qui existent entre le mandat et la gestion d'affaires?

Entre le mandat et la gestion d'affaires, il y a les différences suivantes :

1° Le mandataire peut se faire rembourser toutes ses dépenses. — Le gérant d'affaires, au contraire, ne peut se faire rembourser que ses dépenses utiles, c'est-à-dire celles qui ont profité au maître.

2° Le mandataire n'est pas obligé de continuer l'affaire qui lui a été confiée, lorsque le mandant est venu à mourir. — Le gérant d'affaires y est, au contraire, obligé. (Art. 1373.)

Quelles sont les obligations du gérant d'affaires ?

Le gérant d'affaires doit:

1º Continuer l'affaire jusqu'à ce qu'elle soit consommée, et si le maître vient à mourir la continuer jusqu'à ce que les héritiers aient pu en prendre la direction.

2º Y apporter les soins d'un bon père de famille.

3º Rendre compte de sa gestion. (Art. 1372, 1373, 1374.)

Quelles sont les obligations du maître ?

Le maître doit:

1º Remplir les engagements que le gérant d'affaires a *utilement* contracté en son nom.

2º L'indemniser de tous les engagements qu'il a pris personnellement à sa charge, ainsi que de toutes les dépenses utiles qu'il a faites. — Le gérant d'affaires peut, en effet, contracter, soit au nom du maître soit en son nom personnel. (Art. 1375.)

La gestion d'affaires n'est-elle pas subordonnée à deux conditions ?

Oui. Pour qu'elle existe, il faut:

1º Qu'elle ait été entreprise sans l'assentiment du maître. S'il l'avait approuvé, ce serait un mandat tacite.

2º Que le gérant ait eu l'intention de se faire rembourser ses dépenses utiles. S'il n'avait pas cette intention, il agirait comme donateur et ne pourrait se faire indemniser.

§ II. Du Paiement de l'Indu.

Qu'est-ce que le paiement de l'indu ?

Le paiement de l'indu consiste dans le paiement d'une chose qui n'était pas due. — Ce paiement étant nul, celui qui l'a reçu peut être contraint de le restituer. C'est en cela que le payement de l'indu est un quasi-contrat. (Art. 1376.)

Dans quel cas y a-t-il payement de l'indu ?

Il y a payement de l'indu:

1° Lorsqu'on a payé, par erreur, une dette qui n'existait pas.

2° Lorsqu'on a payé, par erreur, à une personne, une dette qui existait, mais qui était due à une autre personne; en d'autres termes, lorsqu'on a payé en se trompant de créancier.

3° Lorsqu'on a payé, par erreur, une dette qui existait, mais qu'on ne devait pas soi-même.

Que doit prouver celui qui veut se faire restituer un payement indu ?

Il doit prouver trois faits :

1° Qu'il a payé la chose ; 2° Qu'il l'a payée sans la devoir, ni civilement ni naturellement; 3° Qu'il l'a payée par erreur. (Art. 1377.)

Quels sont les effets du payement de l'indu ?

Il faut distinguer :

Celui à qui le payement a été fait l'a-t-il reçu de bonne foi, en se croyant véritablement créancier de la chose payée, alors il ne doit restituer que jusqu'à concurrence du profit qu'il a retiré.

Celui à qui le payement a été fait l'a-t-il reçu, au contraire, de mauvaise foi, alors il doit indemniser le débiteur de tout le préjudice que lui a occasionné ce payement, et il répond même des cas fortuits.

Quelles sont les conséquences de ces deux règles ?

Celui qui a reçu de bonne foi le payement n'étant tenu que jusqu'à concurrence du profit qu'il en a retiré, il en résulte :

1° Que, lorsqu'il a vendu la chose donnée en payement, il ne doit restituer que le prix qu'il en a reçu.

2° Que, lorsqu'il modifie ou détruit cette chose, il n'est pas responsable des modifications ou de la perte, attendu qu'il n'est pas en faute d'avoir eu peu de soins pour une chose qu'il croyait lui appartenir.

3° Que lorsqu'il a détruit le titre, en vertu duquel il pouvait se faire délivrer par son véritable débiteur la chose qui lui a été payée par erreur par une autre personne, il n'a rien à restituer, car il n'a plus aucun moyen d'obtenir le payement de ce qui lui était dû.

Au contraire, celui qui a reçu de mauvaise foi le payement, étant tenu d'indemniser le débiteur de tout le préjudice que lui a occasionné ce payement, il en résulte :

1° Qu'il doit, s'il a reçu une somme d'argent, restituer, non-seulement le capital, mais encore les intérêts depuis le jour du payement; — et, s'il a reçu une chose frugifère, rendre, non-seulement cette chose, mais encore tous les fruits qu'il a perçu ou qu'il a négligé de percevoir.

2° Que si la chose reçue a été détériorée ou a péri par sa faute, ou même par cas fortuit, il est tenu de dommages-intérêts envers le débiteur.

3° Qu'enfin, s'il a vendu la chose, il doit, non-seulement en restituer le prix, mais qu'il est tenu d'y ajouter un supplément, s'il l'a vendu au-dessous de sa valeur. (Art. 1377, 1378, 1379, 1380.)

Que faut-il décider, lorsque celui qui a reçu le payement étant de bonne foi à l'origine, est ensuite devenu de mauvaise foi?

Il faut alors appliquer à l'*accipiens* l'une et l'autre des deux règles dont nous venons de parler. La première, pour l'époque où il était de bonne foi; la seconde, pour celle où il est devenu de mauvaise foi. — Par exemple, avait-il reçu en payement une somme d'argent, il n'en devra les intérêts qu'à partir du moment où sa bonne foi a cessé. A-t-il laissé périr un corps certain, il n'en supportera la perte qu'autant que la perte a eu lieu après qu'il avait cessé d'être de bonne foi.

Celui qui a payé une chose qu'il ne devait pas peut-il la revendiquer contre ceux qui l'ont acquis de l'accipiens? En d'autres termes, l'action en répétition est-elle une action réelle, ou est-elle simplement une action personnelle?

On décide généralement, et avec raison, qu'elle est une action réelle opposable aux tiers. En effet, le payement, comme toute autre espèce de convention, est nul, lorsqu'il a eu lieu sans cause ou sur fausse cause. Or, dans l'espèce, il a eu lieu sans cause. Il en résulte que celui qui l'a fait n'a pas transféré à l'*accipiens* la propriété des objets livrés, et qu'il peut dès lors agir en revendication contre les tiers, aux mains desquels ils se trouvent; à moins que ces derniers n'aient pu les acquérir par prescription ou par l'effet de la règle *en fait de meubles, la possession vaut titre.*

Celui qui restitue la chose indûment payée peut-il exiger le remboursement des dépenses qu'il a faites à son occasion?

Oui. Il peut, même quand il a été de mauvaise foi, se faire rembourser toutes les dépenses nécessaires et utiles qu'il a faites pour la conservation de la chose. — Mais les dépenses voluptuaires ne lui seront payées qu'autant qu'il aura été de bonne foi. (Art. 1381).

CHAPITRE DEUXIÈME.

Des délits et des quasi-délits.

Articles 1382 à 1386.

Qu'est-ce que la faute?

La faute est tout ce qui porte injustement préjudice à autrui.

Pour engendrer une obligation, la faute doit être dommageable; et de plus, il faut que le préjudice, causé à autrui, provienne d'une contravention à une loi; soit en exécutant ce que la loi prohibait, soit en n'exécutant pas ce qu'elle ordonnait de faire.

La faute est un délit, lorsque le dommage a été causé avec intention de nuire; dans le cas contraire, elle est un quasi-délit. (Art. 1382.)

Quelles sont les conséquences de la faute?

Aux termes de l'article 1382, quiconque par son fait cause du dommage à autrui est tenu de le réparer. — Mais ces expressions sont trop générales. Il n'y a que les personnes douées d'une raison assez développée pour avoir conscience de leurs actes qui en soient responsables.

En résumé, pour qu'une obligation naisse de délits ou de quasi-délits, il faut qu'elle résulte d'un fait dommageable, illicite et imputable.

N'est-on responsable que du dommage que l'on cause par son propre fait?

Non. On est encore responsable du dommage causé par les personnes qu'on a sous sa surveillance. Ainsi:

1º Le père, et après le décès du père, la mère, sont responsables du dommage causé par leurs enfants mineurs, habitant avec eux. — Mais leur responsabilité cesse, non-seulement quand les enfants sont majeurs ou qu'ils n'habitent plus avec eux, mais encore lorsqu'ils n'ont pas pu empêcher les actes dommageables, commis par eux.

2º Les maîtres et commettants sont responsables du dommage causé par leurs domestiques et préposés, *dans l'exercice de leurs fonctions.* — Bien plus, ils sont responsables, même dans les cas où ils n'ont pas pu empêcher les actes dommageables. En effet, ils sont en faute de n'avoir pas bien choisi leurs subordonnés, ou de les avoir gardés à leur service. Ainsi, lorsqu'un passant est blessé par un cocher maladroit, il peut actionner son maître.

3º Les instituteurs et artisans répondent du dommage causé par leurs élèves et apprentis, pendant le temps qu'ils sont sous leur surveillance. — Mais leur responsabilité cesse, lorsqu'ils n'ont pas pu empêcher les actes dommageables. (Art. 1383, 1384.)

N'est-on pas également responsable par les choses que l'on a sous sa garde ?

Oui. Ainsi on est responsable du dommage causé par l'animal dont on est propriétaire, ou par l'animal dont on se sert, pendant qu'on l'a à son usage. — Toutefois, on serait admis à établir qu'on n'a pas pu empêcher le dommage.

Pareillement, le propriétaire d'un bâtiment est responsable du dommage causé par sa ruine, lorsqu'elle est arrivée par vice de construction ou défaut d'entretien. (Art. 1385, 1386).

Comment détermine-t-on le montant des dommages-intérêts, en matière de délits ou de quasi-délits ?

Le dommage causé par suite de délit et de quasi-délits est assimilé au dommage causé par le dol du débiteur. En conséquence, l'auteur du délit ou du quasi-délit doit réparer tout le préjudice qui est la suite immédiate et directe de son fait, que ce préjudice pût ou non être prévu d'avance.

FIN DU TOME II.

TABLE DES MATIÈRES.

LIVRE TROISIÈME

Des différentes manières d'acquérir.

DISPOSITIONS GÉNÉRALES.

TITRE I.

Des successions.

TITRE II

Des donations et des testaments.

TITRE III

Des contrats ou des obligations.

TITRE IV

Des engagements sans convention.

FIN DE LA TABLE DES MATIÈRES.

SAINT-QUENTIN — IMPRIMERIE HOURDEQUIN.

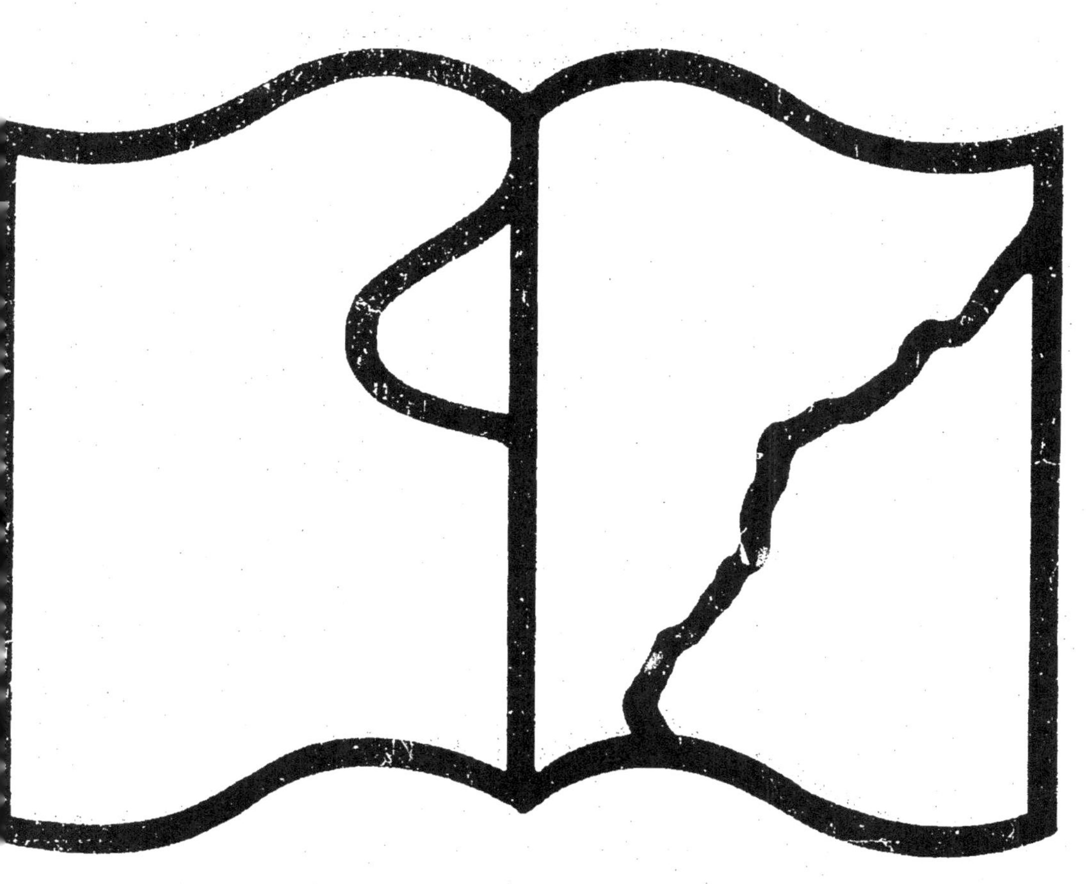